Program
Programming
Programmer

04

Test-Driven Development: By Example

TEST-DRIVEN DEVELOPMENT: By Example
renewal 2013-2
by Kent Beck

테스트 주도 개발

초판 1쇄 발행 2005년 1월 2일 **신판 1쇄 발행** 2014년 2월 15일 **신판 8쇄 발행** 2024년 9월 19일 **지은이** 켄트 벡 **옮긴이** 김창준, 강규영 **펴낸이** 한기성 **펴낸곳** (주)도서출판인사이트 **영업마케팅** 김진불 **제작·관리** 이유현 **용지** 월드페이퍼 **출력·인쇄** 예림인쇄 **후가공** 이레금박 **제본** 예림원색 **등록번호** 제2002-000049호 **등록일자** 2002년 2월 19일 **주소** 서울시 마포구 연남로5길 19-5 **전화** 02-322-5143 **팩스** 02-3143-5579 **이메일** insight@insightbook.co.kr **ISBN** 978-89-6626-102-4(14000) **ISBN(세트)** 978-89-6626-101-7 책값은 뒤표지에 있습니다. 잘못 만들어진 책은 바꾸어 드립니다. 이 책의 정오표는 https://blog.insightbook.co.kr에서 확인하실 수 있습니다.

Test-Driven Development: By Example

테스트 주도 개발

켄트 벡 지음 | 김창준·강규영 옮김

인사이트

역자의 글 2

출판사에서 물었습니다.

"테스트 주도 개발 재쇄를 찍는데 책에서 고치고 싶은 부분이 있냐."
특별히 마음에 떠오르는 부분은 없었습니다. 제목 빼고는요.

원서의 제목은 『Test-Driven Development: By Example』이고 번역서 제
목은 『테스트 주도 개발』입니다. 그런데, 'By Example'이라는 부제는 번
역서의 제목에서 빠져있습니다. 무슨 뜻일까요?

말장난을 좋아하는 켄트 벡이 제목 역시 가만둘 리 없습니다. 'By Exam-
ple'(예에 의한)이라는 말은 두 가지로 해석 가능합니다. 첫째로, 이 책 자
체가 TDD를 설명할 때 예를 들어 설명한다는 뜻이 됩니다. 화폐 문제나
단위 테스트 프레임워크가 그런 보기들이죠. 둘째로, TDD는 그 자체가
예를 통해서 진행된다는 뜻이기도 합니다(TDD에서 테스트는 유용하고
문제 해결에 본질적인 시스템 사용의 예로 구성됩니다). 저는 특히 후자
의 중요성을 책을 번역할 당시에는 충분히 깨닫고 있지 못했습니다. 하지

만 이제는 예에 의한 사고와 프로그래밍이 얼마나 강력한지, 그리고 TDD에 있어 예의 역할이 얼마나 중요한지 느끼고 있습니다.

켄트 벡에게 물었습니다.

"이 책을 내고 나서 새로이 얻은 교훈은 무엇이냐, 추가하고 싶은 것이 있냐." 다음은 그 질문에 대한 켄트 벡의 답입니다.

테스트 주도 개발은 하나의 기술이지만 그 이면에는 사고의 근원적 변화가 있습니다. 데밍(W.E Deming)은 품질에 대한 책임을 그 누구보다도 작업자에게 맡겨야 한다고 주장했습니다. 이는 제조업 세계에서 효과가 있었는데 그 이유는 우선, 그것이 인간적이며 정중한 정책이기 때문이며, 두 번째로, 작업자가 정보를 제일 많이 알고 있고, 또 최종 결과에 직접적 영향을 가장 많이 끼칠 수 있기 때문입니다. 50년이 지난 지금 소프트웨어 개발 커뮤니티는 동일한 깨달음에 도달하고 있습니다. 프로그래머가 자기 작업의 품질에 대한 우선적 책임을 져야 한다는 깨달음이죠. TDD를 실천법으로 적용하는 것은 도움이 될 수 있습니다만, 책임을 맡는 방법으로 사용하면 강력해질 것입니다.

저 자신에게 물었습니다.

이 책에 추가하고 싶은 교훈이 있냐. 있습니다. 많습니다.

이 책을 처음 낼 때에 비해 TDD는 훨씬 더 널리 퍼졌습니다. TDD에 대한 저의 이해도 더 깊고 더 넓어졌습니다. 또한, 세상의 TDD 성공 사례와 실패 사례가 분명 더 많아졌을 겁니다. 실패 사례가 많아진다는 것은 좋은 일입니다. 우리가 거기에서 배우는 것이 있고, 또 그것이 다음 단계로 가는 밑거름이 된다면 말이죠. 하지만 뜰에 들어서기도 전에 돌부리에 넘어지거나 혹은 넘어져 다친 사람의 이야기를 듣고는 겁을 먹고 포기하는 것은 조심해야 합니다.

그래서 저는 재쇄 소식을 듣고 그간의 제 깨달음 중 특히 실패하는 분들을 위한 도움말을 추가하면 어떨까 하는 생각을 했습니다. 그렇지만 그것을 다 풀어내려면 족히 책 한 권이 필요할 것 같습니다. 그래서 여기에서는 한가지 도움말만 드리려고 합니다. 심리상태에 대한 것입니다.

흔히들 TDD를 하면 승부는 컴퓨터 화면 속에서만 벌어진다고 생각하기 쉽습니다. 하지만 컴퓨터 화면 속 이상으로 중요한 곳이 있습니다. 바로 우리의 머릿속입니다. 올바른 길이 있고 자신은 그 길을 따라가지 못한다고 느끼면 자책과 자기비하가 일어납니다. 나는 멍청하다. 내가 하는 것은 잘못되었다. 그러나 이런 생각을 하는 순간부터 화면 위에서의 승부는 더 곤두박질칩니다. TDD를 하면서 이런 경험을 하는 사람을 자주 보았습니다. 하지만, 나의 내면에서 벌어지는 일에 관심을 갖고 심리적 안정 상태를 유지하면 엄청난 차이를 경험하게 됩니다.

테스트를 돌렸습니다. 당연히 성공하리라 생각했습니다. 어, 실패합니다. 아드레날린이 증가합니다. 심박수가 높아집니다. 이럴 때 우선 "지금 무슨 일이 일어났지?"라고 자문합니다. 마음을 차분히 하고 주변을 살핍니다. 목표를 우선 현 상황을 파악하는 데에 둡니다. 에러 메시지는 무슨 뜻이고, 컴퓨터는 나에게 어떤 메시지를 전달하려고 노력하고 있는 거지? 그 다음에는 눈을 감고 생각해 봅니다. 어디에서 왜 이런 오류가 났을까. 소스코드를 보지 않고 머릿속에서 소스코드를 탐색해 봅니다. 그리고 에러가 났음직한 부분을 차분히 짐작해 봅니다. 그러고는 그 부분을 어떻게 간단히 고치면 테스트를 통과할지(혹은 어떻게 간단히 고치면 그 실패 상황에 대해 더 잘 이해하게 될지) 생각합니다. 이제 눈을 뜹니다. 모니터에 해당 부분을 띄웁니다. 자신이 머릿속에서 생각한 모습의 코드가 펼쳐졌나요? 잘 살펴본 뒤에, 자기가 생각한 대로 코드를 고쳐봅니다. 테스트를 돌리기 전에 마음을 비우고 다시 상상해 봅니다. 어떤 결과가 나올까? 정말 돌려봅니다. 어떤 결과가 나왔나요? 자신의 생각과 컴퓨터가 보여주는 것이 서로 다르다고 해서 절대 낙심하지 마세요. 다름을 느끼고 즐기려고 하세요.

빨리 테스트를 통과시키려고, 혹은 프로그램을 빨리 작성하려고 너무 조바심 내지 마세요. 자신감을 가지세요. TDD를 쫓아가려고 하지 마시고 TDD가 자신을 따라오게 하세요.

이렇게 해서 심리적인 안정 속에서 프로그래밍을 할 수 있게 되면 놀라운 일들을 경험하게 됩니다. 전에는 보지 못하던 것들을 보게 되며, 내가 생각하지 못하던 것들을 생각해 내게 됩니다. 하지만 그런 것들이 하늘에서 떨어진 것은 아닙니다. 내 속에 이미 있던 능력입니다. 나는 못한다라고 생각하지 말고 나는 잘한다는 생각을 가지세요. 여러분에게는 아무런 문제가 없습니다.

저는 위 방법을 저 자신과 주변 사람들에게 적용해 보았습니다. 오류가 생기면 마음이 급해지고 오히려 실수를 잦게 하는 사람이 이 방법을 써서 오류에서 쉽게 벗어나는 모습을 보았습니다. 또, 마음이 차분해져서 모든 것이 또렷하게 보이는 경험을 하기도 했습니다. 아, 우리 마음의 영향력이 이렇게 큰 줄은 몰랐습니다.

여러분의 프로그래밍이 더 즐겁고, 또 진정한 자신에게 좀 더 다가가는 방법이 되기를 빕니다.

2008년 1월 8일
김창준

역자의 글

몇 년 전 인사이트 출판사의 한기성 사장님께 『Test-Driven Development By Example』이라는 책(당시에는 초고 형태로 전자문서로만 볼 수 있었습니다)에 대해 말씀드렸던 일이 기억납니다. 이 책은 아주 중요한 책이고, 앞으로 더욱 중요해질 책이라고 말씀드렸죠. 감사하게도 얼마후 한기성 사장님이 번역을 해달라고 요청하셨습니다. 이 책을 번역한다는 자체가 상당히 영광스러운 일이기 때문에 당연히 요청을 받아들였습니다. 그 결과로 여러분의 손에 있는 이 책이 번역되어 나왔습니다.

저는 2000년 경에 TDD를 접했습니다. 우연히 워드 커닝엄의 오리지널 위키를 돌아다니다가 잘 이해되지 않는 페이지를 봤습니다. 이해하려고 연결된 페이지들을 훑어봐도 좀처럼 감이 오지 않았습니다. 메일링 리스트를 훑어보고 오리지널 위키를 샅샅이 뒤지고 나름대로 실험도 해보다가 어느 순간 소위 돈오(頓悟)의 느낌을 받았습니다. 약간 과장을 하면, 천지가 뒤바뀌는 느낌이었습니다. '테스트를 먼저 하다니 도대체 말이나 될

법한 소리인가? 아니 말이 된다. 그것도 아주 훌륭히.'

그 이후는 정말 점수(漸修)의 연속이었습니다. TDD를 수련하면서 TDD 를 의심했다가 다시 믿었다가 긍정과 부정이 교차되면서 나름대로 공력을 키우고 있었습니다. 그러다가 2002년 초쯤 켄트 벡이 쓴 초고를 보게 되었 습니다. 이전의 큰 충격 같은 것은 없었습니다. 대신 너무도 아쉬웠습니 다. 내가 TDD를 처음 익힐 때에 이런 책이 있었다면 얼마나 쉽고 빠르게 TDD를 익힐 수 있었을까. 마치 켄트 벡이 옆에서 짝 프로그래밍을 하면서 일일이 지도를 해주는 느낌….

TDD의 특성상 완성된 프로그램 코드를 보거나, 간단한 매뉴얼 정도로 는 TDD를 익힐 수 없습니다. 그 과정을 하나하나 따라가야 합니다. 이런 이유로 TDD를 설명하거나, 설명하는 글을 쓰려면 꽤 오랜 시간이 걸립니 다. 그래서인지 TDD에 대해 제대로 설명하는 자료가 거의 없었습니다. 짤 막한 글을 한두 개 읽고 상상하면서 부단히 실험해봐야 뭔가 감이 오는 정 도랄까. 하지만 켄트 벡의 책이 등장하면서 이런 상황이 많이 바뀌었습니 다. 물길어 나르길 몇 년 해야 수 하나 툭 던져주던 방식에서 소림 학원 속 성반이 생긴 것에 비유할 수 있을런지 모르겠습니다.

그러나 건너뛸 수 없는 게 있는 것 같습니다. 공력을 쌓는 것은 속성이 어렵고 또 남의 동작을 보고 관찰하는 것만으로 자기화할 수 없습니다. 분 명 자기 수련이 필요합니다. 제가 인터넷에 「TDD 수련법」이라는 글을 쓴 적이 있습니다. 혹시 독자 여러분께 도움이 될까 하여 전문을 실었습니다. TDD를 수련하는 데 참고가 되었으면 합니다.

이 책을 읽고 그대로 따라해보고 또 자기만의 방식을 찾아보기도 하는 등 실험을 한 후에는 「TDD 수련법」에 언급한 수련법을 따르거나 스스로 단순한 규칙을 정해놓고 지키기 위해 노력하면서 자기만의 노하우를 구축 해야 합니다. 이와 동시에 실무에서 조금씩 적용 범위를 넓혀가야 합니다.

분명 엄청나게 좌절할 것입니다. 하지만 그 좌절을 하나 둘 넘어서면서 시야가 점점 넓어져 갈 것입니다.

현재 시중에는 TDD 관련 서적이 꽤 많이 있습니다. (비록 지금은 번역된 책이 없지만 조금씩 번역되어 나올 것이라 생각하고, 국내 저자가 집필한 책도 아직 없지만 곧 나오지 않을까 기대합니다.) 이런 책 중에는 실무에서 맞닥뜨릴 만한 문제의 몇 가지 해결안을 보여주는 책도 있습니다. 참고는 하되 복사하지는 마십시오. 더 나은 방법들이 있습니다. 편견을 버리고 순수한 마음, 아무것도 모른다는 마음으로 문제에 접근하면서 나날이 톱니바퀴를 돌려나가시길, 또 주변에서 도반을 찾아 함께 고민하고 공부해 나가시길 당부드립니다. 저 역시 그런 노력의 고삐를 늦추지 않을 것입니다.

예정보다 번역기간이 너무 길어졌습니다. 인내심을 갖고 곁에서 지켜보고 격려하고 도움을 주신 한기성 사장님과 인사이트 출판사 직원 여러분께 진심으로 감사의 말씀을 드립니다. 번역 작업에 도움을 준 강규영 씨에게도 고마운 마음을 전하며, 제 곁에서 늘 위로를 해주고 힘이 되어준 아내에게도 감사의 마음을 전합니다.

2004년 11월

김 창 준

TDD 예제 시연 동영상 제공

1) 이 책의 두 가지 예제(다중 통화, xUnit)를 책 순서에 따라 시연하는 동영상.
2) 좀더 구체적이고 실질적인 예시로 채팅 서버 구현에 필요한 LineReader를 만드는 과정을 녹화한 동영상.

여기 담긴 동영상은 역자들이 함께 녹화한 것이며, 원서에는 포함되어 있지 않습니다. 윈도우 미디어 플레이어를 이용해 볼 수 있으며, 전체 화면 모드(alt-enter)로 보기를 권합니다. 기우일런지 모르겠으나, 동영상을 보고 책을 읽지 않거나 등한시 하는 것은 역자들이 바라는 바가 아닙니다. 동영상은 단지 책을 읽는 데에 보조적인 교재로 사용해 주기를 바랍니다.

동영상은 인사이트 홈페이지 도서 목록에서 다운로드 가능합니다.

TDD 수련법[1]

김 창 준

테스트 주도 개발을 잘하려면? 훈련과 경험이 필요합니다.

처음 훈련은 다음 방법을 권합니다. 이 과정은 '수(守)[2]'에 해당합니다.

- 간단하고 쉬운 문제들을 TDD로 시도합니다. 가능하면 전에 접하고, 프로그래밍해본 문제가 좋습니다.
- 초록 막대 주기[3]는 가능하면 짧도록 합니다. 예를 들어 a=b+3×c를 입력하고자 할 때, a=까지 입력한 시점은 빨간 막대 시점입니다. 그 시점에서 테스트를 실행하면 분명히 실패(정확히는 에러)할 것이기 때문입니다. 가능한 빨리 초록 막대가 나오도록 해야 합니다.

---

1) 역자 주: 역자가 https://bit.ly/3vwMvwr에 쓴 「TDD 수련법」을 옮겼다.
2) 역자 주: 무술의 수행 단계를 가리키는 말로 수파리(守破離)라는 것이 있다. 수는 규칙을 충실히 지키는 것이고, 파는 그것을 깨뜨리고 자기만의 방식을 찾는 것이며, 리는 규칙이나 형에서 자유로워지는 것이다.
3) 역자 주: 역자가 만든 신조어로, 초록 막대가 나오는 시점에서 다음 초록 막대가 나오는 시점까지의 시간을 일컫는다.

- 이때 초록 막대 주기의 최대 시간을 정해놓고 진행하다가 시간을 초과하면 직전 초록 막대 상태로 돌린 다음(그 동안의 코드는 포기하고) 새로 시작하는 것이 좋습니다.
- '진짜로 만들기 전까지만 가짜로 구현하기'를 적극적으로 사용하려고 노력합니다. 가짜로 구현하기는 초록 막대 주기가 짧아지는 가장 간단하고 빠른 방법입니다.
- 같은 문제를 여러번 풀어봅니다. 동일한 프로그램이 나오나요? 무엇이 비슷하고 무엇이 틀린가요? 뭘 배웠나요?
- 초기에는 리팩토링 툴을 사용하지 않는 것이 좋습니다. 초보에겐 순서와 과정이 중요한데 그걸 성큼 건너뛰게 되기 때문입니다.

이제는 다음 방법을 시도해 봅니다. 대략적으로 '파(破)'에 해당한다고 할 수 있습니다.

- 여유를 가지세요. TDD가 꼭 정신없이, 별 생각없이 프로그래밍을 하라는 것은 아닙니다. 모든 '학습'과 '개선'의 필수적 요소는 자기를 돌아보기(self-reflectivity)와 자기가 생각하는 것을 생각하는 메타인식(meta-cognition)입니다. 자신이 하는 것을 관조, 관찰하고 기록하고 분석하세요. 프로토콜 분석(protocol analysis)[4]도 좋은 방법입니다. 같은 문제를 여러 번 풀어보는 것도 중요합니다.
- 자신이 TDD로는 해보지 않았던 영역을 하나씩 실험해 봅니다. 어려운가요? 왜 어려울까요? 쉬운 방법은 없을까요?
- 보폭을 조절해 봅니다. 잘 된다 싶으면 속도를 높이고 뭔가 안 풀린다 싶으면 바로 속도를 늦추는 훈련을 합니다. 자신이 편한 속도를 찾습니다.

---

4) 역자 주: 사고과정 중 생각한 것을 직접 입으로 말하도록 하면서 진행하고 이를 녹음한 것을 분석하는 것을 말한다.

- 작은 애플리케이션 하나를 오로지 TDD로 완성해봅니다. 일주일 정도 걸리는 것이면 좋습니다.
- 다른 언어(가능하면 다른 패러다임의 언어)로 TDD를 해봅니다. 이전에 많이 풀어봤던 문제를 시도해 봅니다. 전혀 다른 해를 얻지 못하면 자신의 TDD 방식에 뭔가 문제가 있다는 겁니다. 특히 동적 언어(스몰토크, 파이썬 등)를 사용해 보는 것이 좋습니다. 자신이 전혀 생각하지 못했던 부분까지 중복 제거가 가능합니다. 물론 더 짧은 시간에 말이죠. 생각의 틀을 뒤집어 놓기에 참 좋습니다.

이 단계를 넘어서면 다음 훈련을 해볼 수 있습니다. '리(離)'입니다.

- TDD를 사용하지 않고 같은 문제에 접근해 보세요. 이전에 하던 방식과 뭐가 달라졌나요? TDD를 써서 좋을 때가 있고 안 써서 좋을 때가 있나요?
- TDD와 적절한 초기 설계를 섞어보세요. 어느 정도가 적절한 수준인가요? 어떤 방식으로 디자인하는 것이 좋은가요? CRC 카드[5]는 어떤가요? 처음 디자인했던 것이 TDD를 거친 후에 얼마나 달라지나요? 뭐가 그대로 남던가요? 어떤 '안 좋은 부분'이 그대로 남나요? 어떤 '좋은 부분'이 그대로 남나요?
- TDD와 함께 다른 방법들을 사용하는 방법을 시도해 보세요. 의도에 의한 프로그래밍(『XP Installed』참조), 단계적 개선(다익스트라 (Dijkstra)의 논문[6] 참조), 도메인 주도 설계(Domain Driven Design)(같

---

5) 역자 주: 객체지향 설계를 할 때 사용하는 도구로, 인덱스 카드에 클래스, 책임, 협동 대상 등을 기록한다.

6) 역자 주: Stepwise Program Construction, EWD227. (http://www.cs.utexas.edu/ users/EWD/ ewd02xx/EWD227.PDF) 니클라우스 워쓰 교수의 다음 논문과 함께 보면 좋다. Program Development by Stepwise Refinement, CACM, vol. 14, No. 4, April 1971. (https://bit.ly/3Mjskc7)

은 이름의 책[7] 참조)….

여기 소개된 방법들은 무술의 수와도 비슷해서(예컨대 정권 찌르기 경우 느리게 만 번, 빠르게 만 번, 두 가지를 섞어서 만 번을 해보면 많은 것을 체득하게 됩니다) 하나 하나를 오랜 기간을 두고 수련해볼 만 합니다. 그리고 배움의 과정을 수파리(守破離) 세 단계로 나눠놓기는 했지만, 이것은 방편일 뿐이지, 실제로는 이런 구분이 모호할 뿐만 아니라, 무의미합니다.

TDD 수련에 도움이 되는 문제
- 세계 대학생 프로그래밍 경진대회(ICPC) 문제 등 알고리즘 중심의 문제
- 자동판매기 테스터(인터랙티브 셸(shell) 포함)
- 계산기(인터랙티브 셸 포함)
- 엘리베이터 시뮬레이션(Discreet Event Simulation)
- 웹 게시판
- 멀티 채팅 프로그램

위 문제들을 순수하게 TDD로 풀어보십시오. 분명 좌절감을 느끼게 될 것입니다. 도무지 보폭을 줄이기가 쉽지 않을 것입니다. 어떻게 보폭을 줄일 수 있을까 고민해 보십시오. 일주일 동안 한 문제만 거듭 풀어보십시오. 한 단계 도약할 수 있을 것입니다.

이렇게 저렇게 하면 대충 TDD로 되겠지라고 생각하고 넘어가는 것과 직접 해보는 것은 천지 차이입니다. TDD를 실무에 적용해 쓰기 위해서는 많은 좌절을 겪어야 합니다. 대부분 이것을 안 하려고 하다보니 TDD를 시늉만 내게 됩니다.

TDD는 겸손하지 못하면 익히기가 매우 어렵다고 생각합니다. 늘 '더 나은 것'이 있을 거라는 마음으로 일신우일신 정진하시길 기원합니다.

---

7) 역자 주: Eric Evans, 『Domain-Driven Design』, Addison-wesley, 2003.

한국어판 인터뷰

저자 켄트 벡이 특별히 한국어판 출판을 위해 이 책에 대한 인터뷰를 해주었다. 인터뷰는 역자가 2004년 5월에 온라인에서 진행하였다. 어떤 답변은 무척 짧거나 상식적이지만, 여러 번 곱씹어 보면 그 맛이 배어 나온다. 그래서 되도록 인터뷰 원문을 가감 없이 싣도록 노력했다. 인터뷰에 성실히 응해준 켄트 벡에게 다시 한번 감사하다는 말씀을 드린다.

(역자는 이번 외에도 월간 『마이크로소프트웨어』 2001년 12월호에서 켄트 벡을 인터뷰했다. TDD와 함께 XP에 관심 있는 독자들은 그 인터뷰를 참조하면 도움이 될 것이다.)

김창준 | 이 책을 집필하신 지 꽤 오래됐지요? 그 이후 여러 가지를 경험하고 또 배우셨으리라 생각합니다. 생각이 바뀐 부분이 있으세요? 지금 책에서 바꾸거나, 추가하거나 빼고 싶은 것이 있나요?

켄트 벡 | 린 생산(Lean Manufacturing)에서는 두 가지 낭비에 대해 이야

기합니다. 아무도 보지 못했고, 또 제거하려고 노력하지 않았기 때문에 '순수한' 낭비가 존재합니다. 대기 시간은 전형적인 순수 낭비입니다. '필요한' 낭비는 현재 당신이 꼭 해야 하지만 사실 아무 가치도 추가되지 않는 활동들에서 옵니다. 최소한, 결함 수준이 지나치게 높은 한 검사(inspection)는 필요 낭비입니다. 결함 수준을 충분히 줄일 수 있다면, 더 검사할 필요가 없을 겁니다.

TDD에서 테스트를 작성하는 데 드는 시간의 일부는 필요 낭비입니다. 고객은 작동하는 기능에 대해서 돈을 지불합니다. 코딩에 더 많은 시간을 쓰고 테스팅에는 더 적은 시간을 쓰면서도 여전히 동일한 결과를 성취할 수 있는 방법을 익힐 수 있다면, 소프트웨어 비용은 떨어질 겁니다. '테스팅'에 쓰는 시간 일부는 사실 분석 혹은 설계 결정에 쓰입니다. 이것은 낭비가 아닙니다. 하지만 테스트 작성에 드는 시간은 제거 후보입니다.

김창준 | 요즘도 프로그래밍을 하실 때에 늘 TDD로 작성을 하시나요? 아니라면, 왜 그렇게 하세요?

켄트 벡 | 저는 테스트 없이 프로그래밍하면 확신이 덜 생기고 시간은 더 듭니다. 최근에 만델브로트(Mandelbrot) 브라우저를 프로그래밍했는데, 픽셀 하나에 대해서는 테스트를 작성할 수 없다고 생각했습니다. 이제는 그런 테스트를 작성할 수 있다는 것을 깨달았으며, 첫 번째 구현 시도가 실패했기 때문에 이번에 구현한다면 테스트를 작성할 것입니다.

제가 테스트를 작성하지 않는다면, 그건 제가 그렇게 할 수 없다고 생각하기 때문입니다. 잠시 공포를 느끼는 것은 테스트를 어떻게 작성할지 알아내는 충분한 동기가 됩니다. 정말로 테스트를 어떻게 작성할지 알 수 없는 문제는 아직 접하지 못했습니다.

김창준 | 만약 TDD에 그다지 적절하지 않은 분야가 있고, 그런 분야에서 작업한다면 TDD를 할 때만큼의 확신을 얻기 위해 무엇을 할 수 있을까요?

켄트 벡 | TDD 수준으로 확신을 주는 테크닉은 모릅니다. 짝 프로그래밍이 그나마 비길 만한 정도의 유일한 테크닉입니다. 제가 테스트 우선으로 작성할 수 없다면, 분명 파트너와 함께 작업하기를 원할 거고, 그 사람이 특히 테스트 우선으로 개발하는 데 정말 솜씨 좋고 영리한 파트너이길 원할 겁니다.

김창준 | 이 책의 출판 이후, 테스트 주도 웹 사이트 개발이나 심지어는 테스트 주도 관리같이 여러 영역에 TDD를 적용하려는 시도가 있습니다. 특히 주목 받는 것 중 하나가 바로 데이터베이스 리팩토링과 테스트 주도 데이터베이스 개발(TDDD, Test Driven Database Development)입니다. 하지만 TDDD는 여전히 간단하지 않습니다. 저와의 인터뷰에서(월간 『마이크로소프트웨어』 2001년 12월호) 당신은 유기(체)적(organic) 데이터베이스의 중요성이 커지고 있다고 말했습니다. 어떤 돌파구를 찾으셨습니까? 데이터베이스 프로그램을 TDD하는 데에 당신이 제안하는 최선은 무엇인가요?

켄트 벡 | TDDD와 관련해 직접 경험한 것은 아니나, 제가 신뢰하는 사람들은 TDDD가 가능하다고 말하더군요. 더 많은 사람들이 데이터베이스를 유기적으로 성장시키면 벤더들이 그걸 지원하도록 더 많은 압력이 가해질 것입니다. 내가 최선으로 제안할 수 있는 것은 데이터베이스를 한 번에 조금씩 설계해 나갈 거라고 스스로 다짐하고, 실제로 그걸 어떻게 할지 알아내는 것입니다.

김창준 | 최근에 『Contributing to Eclipse』라는 책을 공저하셨습니다. 그 책에서 GUI 프로그램을 TDD하는 다양한 방법을 시도해 보셨을 겁니다. 어떠셨나요? 만족스러운 방법을 발견하셨나요?

켄트 벡 | 『Contributing to Eclipse』는 몇 개월 동안 코드를 테스트 주도로 작성하려면 어떻게 해야 할지 방법을 찾지 못한 또 다른 예입니다. 우

리를 섬뜩하게 하는 코드와 수 개월 간 동거하고 나니, 테스트를 먼저 작성할 수 있을 거라는 걸 깨닫게 되었고, 나머지 코딩은 훨씬 더 매끄럽게 진행되었습니다.

우리는 GUI를 위한 테스트를 많이 작성하지는 않았습니다. 대부분의 테스트를 GUI 밑에 있는 엔진을 위해 작성했고, 모든 요소가 제대로 연결되었는지 확인하기 위해 단지 몇 개의 GUI 테스트만 작성했습니다. 결과로 나온 코드는 상당히 확신이 가면서도 특정 사용자 인터페이스 디자인에는 그다지 의존하지 않았습니다.

김창준 | XP 메일링 리스트에서 모의 객체(Mock Object)에 대한 뜨거운 논의가 있었습니다. 제 생각에 레인스버거(J. Rainsberger)와 론(R. Jeffries)은 모의 객체를 최후의 수단으로 사용하는 편에 속하는 것 같습니다. 레인스버거는 모의 객체를 쓴다는 사실이 나쁜 냄새의 징후일 수도 있다고 말합니다. 그런 반면 그들과 생각이 다른 사람도 많습니다. 그들은 모의 객체가 디커플링을 돕고, 인터페이스 추출을 도우며, 디미터 법칙을 지키도록 해주기 때문에 적극 사용한다고 합니다. 당신의 의견은 무엇인가요?

켄트 벡 | 저는 모의 객체를 많이 사용하지는 않습니다. 왜 그런지는 아직 모르겠습니다. 그렇지만 제가 존경하는 사람들은 모의 객체가 대단하다고 생각하더군요.

김창준 | TDD를 큰 규모의 시스템 개발에 적용하는 것은 그리 쉽지 않습니다. 특히 많은 인력이 동원되는 경우나, 여러 팀과 함께 작업하는 경우에 그렇습니다. 예컨대 인터페이스를 바꾸는 경우 여러 팀이 영향을 받는다면 그만큼 자유롭지 못합니다. 당신이 발표한 '팀 간 TDD'에 대한 논문은 한 가지 해법을 제시합니다. 이런 상황에 있는 사람들에게 어떤 다른 제안을 해주시겠습니까?

켄트 벡 | 두 팀에서 한 명씩 파트너로 삼아 짝짓는 것이 이제까지 제가

가진 최고의 아이디어입니다. 두 사람이 함께 밑단의 시스템이 만족해야 하는 테스트와 그 테스트를 만족하는 밑단의 시스템의 스텁(stub)을 모두 작성합니다. 이렇게 하면 인터페이스 변경을 제외하고는 결과적으로 두 팀을 디커플링하게 됩니다.

김창준 │ 어떻게 하면 TDD에 더 능숙해질 수 있을까요? 어떤 수련을 추천하십니까?

켄트 벡 │ 저는 가능하면 테스트 우선으로 작업하겠다고 다짐합니다. 테스트를 어떻게 작성해야 할지 아는 경우, 전에 사용한 기술을 그대로 사용하면서 앞으로 나아갑니다. 코드를 어떻게 테스트해야 할지 알아내기 전까지는 결코 만족하지 않습니다. 저는 이런 실천을 '끈기'라고 부르겠습니다.

김창준 │ 한국어판을 읽는 독자에게 특별히 하고 싶은 말씀이 있으신가요?

켄트 벡 │ 특별히 한국인 개발자를 위해서만은 아닌데요. 분명 국가적 문화적 차이라는 것이 있기는 합니다만 어떤 면에서 국가적 차이를 초월하는 국제적 해커(geek) 문화라는 것도 분명 존재합니다. 테스트 주도 개발은 사람들이 제대로 작동하는 깨끗한 코드를 작성하게 해주기 때문에 국제적 해커 문화에도 잘 들어맞습니다.

사려 깊고 흥미로운 질문에 진심으로 감사 드립니다.

테스트주도개발

차례

Test - Driven Development
By Example

저자의 글

작동하는 깔끔한 코드(clean code that works). 론 제프리즈(Ron Jeffries)의 핵심을 찌르는 이 한마디가 바로 테스트 주도 개발의 궁극적인 목표다. 작동하는 깔끔한 코드가 훌륭한 목표임을 말해주는 수많은 이유가 있다.

- 예측 가능한 개발 방법이다. 끊임없이 발생할 버그에 대해 걱정하지 않고, 일이 언제 마무리될지 알 수 있다.
- 코드가 가르쳐주는 모든 교훈을 학습할 기회를 갖게 된다. 처음 생각 나는 대로 후딱 완료해 버리면 두 번째 것, 더 나은 것에 대해 생각할 기회를 잃게 된다.
- 당신이 만든 소프트웨어는 사용자의 삶을 향상시켜 준다.
- 동료들이 당신을 존경할 수 있게 해주며, 당신 또한 동료들을 존경할 수 있게 된다.
- 작성하는 동안 기분이 좋다.

그런데 어떻게 하면 작동하는 깔끔한 코드를 얻을 수 있을까? 많은 요인들이 우리를 깔끔한 코드에서 멀어지게 만들고, 작동하는 코드조차 만들기 힘들게 한다. 두려움에 대해 오랫동안 상의하는 대신, 해야 할 것이 있다. 자동화된 테스트로 개발을 이끌어 간다. 이런 개발 방식을 테스트 주도 개발이라 부른다. 테스트 주도 개발에서는

- 오직 자동화된 테스트가 실패할 경우에만 새로운 코드를 작성한다.
- 중복을 제거한다.

는 두 가지 단순한 규칙만을 따른다. 하지만 이 단순한 규칙이 가지는 다음과 같은 기술적인 함의로 인해서 개인이나 집단 차원의 복잡한 행동패턴이 만들어진다.

- 매 결정사항[1]에 대해 피드백을 제공하는 실행 가능한 코드를 기반으로 하는 유기적인 설계를 해야 한다.
- 자동화된 테스트를 다른 사람이 만들어주길 하루에 스무 번도 넘게 기다릴 수는 없으므로, 직접 테스트를 작성해야 한다.
- 개발 환경은 작은 변화에도 빠르게 반응할 수 있어야 한다.[2]
- 테스트를 쉽게 만들려면 반드시 응집도는 높고 결합도는 낮은 컴포넌트들로 구성되게끔 설계해야 한다.

---

1) 역자 주: 여기에서 결정사항이란 여러 가지를 의미하는데, 이를테면 "이 부분에서는 상속을 이용해야겠군."하는 식의 설계에 대한 결정사항 등을 말한다.
2) 역자 주: TDD에서는 파이썬 인터프리터나 스몰토크 개발 환경과 같이 빠른 피드백을 주는 대화식 개발 환경을 선호한다. 대화식 환경까지는 아니더라도 별도의 컴파일 과정을 필요로 하는 등의 번거로움이 최소화된 지능적인 개발 환경을 사용하는 것이 좋다. 자바 프로그래머라면 실시간 문법 검사를 해주는 등 여러 면에서 빠른 피드백을 주는 이클립스(Eclipse)나 인텔리제이(IntelliJ) IDE 등을 추천한다. 특히 이클립스 프로젝트에는 이 책의 저자인 켄트 벡과 함께 JUnit 테스팅 프레임워크를 공동 개발한 에리히 감마(Erich Gamma, 『Design Pattern』으로 유명한 Gang of Four의 한 명이기도 하다)가 참여하고 있으며, 이클립스 개발 환경은 JUnit과 특히 잘 통합된다.

또한 위의 두 가지 규칙에 의해 프로그래밍 순서가 다음과 같이 결정된다.

1. 빨강 – 실패하는 작은 테스트를 작성한다. 처음에는 컴파일조차 되지 않을 수 있다.
2. 초록 – 빨리 테스트가 통과하게끔 만든다. 이를 위해 어떤 죄악[3]을 저질러도 좋다.
3. 리팩토링 – 일단 테스트를 통과하게만 하는 와중에 생겨난 모든 중복을 제거한다.

빨강/초록/리팩토링은 TDD의 주문과도 같은 것이다.

이런 식으로 프로그래밍하는 게 가능하고, 코드의 결함률을 극적으로 낮춰줄 뿐 아니라, 코드가 정말로 깔끔해져서 팀원 누구나 코드를 쉽게 알아볼 수 있게 해준다고 가정해보자. 이와 같은 가정이 가능하다면, 실패하는 테스트를 통과시키기 위해 필요한 만큼만 코딩하는 것은 다음과 같은 사회적 함의도 갖게 될 것이다.

• 결함 밀도를 충분히 감소시킬 수 있다면, 품질보증(QA)을 수동적인 작업에서 능동적인 작업으로 전환할 수 있다.
• 고약한 예외 상황의 숫자를 충분히 낮출 수 있다면, 프로젝트 매니저가 정확히 추정할 수 있어 고객을 매일의 개발 과정에 참여시킬 수 있다.
• 기술적 대화의 주제가 충분히 분명해질 수 있다면, 소프트웨어 엔지니어들은 일일 단위 혹은 주 단위의 협력 대신 분 단위로 협력하면서 일할 수 있다.

---

3) 역자 주: 죄악이란 기존 코드 복사해서 붙이기(copy and paste), 테스트만 간신히 통과할 수 있게끔 함수가 무조건 특정 상수를 반환하도록 구현하기 등을 의미한다.

- 한번 더, 결함 밀도가 충분히 낮아진다면, 새 기능의 선적 가능한 소프트웨어를 매일 갖게 되고, 이를 통해 고객과 새로운 비즈니스 관계에 이를 수 있다.

발상은 단순하다. 근데 왜 이런 식으로 작업해야 할까? 왜 소프트웨어 엔지니어가 자동화된 테스트를 만드느라 추가 작업을 해야 하는 걸까? 왜 엄청나게 복잡한 설계를 머릿속에서 그려낼 수 있는 소프트웨어 엔지니어들마저 작은 단계를 종종걸음으로 밟아나가야만 하는가? 용기 때문이다.

| 용기 |

테스트 주도 개발은 프로그래밍하면서 나타나는 두려움을 관리하는 방법이다. 여기서 두려움이란 나쁜 의미의 – 무서워요, 프로그래머는 젖꼭지가 필요해요 – 두려움을 뜻하는 것이 아니고, "정말 어려운 문제라서 시작 단계인 지금은 어떻게 마무리될지 알 수 없군."하고 생각하는 식의 합리적인 두려움을 말한다. 만약 고통이라는 게 자연이 우리에게 보내는 "멈춰!"라는 신호라면, 두려움은 "조심해."라는 신호로 생각할 수 있다. 조심은 좋은 것이지만 두려움은 다음과 같은 일의 원인을 제공하기도 한다.

- 두려움은 여러분을 망설이게 만든다.
- 두려움은 여러분이 커뮤니케이션을 덜 하게 만든다.
- 두려움은 여러분이 피드백 받는 것을 피하도록 만든다.
- 두려움은 여러분을 까다롭게 만든다.

이 중 어떠한 것도 프로그래밍에 도움이 되지 않는다. 특히 어려운 코드를 짤 때는. 이제 문제는 우리가 어려운 상황에 어떻게 맞설 것인지와 아래의 것들이라 할 수 있다.

- 불확실한 상태로 있는 대신, 가능하면 재빨리 구체적인 학습을 하기 시작한다.
- 침묵을 지키는 대신, 좀더 분명하게 커뮤니케이션한다.
- 피드백을 회피하는 대신, 도움이 되고 구체적인 피드백을 찾는다.
- (자신의 나쁜 성깔을 직접 해결해야 한다.)

프로그래밍을 우물에서 한 두레박의 물을 길어 올리기 위해 크랭크를 돌리는 것으로 상상해보라. 작은 두레박일 때에는 자유롭게 돌아가는 크랭크로도 괜찮다. 큰 두레박에 물이 가득 담겨 있을 때에는 두레박이 다 올라오기도 전에 지쳐버릴 것이다. 몇 차례 크랭크를 돌리고 나면 쉴 수 있게 해주는 어떤 톱니바퀴 메커니즘이 필요하다. 두레박이 크면 클수록 톱니바퀴의 이빨이 더 촘촘해야 한다.

테스트 주도 개발의 테스트가 그 톱니바퀴의 이빨과 같다. 일단 테스트 하나를 작동하게 하면, 그게 지금 현재 그리고 앞으로 영원히 작동할 거라는 걸 알 수 있다. 테스트가 망가져 있을 때에 비해, 이제 모든 것이 작동하는 쪽으로 한 걸음 더 가까이 있다. 이제 다음 테스트를 작동하게 하고, 그 다음, 또 다음…. 비유하자면, 프로그래밍 문제가 어려울수록 각각의 테스트는 좀더 작은 부분을 커버해야 한다.

내가 쓴 책인 『Extreme Programming Explained』를 읽어본 독자들이라면 익스트림 프로그래밍과 TDD의 논조에 차이가 있음을 알아챌 것이다. TDD는 XP 방식처럼 절대적이지 않다. XP에서는 "앞으로 더 진화할 수 있도록 준비하려면 이런 것들을 할 수 있어야만 한다."고 말한다. TDD는 조금 더 애매하다. TDD란 프로그래밍 도중 내린 결정과 그 결정에 대한 피드백 사이의 간격을 인지하고, 또한 이 간격을 통제할 수 있게 해주는 기술을 말한다. "일주일 간 종이에다 설계한 다음 코드를 테스트 주도로 개발한다면 이것도 TDD인가?" 물론, TDD다. 결정과 그에 대한 피드백 사이의 간격을 인지하고, 또 의식적으로 제어했기 때문이다.

그런 말을 하긴 했지만, TDD를 배우는 대다수의 사람들은 자신의 프로그래밍 방법이 영원히 바뀌어 버렸다는 걸 깨닫는다. ˙테스트 중독(Test Infected)' [4]이라는 말은 에리히 감마가 이러한 변화를 표현하기 위해 고안한 문구다. 당신은 꿈도 못 꿀 만큼, 더 많은 테스트를 더 일찍 작성하고, 또 더 작은 단계로 작업하고 있다는 것을 깨닫게 될 것이다. 한편, 몇몇 소프트웨어 엔지니어들은 TDD를 배운 후에 다시 원래 습관으로 돌아가서 작업하다가, 기존의 습관으로는 일이 진척되지 않을 때에만 TDD를 사용하기도 한다.

순수하게 TDD로만 풀어낼 수는 없는 프로그래밍 작업이 분명히 있을 것이다(혹은 최소한 아직까지는). 예를 들면 보안 소프트웨어와 동시성(concurrency)은, TDD로 해당 소프트웨어의 목표가 달성되었다는 것을 기계적으로 보여주기에 부족한 두 가지 주제라고 할 수 있다. 보안은 본질적으로 결함이 없는 코드에 의존한다는 것이 사실이기는 해도, 소프트웨어의 보안을 지키기 위해 사용하는 방법에 대한 인간 판단에도 역시 의존한다. 미묘한 동시성 문제들은 코드를 실행하는 것만으로는 확실히 재현할 수 없다.[5]

일단 이 책을 끝까지 읽고 나면

• 단순하게 시작하고

---

4) 역자 주: 「테스트 중독 – 프로그래머들이 테스트 작성을 즐기다」(http://junit.sourceforge.net/doc/testinfected/testing.htm)' 라는 글을 참고하기 바란다. TDD에 대한 초기 문서로 어떻게 테스트에 중독되는지 다중 통화 예로 설명한다.

5) 역자 주: 꼭 그렇지는 않다. 구조적 프로그래밍이 goto를 제거해 추상성을 높였듯이 CSP 등의 이론과 기술을 겸비하면 TDD로 꽤 만족할 만한 결과를 얻을 수 있다. CSP에 대해서는 역자가 월간 『마이크로소프트웨어』 2003년 11월호에 기고한 기사를 참고하라.

- 자동화된 테스트를 만들고
- 새로운 설계 결정을 한 번에 하나씩 도입하기 위해 리팩토링을 할 준비가 될 것이다.

이 책은 세 부로 구성된다.

- 1부. Money 예제 – TDD로 일상적인 모델 코드를 만드는 예제. 이 예제는 수년 전 워드 커닝엄(Ward Cunningham)이 알려준 것으로 그 이후 여러 번 사용했다. 다중 통화 산술(mutli-currency arithmetic). 이 예제를 통해 여러분은 코딩하기 전에 먼저 테스트를 만드는 법과 설계를 유기적으로 키워나가는(grow)[6] 방법을 배우게 될 것이다.
- 2부. xUnit 예제 – 자동화된 테스트를 위한 프레임워크를 만들고, 그 과정에서 리플렉션이나 예외 등을 포함하는 더 복잡한 로직을 테스트하는 예제. 그 이외에도 이 예제는 많은 프로그래머 중심적인 테스팅[7] 툴의 진수라 할 수 있는 xUnit의 아키텍처를 소개한다. 두 번째 예에서는 첫 번째 예보다 훨씬 더 작은 단계로 작업하는 방식을 배우게 될 것이며, 컴퓨터 과학자들이 사랑하는 자기 참조(self-referential)[8]의 일종도 접하게 된다.

---

6) 역자 주: 기존의 소프트웨어 공학에서는 소프트웨어 분야에 건축학의 메타포를 주로 적용해왔다. 건축학의 메타포를 적용하여 우리는 소프트웨어를 건축(build)한다고 표현한다. 하지만 켄트 벡을 비롯한 몇몇 기민한 방법론(Agile Methods)을 지지하는 사람들은 소프트웨어를 정원 관리(gardening)에 비유한다. 정원 관리의 메타포를 적용하면, 소프트웨어는 건축(build)하는 게 아니라 키우는(grow) 것이 된다. 실제로 이 책의 저자 켄트 벡은 퍼머컬쳐(permaculture)라고 하는 일종의 유기농법에서 개발에 대한 많은 영감을 받았다.

7) 역자 주: XP에서는 테스트를 프로그래머의 테스트와 고객의 테스트로 구분한다. 프로그래머 중심의 테스트는 통상 단위 테스트를 일컬으며 프로그래머가 개발을 진행해 가면서 자신을 위해 작성하는 테스트를 말한다. 이에 반해 고객의 테스트는 승인 테스트라고도 불리며 고객이 자신이 원하는 기능이 제대로 구현되는지 확인하기 위한 것으로, 고객이 직접 작성하는 경우가 많다.

• 3부. 테스트 주도 개발을 위한 패턴들 – 이 부에서는 어떤 테스트를 작성해야 할 것인가, xUnit에서 어떻게 테스트할 것인가 등에 대한 패턴과, 예제에서 사용된 디자인 패턴과 리팩토링을 소개한다.

나는 예제를 작성할 때 짝 프로그래밍을 염두에 두고 썼다. 주위를 배회하기 전에 지도 보는 것을 좋아한다면 바로 3부의 패턴 부분으로 가서 그곳의 예제를 설명 대신 사용할 수 있다. 그냥 이리저리 배회하고 나서 당신이 어디를 지나왔는지 확인하려고 지도를 들여다 보는 것을 좋아한다면, 예제를 읽다가 어떤 테크닉에 대해 좀더 상세한 내용을 알고 싶을 때 패턴을 참고하고 그걸 레퍼런스로 사용할 수 있다. 이 책을 검토한 몇 명은 책을 읽으면서 프로그래밍 환경을 구동하고 코드를 입력하고 또 테스트를 실행해봤을 때 예제에서 가장 많은 것을 얻을 수 있었다고 말했다.

끝으로 예제에 대한 첨언 한 마디. 다중 통화 예제나 테스트 프레임워크 예제나 둘 다 단순해 보인다. 같은 문제를 해결하는 복잡하고 못생기고 지저분한 방법도 있다(나는 본 적이 있다). 이 책에 현실감을 더하기 위해서 복잡하고 못생기고 지저분한 해법 중 하나를 예제로 선택할 수도 있었다. 하지만 나의 목표는(여러분의 목표도 동일하길 바란다) 작동하는 깔끔한 코드를 만드는 것이다. 이 책의 예제가 너무 단순하다고 화를 내기 전에, 15초 동안 다음과 같이 상상해 보라. 모든 코드가 이 책의 예제만큼 분명하고 직접적인 프로그래밍 세상. 복잡한 해법이란 없고 단지 외관상 복잡해 보이는 문제에 대해 신중히 사고하면 되는 그런 곳. TDD는 바로 그런 사고가 가능하도록 당신을 도와줄 수 있다.

---

8) 역자 주: 자기 참조는 '내' 가 '나' 에 대해 언급하는 것을 일컫는 말로 전산학자들에게 매력적인 개념이다. 자기의 신발 뒤축에 달린 가죽 고리를 집어 올려서 자신을 공중에 띄워야 하는 상황을 일컫는 부트스트래핑(boot-strapping)은 컴퓨터에서 '부팅' 으로 짧게 불리기도 하는데, 역시 자기 참조의 한 가지 예가 된다.

감사의 글[1]

냉엄하고 완고하게 리뷰해주신 모든 분께 감사한다. 내용에 대해서는 오로지 내 책임이지만, 그들의 도움이 없었다면 이 책은 훨씬 더 읽기 어렵고 훨씬 덜 유용했을 것이다. 내가 타이프해 넣은 순서로 그들을 나열하면 다음과 같다. Steve Freeman, Frank Westphal, Ron Jeffries, Dierk König, Edward Hieatt, Tammo Freese, Jim Newkirk, Johannes Link, Manfred Lange, Steve Hayes, Alan Francis, Jonathan Rasmusson, Shane Clauson, Simon Crase, Kay Pentecost, Murray Bishop, Ryan King, Bill Wake, Edmund Schweppe, Kevin Lawrence, John Carter, Phlip, Peter Hansen, Ben Schroeder, Alex Chaffee, Petervan Rooijen, Rick Kawala, Mark van Hamersveld, Doug Swartz, Laurent Bossavit, Ilja Preuß, Daniel Le Berre, Frank Carver, Justin Sampson, Mike Clark, Christian Pekeler, Karl Scotland,

---

1) 역자 주: 여기서 편의상 인명은 모두 영문 그대로 표기했다. 본문에서는 인명을 소리 나는 대로 한글로 표기하고 처음 등장한 곳은 괄호 속에 영문으로 표기했다.

Carl Manaster, J. B. Rainsberger, Peter Lindberg, Darach Ennis, Kyle Cordes, Justin Sampson, Patrick Logan, Darren Hobbs, Aaron Sansone, Syver Enstad, Shinobu Kawai, Erik Meade, Patrick Logan, Dan Rawsthorne, Bill Rutiser, Eric Herman, Paul Chisholm, Asim Jalis, Ivan Moore, Levi Purvis, Rick Mugridge, Anthony Adachi, Nigel Thorne, John Bley, Kari Hoijarvi, Manuel Amago, Kaoru Hosokawa, Pat Eyler, Ross Shaw, Sam Gentle, Jean Rajotte, Phillipe Antras, and Jaime Nino.

나와 함께 테스트 주도 코딩을 했던 모든 프로그래머들에게 감사한다. 특히 초기에 정말 정신나간 것같은 아이디어를 감내하고 함께 일해준 인내력에 감사한다. 내가 생각한 것보다 당신들에게 훨씬 많은 것을 배웠다. 다른 사람에게 상처주지 않았으면 하고 바라지만 Massimo Arnoldi, Ralph Beattie, Ron Jeffries, Martin Fowler, Erich Gamma가 내가 많이 배울 수 있었던 테스트 운전사들(test drivers)로 특별히 기억에 남는다.

프레임메이커(FrameMaker)에 대해 적절한 시기에 도움을 준 Martin Fowler에게 감사의 마음을 표한다. 그는 지구상에 존재하는 가장 비싼 조판 컨설턴트지만 운 좋게도 그는 내가 비용을 결정하도록 해주었다(지금까지는).

내게 있어 진짜 프로그래머로서의 삶은 Ward Cunningham의 끈기 있는 멘토링과 그와의 지속적인 협력 속에서 시작되었다. 나는 때때로 테스트 주도 개발(TDD, Test Driven Development)을, 우리가 스몰토크 환경에서 스몰토크 프로그램을 다루며 느낀 편안함과 친밀함을 환경에 상관없이 모든 소프트웨어 엔지니어들에게 맛보게 해주려는 노력으로 보기도 한다. 일단 두 사람이 하나의 머리를 공유한다면 아이디어의 근원이 누구인지 가릴 수 있는 방법이 없다. 이 책에 나온 훌륭한 아이디어가 전부 Ward의 것이라고 가정해도 무방하다.

가족 구성원 중 한 사람이 책 한 권을 써내는 정신적 고통을 감내하는 경우, 가족 모두가 치러야 할 희생을 인정하고 감사를 표하는 것은 좀 진부하다. 그것은 책을 쓰는 데 종이가 필수인 것처럼, 가족의 희생이 필수적이기 때문이다. 내가 하나의 장을 완료할 때까지 아침을 기다릴 수 밖에 없었던 아이들, 또 무엇보다도 두 달 동안 모든 걸 세 번씩 말해야 했던 부인에게 정말 심심한, 허나 부족할 수 밖에 없는 감사를 하고 싶다.

부드럽게 격려해 준 Mike Henderson도 고맙고, 구제에 도움을 준 Marcy Barnes도 고맙다.

마지막으로, 내가 12살 괴짜시절에 읽었던 책이 있는데, 실제 입력 테이프를 넣었을 때 그 결과로 기대할 수 있는 출력 테이프를 미리 타이프해 넣고, 실제 결과가 기대 결과와 같아질 때까지 코딩하라고 제안했다. 그 책을 쓴 이름 모르는 저자에게, 고마워요, 고마워요, 고마워요.

들어가는 글

어느 금요일 일찍 보스가 찾아와 와이캐시(WyCash, 회사가 판매하던 채권 포트폴리오 관리 시스템)의 장래 고객인 피터에게 워드 커닝엄을 소개해 주었다. 피터는 "제가 본 기능들에 매우 감동을 받았습니다. 하지만 미합중국 달러로 명명된 채권만 다루고 있더군요. 저는 새로운 채권 펀드를 시작하려고 하는데 제 전략상 다른 화폐로 채권을 다룰 필요가 있습니다." 라고 했다. 보스가 워드를 돌아보며 말했다. "저기, 우리가 그걸 할 수 있을까요?"

이것이 바로 어떤 소프트웨어 개발자에게든 악몽이 될만한 시나리오다. 당신은 몇 가지 가정 하에 성공적이고도 행복하게 순항하고 있었는데 별안간 모든 것이 바뀌었다. 게다가 그 악몽은 워드에게만 해당하는 게 아니었다. 소프트웨어 개발을 지휘하는 데에 경험이 많은 전문가인 보스 역시 무슨 답이 나올지 확신이 들지 않았다.

와이캐시는 자그마한 팀 하나가 수년에 걸쳐 개발해 온 것이었다. 그 시스템은 미국 시장에서 일반적으로 발견할 수 있는 다양한 고정 수익 자산의 대부분을 처리할 수 있음은 물론이고, 예컨대 보증투자계약과 같은 경쟁자가 처리할 수 없는 독특한 새로운 계약서들도 처리할 수 있었다.

와이캐시는 객체와 객체 데이터베이스를 사용해서 주욱 개발되어 왔다. 계산의 근본적인 추상적 대상이라 할 수 있는 Dollar는 똑똑한 소프트웨어 엔지니어 그룹에게 초기에 아웃소싱했다. 결과로 나온 객체는 포맷팅과 계산 모두에 대한 책임[1]이 있었다.

지난 6개월간 워드와 나머지 팀원들은 느릿느릿하게 Dollar에서 그 책임들을 빼앗아 왔다. 스몰토크의 수치 클래스들은 계산에 별 문제가 없었지만, 세 자리 숫자로 반올림하는 까다로운 코드 전부가 정확한 답을 얻는 데 방해가 되었다. 답이 좀더 정확해져 감에 따라, 일정 허용오차 내에서 비교해주는 테스팅 프레임워크의 복잡한 메커니즘은 기대하는 결과와 실제 결과의 정확한 비교로 바뀌어 갔다.

포맷팅의 책임은 사실 사용자 인터페이스 클래스에 있었다. 테스트가 사용자 인터페이스 클래스의 레벨, 특히 리포트 프레임워크[2]에서 작성되었기 때문에, 이 개선을 수용하기 위해 테스트가 바뀔 필요는 없었다. 6개월간의 조심스런 껍질 벗기기 작업 후에 나온 Dollar에는 별 책임이 남아 있지 않았다.

시스템 내에서 가장 복잡한 알고리즘 중 하나인 가중평균은 같은 식으로 점진적으로 변화해가고 있었다. 한때는 시스템 전반에 걸쳐 매우 다양한 종류의 가중평균 코드가 여기저기 흩어져 있었다. 원시 객체 스프에서

---

1) 역자 주: OOP에서 상태 정보와 행동을 묶는 좀더 추상적인 개념. 책임 중심 설계에 대해서는 레베카 워프스 브록(Rebecca Wirfs-Brock)의 저서를 참고하라.
2) 저자 주: 리포트 프레임워크에 대해서 더 알고 싶다면 http://c2.com/doc/oopsla91.html 을 참고하라.

리포트 프레임워크가 합생(coalesce)했듯이, 그 알고리즘이 한 군데에 있어도 된다는 것은 명확했다. 바로 AveragedColumn이다.

워드는 이제 AveragedColumn쪽으로 방향을 바꿨다. 가중평균이 다중 통화로 될 수 있다면, 시스템의 나머지 부분도 가능하다. 알고리즘의 핵심은 컬럼에 속한 돈의 숫자를 유지하는 것이었다. 사실, 그 알고리즘은 충분히 추상화가 되어서 산술적으로 동작할 수 있는 객체라면 무엇이건 가중평균을 계산할 수 있었다. 예를 들자면, 날짜의 가중평균을 구할 수도 있었다.

그 주말은 여타 주말과 다름없이 지나갔다. 월요일 아침 보스가 돌아왔다. "우리가 할 수 있을까요?"

"하루만 더 주시면 확실히 말씀드릴 수 있습니다."

Dollar는 가중평균에서 카운터처럼 동작했다. 그렇기 때문에, 다중 통화 계산을 하기 위해서는 마치 다항식처럼, 화폐 하나에 카운터를 가진 객체가 하나씩 필요했다. 하지만 각 항은 $3x^2$과 $4y^3$ 대신에 15USD와 200CHF가 될 것이었다.

잠시 실험을 해보았더니 Dollar 대신에 일반적인 Currency 객체로 계산할 수 있고, 서로 다른 화폐 두 개가 합산되었을 때 PolyCurrency를 반환하도록 할 수 있다는 것이 밝혀졌다. 이제 남은 까다로운 일은 이미 작동하던 것을 하나도 망가뜨리지 않고 새로운 기능을 넣을 공간을 만드는 것이었다. 만약 워드가 그냥 테스트를 돌렸다면 어떤 일이 벌어졌을까?

Currency에 구현되지 않은 몇 개의 연산을 추가한 후에는 태반의 테스트가 통과했다. 그날 하루가 끝나갈 즈음에는 테스트가 전부 통과했다. 워드는 코드를 빌드에 체크인하고 보스를 찾아갔다. "할 수 있습니다", 그는 확신에 차서 말했다.

이 이야기에 대해 조금만 생각해보자. 이틀 만에 잠재적 시장이 몇 곱절이나 커졌고 덕분에 와이캐시의 가치 역시 몇 배 늘어났다. 하지만 그렇게 빨리 그토록 많은 비즈니스 가치를 만들어 내는 능력은 우연이 아니었다. 몇 가지 요소가 개입되었다.

- 방법 – 워드와 와이캐시 팀은 시스템의 설계를 조금씩 성장시키는 (growing) 지속적 경험이 필요했다. 그래서 탈바꿈의 기술을 훌륭히 수련했다.
- 동기 – 워드와 그의 팀은 와이캐시를 다중 통화로 만드는 것의 비즈니스적 중요성을 분명히 이해하고, 외적으로 불가능해 보이는 작업을 시작할 용기가 있어야 했다.
- 기회 – 포괄적이고 자신감을 만들어 내는 테스트들, 잘 리팩토링된 프로그램, 설계 결정을 분리할 수 있는 프로그래밍 언어 등의 조합을 통해 에러의 요인이 거의 없었고, 설사 있더라도 에러를 손쉽게 파악할 수 있었다.

자기 프로젝트의 가치를 기술적인 마술을 사용해서 몇 배로 늘릴 수 있는 동기를 갖는다는 것은 스스로 제어할 수 있는 문제가 아니다. 이와는 달리, 방법과 기회는 당신이 완전히 제어할 수 있다. 워드와 그의 팀은 탁월한 재능, 경험, 수양의 조합을 통해 방법과 기회를 만들어 냈다. 이 말은, 만약 당신이 지구상에 존재하는 가장 뛰어난 소프트웨어 엔지니어 열 명에 들지 못하고 보스에게 하이킹이나 가라고 말해줄 수 있을 만큼 많은 돈이 은행에 없다면, 이 일을 제대로 하기 위해 시간이 걸릴 거고 또 그런 시점은 영원히 당신에게 찾아오지 않을 거라는 의미인가?

아니다. 당신이 심지어 평범한 기술을 가진 소프트웨어 엔지니어고 압력이 커지면 때로 굴복하고 지름길을 택한다고 하더라도, 당신은 분명히 마치 마술처럼 프로젝트가 잘 되도록 할 수 있다. 테스트 주도 개발은 소프트웨어 엔지니어 누구라도 따를 수 있는 기술로, 단순한 설계와 확신을 불어넣는 테스트 슈트를 만들도록 격려한다. 당신이 천재라면 당신에게 이런 법칙은 필요 없다. 또 당신이 멍청이라면 역시 이런 법칙이 도움이 되지 않을 것이다. 그 사이에 존재하는 대다수의 사람들은 다음 두 가지 단순한 법칙을 따름으로써 잠재력을 한껏 발휘할 수 있다.

- 어떤 코드건 작성하기 전에 실패하는 자동화된 테스트를 작성하라.
- 중복을 제거하라.

얼마나 정확하게 이것을 지킬지, 이 규칙들을 적용하는 데에 존재하는 미묘한 농담(濃淡, 얼마나 많이 혹은 조금 적용하는가), 이 두 가지 단순한 규칙을 밀고 나갈 수 있는 거리 등이 이 책의 주제다. 우리는 워드가 영감을 받은 시기에 창조해낸 객체, 바로 다중 통화를 갖고 시작하겠다.

화폐 예제

1부에서는 완전히 테스트에 의해 주도되는 전형적 모델 코드를 개발할 것이다(순전히 교육적 목적을 위해 잠깐 헛발질할 때를 제하고). 내 목표는 여러분이 테스트 주도 개발(TDD)의 리듬을 보도록 하는 것이다. 그 리듬은 다음과 같이 요약할 수 있다.

1. 재빨리 테스트를 하나 추가한다.
2. 모든 테스트를 실행하고 새로 추가한 것이 실패하는지 확인한다.
3. 코드를 조금 바꾼다.
4. 모든 테스트를 실행하고 전부 성공하는지 확인한다.
5. 리팩토링을 통해 중복을 제거한다.

아마 당신은 다음과 같은 것에 대해 놀랄 것이다.

- 각각의 테스트가 기능의 작은 증가분을 어떻게 커버하는지
- 새 테스트를 돌아가게 하기 위해 얼마나 작고 못생긴 변화가 가능한지
- 얼마나 자주 테스트를 실행하는지
- 얼마나 수 없이 작은 단계를 통해 리팩토링이 되어가는지

1장. 다중 통화를 지원하는 Money 객체

워드가 와이캐시에서 만들었던 다중 통화를 지원하는 Money 객체(「들어가는 글」 참조)부터 시작해보자. 다음과 같은 보고서가 있다고 하자.

종목	주	가격	합계
IBM	1000	25	25000
GE	400	100	40000
		합계	65000

다중 통화를 지원하는 보고서를 만들려면 통화 단위를 추가해야 한다.

종목	주	가격	합계
IBM	1000	25USD	25000USD
Novartis	400	150CHF	60000CHF
		합계	65000USD

또한 환율도 명시해야 한다.

기준	변환	환율
CHF	USD	1.5

$5 + 10CHF = $10(환율이 2:1일 경우)
$5 × 2 = $10

새로운 보고서를 생성하려면 어떤 기능들이 있어야 할까? 즉 어떤 테스트들이 있어야(이 테스트들이 모두 통과할 경우) 보고서에 제대로 계산되도록 하는 코드가 완성됐다는 걸 확신할 수 있을까?

- 통화가 다른 두 금액을 더해서 주어진 환율에 맞게 변한 금액을 결과로 얻을 수 있어야 한다.
- 어떤 금액(주가)을 어떤 수(주식의 수)에 곱한 금액을 결과로 얻을 수 있어야 한다.

앞으로 어떤 일을 해야 하는지 알려주고, 지금 하는 일에 집중할 수 있도록 도와주며, 언제 일이 다 끝나는지 알려줄 수 있게끔 할일 목록을 작성해보자. 앞으로 할일 목록에 있는 한 항목에 대한 작업을 시작하면 그 항목을 **이런 식으로** 굵은 글씨체로 나타낼 것이다. 작업을 끝낸 항목에는 ~~이런 식으로~~ 줄을 긋도록 하자. 또다른 테스트가 생각나면 할일 목록에 새로운 항목을 추가할 것이다.

할일 목록에서 볼 수 있듯이 곱하기를 먼저 다룰 생각이다. 자, 그럼 어떤 객체가 있어야 할까? 방금 이건 속임수다. 객체를 만들면서 시작하는 게 아니라 테스트를 먼저 만들어야 한다(난 항상 이 사실을 되뇌는데, 앞으로 여러분도 나처럼 둔하다고 가정하겠다).

다시 해보자. 우선 어떤 테스트가 필요할까? 할일 목록을 보니 첫 번째 테스트는 좀 복잡해 보인다. 작은 것부터 시작하든지, 아니면 아예 손을 대지 않는 게 좋다. 이번엔 다음 항목인 곱하기를 보자. 대단히 어렵진 않겠지? 이걸 먼저 하는 게 좋겠다.

테스트를 작성할 때는 오퍼레이션[1]의 완벽한 인터페이스에 대해 상상해보는 것이 좋다. 우리는 지금 오퍼레이션이 외부에서 어떤 식으로 보일지에 대한 이야기를 테스트 코드에 적고 있는 것이다. 우리 이야기가 언제나 현실이지는 않겠지만, 가능한 최선의 API에서 시작해서 거꾸로 작업하는 것이 애초부터 일을 복잡하고 보기 흉하며 '현실적'이게 하는 것보다 낫다.

다음은 간단한 곱셈의 예다.

```
public void testMultiplication() {
    Dollar five= new Dollar(5);
    five.times(2);
    assertEquals(10, five.amount);
}
```

(그래, 나도 안다. 공용 필드(public field)에다가, 예기치 못한 부작용이 있을 수도 있고, 금액을 계산하는 데 정수형을 사용한다. 하지만 작은 단계로 시작하는 것뿐이다. 이런 문제들을 적어 놓고 계속 진행하자. 지금 우리에겐 실패하는 테스트가 주어진 상태고 최대한 빨리 초록 막대를 보고 싶을 뿐이다.)

---

1) 역자 주: 오퍼레이션(operation)은 보통 메서드(method)와 비슷한 의미로 쓰이며 객체가 수행할 수 있는 연산을 의미한다. 엄격하게는 오퍼레이션에 대한 특정한 하나의 구현을 메서드라고 부른다. 언어가 다형성(polymorphism)을 지원할 경우 한 오퍼레이션은 여러 메서드를 가질 수 있다. 자세한 내용은 마틴 파울러(Martin Fowler)의 『UML Distilled』(두 번째 판) 59쪽 「operations」를 참고하기 바란다.

방금 우리가 작성한 테스트는 아직 컴파일조차 되지 않는다(테스트 프레임워크인 JUnit에 대한 이야기를 할 때, 테스트 코드를 어디에 어떤 식으로 적어야 하는지에 대해 설명할 생각이다). 이거야 쉽지. 실행은 안 되더라도 컴파일만은 되게 만들고 싶은데, 가장 쉬운 방법이 무엇일까? 현재 네 개의 컴파일 에러가 있다.

- Dollar 클래스가 없음

- 생성자가 없음

- times(int) 메서드가 없음

- amount 필드가 없음

한 번에 하나씩 정복하기로 하자(난 항상 작업의 진척도를 알려줄 수 있는 수치적인 척도를 찾기 위해 노력한다). Dollar 클래스를 정의하면 에러 하나는 없앨 수 있다.

Dollar
```
class Dollar
```

에러가 하나 없어졌으니 이제 세 개 남았다. 이제 생성자를 만들어보자. 그냥 컴파일만 되게 할 거니까 생성자 안에서는 아무 일도 안 해도 된다.

Dollar
```
Dollar(int amount) {
}
```

이제 에러가 두 개 남았다. 이제 times()의 스텁 구현[2]이 필요하다. 이번에도 역시 컴파일만 될 수 있게 해주는 최소한의 구현만 할 것이다.

Dollar
```
void times(int multiplier) {
}
```

이제 하나 남았다. 마지막으로 amount 필드를 추가하자.

Dollar
```
int amount;
```

빙고! 이제 그림 1.1에서와 같이 테스트를 실행해서 테스트가 실패하는 모습을 볼 수 있게 됐다.

우린 지금 공포의 빨간 막대를 보고 있다. 테스팅 프레임워크(지금은 JUnit)가 좀 전에 우리가 만든 코드 조각을 실행한 후 그 결과로 '10'이 나와야 하는데 '0'이 나왔다는 것을 알려준다. 슬픈 일이다.

아니지, 아니야. 이것도 일종의 진척이다. 이제 실패에 대한 구체적인 척도를 갖게 된 것이다. 막연히 실패했다는 사실만 아는 것보다 나아진 것이다. 우리 문제는 '다중 통화 구현'에서 '이 테스트를 통과시킨 후 나머지 테스트들도 통과시키기'로 변형된 것이다. 훨씬 간단하다. 범위도 훨씬 적어서 걱정이 줄었다. 이 테스트를 통과시키는 건 쉽다.

내가 제시할 해법이 마음에 안 들지도 모른다. 하지만 당장의 목표는 완벽한 해법을 구하는 것이 아니라 테스트를 통과하는 것일 뿐이다. 후에 진리와 미의 제단에 제물을 바치게 될 것이다.

---

2) 역자 주: 스텁 구현(stub implementation)은 메서드의 서명부와 (반환값이 있을 경우) 반환 명령만 적는 식으로 해서, 이 메서드를 호출하는 코드(이 경우엔 테스트 코드)가 컴파일 될 수 있도록 껍데기만 만들어두는 것을 뜻한다.

그림1.1 전진! 테스트가 실패한다

내가 상상할 수 있는 최소 작업은 다음과 같다.

Dollar
```
int amount= 10;
```

그림 1.2는 테스트를 다시 실행한 후의 결과다. 노래와 설화 속에 전해 내려오는, 그 초록 막대를 보게 된다.

오, 이 환희! 하지만 해커 소년(혹은 소녀)은 잠시 멈추고 일을 너무 서둘지 않는 게 좋겠다. 주기가 아직 완성되지 않았으니까. 그토록 제한적이고 냄새가 고약하며 단순한 구현을 통과시켜줄 만한 입력값은 정말로 찾기 힘들다. 계속 진행하기 전에 일반화해야 한다. 주기는 다음과 같다. 잊지 말 것.

그림1.2 테스트가 실행된다

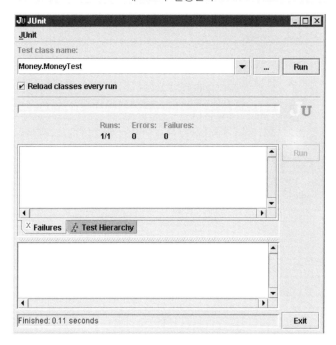

1. 작은 테스트를 하나 추가한다.

2. 모든 테스트를 실행해서 테스트가 실패하는 것을 확인한다.

3. 조금 수정한다.

4. 모든 테스트를 실행해서 테스트가 성공하는 것을 확인한다.

5. 중복을 제거하기 위해 리팩토링[3]을 한다.

---

3) 역자 주: 리팩토링(Refactoring)이란 코드의 외적 행위는 그대로 유지하면서 내부 구조를 변경하는 작업을 뜻한다. 자세한 내용은 마틴 파울러의 『Refactoring』을 참고하기 바란다.

의존성과 중복

스티브 프리만(Steve Freeman)은 테스트와 코드 간의 문제는 중복이 아님을 지적한 바 있다(중복에 대해서는 아직 이야기하지 않았지만, 이 여담이 끝나는 대로 언급할 생각이다). 문제는 테스트와 코드 사이에 존재하는 의존성이다. 즉 코드나 테스트 중 한쪽을 수정하면 반드시 다른 한쪽도 수정해야만 한다는 것이다. 우리의 목표는 코드를 바꾸지 않으면서도 뭔가 의미 있는 테스트를 하나 더 작성하는 것인데, 현재의 구현으로는 불가능하다.

의존성(dependency)은 소프트웨어 개발의 모든 부분에서 핵심적인 문제다. 만약 특정 데이터베이스 벤더가 제공하는 세세한 기능들을 코드 여기저기에서 사용하는 상황에서 데이터베이스를 다른 벤더의 제품으로 변경하고자 한다면 코드가 해당 벤더에 대해 의존성을 갖는다는 사실을 알게 될 것이다. 코드를 변경하지 않고는 벤더를 바꿀 수 없다.

의존성이 문제 그 자체라면 중복(duplication)은 문제의 징후다. 중복의 가장 흔한 예는 로직의 중복이다. 중복된 로직이란 동일한 문장이 코드의 여러 장소에 나타나는 것을 의미한다. 중복된 로직을 하나로 끄집어내는 일엔 객체를 이용하는 것이 최고다.

문제 자체는 남겨둔 채로 징후만을 제거하면 다른 어딘가에서 최악의 형태로 문제가 드러나곤 하는 현실 세계의 일반적인 양상과는 달리, 프로그램에서는 중복만 제거해 주면 의존성도 제거된다. 이게 바로 TDD의 두 번째 규칙이 존재하는 이유다. 다음 테스트로 진행하기 전에 중복을 제거함으로써, 오직 한 가지(one and only one)[4]의 코드 수정을 통해 다음 테스트도 통과되게 만들 가능성을 최대화하는 것이다.

---

4) 역자 주: Once and only once, 즉 필요한 것을 하되(once) 단 한 번만(only once) 하라는 뜻의 익스트림 프로그래밍 실천사항과 통한다. 자세한 내용은 켄트 벡의 『Extreme Programming Explained』 혹은 http://c2.com/cgi/wiki?OnceAndOnlyOnce 를 참고하기 바란다.

주기의 1번부터 4번 항목까지를 수행했다. 이제 중복을 제거할 차례다. 그런데 어디가 중복이란 말인가? 보통 여러분은 중복을 찾기 위해 코드를 비교할 것이다. 하지만 이번 경우엔 중복이 테스트에 있는 데이터와 코드에 있는 데이터 사이에 존재한다. 못 찾겠는가? 코드를 다음과 같이 썼다면 어땠을까?

Dollar
```
int amount= 5 * 2;
```

여기에서 10은 다른 어딘가에서 넘어온 값이다. 사실 우린 우리가 인식조차 할 수 없을 만큼 빨리 머릿속으로 곱셈을 수행한 것이다. 이제 5와 2가 두 곳에 존재한다. 따라서 우린 무자비하게 이 중복을 제거해야 한다. 규칙이 그러니까.

5와 2를 한 번에 제거할 수 있는 방법은 없다. 하지만 객체의 초기화 단계에 있는 설정 코드를 times( ) 메서드 안으로 옮겨보면 어떨까?

Dollar
```
int amount;

void times(int multiplier) {
    amount= 5 * 2;
}
```

테스트는 여전히 통과하고 테스트 막대 역시 초록색이다. 우리는 여전히 행복하다.

이 단계가 너무 작게 느껴지는가? 하지만 기억하기 바란다. TDD의 핵심은 이런 작은 단계를 밟아야 한다는 것이 아니라, 이런 작은 단계를 밟을 능력을 갖추어야 한다는 것이다. 내가 일상에서 항상 이런 식으로 작업하는지 궁금한가? 그렇지 않다. 하지만 일이 좀 묘하게 꼬이기 시작하면

난 작은 단계를 밟을 능력이 내게 있다는 사실을 기뻐하게 된다. 여러분이 직접 예제를 선택하여 작은 단계로 구현하는 연습을 해보기 바란다. 만약 정말 작은 단계로 작업하는 방법을 배우면, 저절로 적절한 크기의 단계로 작업할 수 있게 될 것이다. 그러나 큰 단계로만 작업했다면, 더 작은 단계가 적절한 경우에 대해 결코 알지 못하게 된다.

자기 방어는 이쯤 해두고, 우리가 어디까지 왔었나? 아, 그렇다. 테스트 코드와 작업 코드 사이의 중복을 드러내려던 참이었다. 5를 어디서 얻을 수 있을까? 이건 생성자에서 넘어오는 값이니 이걸 다음과 같이 amount 변수에 저장하면,

Dollar
```java
Dollar(int amount) {
    this.amount= amount;
}
```

그걸 times( )에서 사용할 수 있다.

Dollar
```java
void times(int multiplier) {
    amount= amount * 2;
}
```

인자 'multiplier' 의 값이 2이므로, 상수를 이 인자로 대체할 수 있다.

Dollar
```java
void times(int multiplier) {
    amount= amount * multiplier;
}
```

우리가 자바 문법을 완벽하게 알고 있다는 것을 보여주기 위해 *= 연산자를 써주자(물론 중복을 제거하기 위해서다).

Dollar

```
void times(int multiplier) {
    amount *= multiplier;
}
```

$5 + 10CHF = $10(환율이 2:1일 경우)

~~$5 × 2 = $10~~

amount를 private으로 만들기

Dollar 부작용?

Money 반올림?

이제 첫 번째 테스트에 완료 표시를 할 수 있게 됐다. 다음 장에서는 Dollar 부작용에 대한 작업을 하게 될 것이다. 그 전에 지금까지 한 작업을 검토해보자. 우리는 다음 작업들을 해냈다.

- 우리가 알고 있는 작업해야 할 테스트 목록을 만들었다.
- 오퍼레이션이 외부에서 어떻게 보이길 원하는지 말해주는 이야기를 코드로 표현했다.
- JUnit에 대한 상세한 사항들은 잠시 무시하기로 했다.
- 스텁 구현을 통해 테스트를 컴파일했다.
- 끔찍한 죄악을 범하여 테스트를 통과시켰다.
- 돌아가는 코드에서 상수를 변수로 변경하여 점진적으로 일반화했다.
- 새로운 할일들을 한번에 처리하는 대신 할일 목록에 추가하고 넘어 갔다.

2장. 타락한 객체

일반적인 TDD 주기는 다음과 같다.

1. 테스트를 작성한다. 마음속에 있는 오퍼레이션이 코드에 어떤 식으로 나타나길 원하는지 생각해보라. 이야기를 써내려가는 것이다. 원하는 인터페이스를 개발하라. 올바른 답을 얻기 위해 필요한 이야기의 모든 요소를 포함시켜라.

2. 실행 가능하게 만든다. 다른 무엇보다도 중요한 것은 빨리 초록 막대를 보는 것이다. 깔끔하고 단순한 해법이 명백히 보인다면 그것을 입력하라. 만약 깔끔하고 단순한 해법이 있지만 구현하는 데 몇 분 정도 걸릴 것 같으면 일단 적어 놓은 뒤에 원래 문제(초록 막대를 보는 것)로 돌아오자. 미적인 문제에 대한 이러한 전환은 몇몇 숙련된 소프트웨어 공학자들에게는 어려운 일이다. 그들은 오로지 좋은 공학적 규칙들을 따르는 방법만 알 뿐이다. 빨리 초록 막대를 보는 것은

모든 죄를 사해준다. 하지만 아주 잠시 동안만이다.

3. 올바르게 만든다. 이제 시스템이 작동하므로 직전에 저질렀던 죄악을 수습하자. 좁고 올곧은 소프트웨어 정의(software righteousness)의 길로 되돌아와서 중복을 제거하고 초록 막대로 되돌리자.

우리 목적은 작동하는 깔끔한 코드를 얻는 것이다(이 핵심을 찌르는 요약을 제공한 론 제프리즈에게 감사한다). 작동하는 깔끔한 코드를 얻는 것은 때로는 최고의 프로그래머들조차 도달하기 힘든 목표고, 나같은 대부분의 평범한 프로그래머들에게는 거의 불가능한 일이다. 그렇다면 나누어서 정복하자(divide and conquer). 일단 '작동하는 깔끔한 코드'를 얻어야 한다는 전체 문제 중에서 '작동하는'에 해당하는 부분을 먼저 해결하라. 그러고 나서 '깔끔한 코드' 부분을 해결하는 것이다. 이러한 접근 방식은 '깔끔한 코드' 부분을 먼저 해결한 후에, '작동하는' 부분을 해결해 가면서 배운 것들을 설계에 반영하느라 허둥거리는 아키텍처 주도 개발(archi-tecture-driven development)과 정반대다.

$5 + 10CHF = $10(환율이 2:1일 경우)

~~$5 × 2 = $10~~

amount를 private으로 만들기

Dollar 부작용?

Money 반올림?

테스트를 하나 통과했지만 뭔가 이상하다. 바로 Dollar에 대해 연산을 수행한 후에 해당 Dollar의 값이 바뀌는 점이다. 나는 다음과 같이 쓸 수 있길 바란다.

```
public void testMultiplication() {
    Dollar five= new Dollar(5);
    five.times(2);
    assertEquals(10, product.amount);
    five.times(3);
    assertEquals(15, product.amount);
}
```

하지만 이 테스트를 통과할 명쾌한 방법이 떠오르지 않는다. times( )를 처음 호출한 이후에 five는 더 이상 5가 아니다. 그렇다면 times( )에서 새로운 객체를 반환하게 만들면 어떨까? 그렇게 하면 원래의 5달러를 가지고 온종일 곱하기를 수행해도 원래 5달러의 값은 변하지 않을 것이다. 이렇게 하려면 Dollar의 인터페이스를 수정해야 하고, 그러기 위해서는 테스트도 수정해야 한다. 문제될 건 없다. 어떤 구현이 올바른가에 대한 우리 추측이 완벽하지 못한 것과 마찬가지로 올바른 인터페이스에 대한 추측 역시 절대 완벽하지 못하다.

```
public void testMultiplication() {
    Dollar five= new Dollar(5);
    Dollar product= five.times(2);
    assertEquals(10, product.amount);
    product= five.times(3);
    assertEquals(15, product.amount);
}
```

Dollar.times( )를 아래와 같이 수정하기 전엔 새 테스트는 컴파일조차 되지 않을 것이다.

Dollar

```
Dollar times(int multiplier) {
    amount *= multiplier;
    return null;
}
```

이제 테스트가 컴파일된다. 하지만 실행되지는 않는다. 그래도 한 걸음 나아간 것이다! 테스트를 통과하기 위해서는 올바른 금액을 갖는 새 Dollar를 반환해야 한다.

Dollar
```
Dollar times(int multiplier) {
    return new Dollar(amount * multiplier);
}
```

$5 + 10CHF = $10(환율이 2:1일 경우)
~~$5 × 2 = $10~~
amount를 private으로 만들기
~~Dollar 부작용?~~
Money 반올림?

1장에서는 테스트를 통과하기 위해 일단 가짜 구현으로 시작해서 점차 실제 구현을 만들어갔다. 하지만 이번에는 올바른 구현이라고 생각한 내용을 입력한 후 테스트가 실행되는 동안 기도했다(오해할까봐 하는 말인데, 테스트는 수백분의 일초 만에 실행되기 때문에 기도는 굉장히 짧았을 것이다). 우리는 운이 좋았기 때문에 테스트를 통과할 수 있었고, 또 한 항목을 그어 없앴다.

다음은 최대한 빨리 초록색을 보기 위해 취할 수 있는 내가 아는 세 전략 중 두 가지다.

- 가짜로 구현하기: 상수를 반환하게 만들고 진짜 코드를 얻을 때까지 단계적으로 상수를 변수로 바꾸어 간다.
- 명백한 구현 사용하기: 실제 구현을 입력한다.

나는 보통 실무에서 TDD를 사용할 때 두 방법을 번갈아가며 사용한다. 모든 일이 자연스럽게 잘 진행되고 내가 뭘 입력해야 할지 알 때는 명백한 구현을 계속 더해 나간다(나에게 명백한 사실이 컴퓨터에게도 명백한 사실인지 확인하기 위해 각각의 명백한 구현 사이에 테스트를 한 번씩 실행한다). 예상치 못한 빨간 막대를 만나게 되면 뒤로 한발 물러서서 가짜로 구현하기 방법을 사용하면서 올바른 코드로 리팩토링한다. 그러다 다시 자신감을 되찾으면 명백한 구현 사용하기 모드로 돌아온다.

3장에서 보게 될 삼각측량(triangulation)이라 부르는 세 번째 방법도 있는데, 일단 지금까지 배운 것을 검토해보자. 우리는

- 설계상의 결함(Dollar 부작용)을 그 결함으로 인해 실패하는 테스트로 변환했다.
- 스텁 구현으로 빠르게 컴파일을 통과하도록 만들었다.
- 올바르다고 생각하는 코드를 입력하여 테스트를 통과했다.

느낌(부작용에 대한 혐오감)을 테스트(하나의 Dollar 객체에 곱하기를 두 번 수행하는 것)로 변환하는 것은 TDD의 일반적 주제다. 이런 작업을 오래 할수록 미적 판단을 테스트로 담아내는 것에 점점 익숙해지게 된다. 이걸 할 수 있을 때, 설계 논의는 훨씬 더 흥미로워진다. 우선 시스템이 이런 식으로 동작해야 하는지 저런 식으로 동작해야 하는지 논의할 수 있다. 일단 올바른 행위에 대해 결정을 내린 후에, 그 행위를 얻어낼 수 있는 최상의 방법에 대해 이야기할 수 있다. 술을 마시는 동안에 참과 아름다움에 관해 모든 걸 상상할 수 있지만, 프로그래밍을 하는 동안에는 그런 상상의 토론은 접어두고 단지 구체적 사례에 대해 이야기할 수 있다.

3장. 모두를 위한 평등

어떤 정수에 1을 더했을 때, 우리는 원래 정수가 변할 거라고 예상하기보다는 원래 정수에 1이 더해진 새로운 값을 갖게 될 것을 예상한다. 하지만 일반적으로 객체는 우리 예상대로 작동하지 않는다. 어떤 계약에 새로운 보상 항목을 추가하면 그 계약 자체가 변하게 되는 것이다. (이런 얘기들은 이 책에서 다룰 내용과는 무관한, 흥미로운 비즈니스 규칙일 뿐이다.)

지금의 Dollar 객체같이 객체를 값처럼 쓸 수 있는데 이것을 값 객체 패턴(value object pattern)이라고 한다. 값 객체에 대한 제약사항 중 하나는 객체의 인스턴스 변수가 생성자를 통해서 일단 설정된 후에는 결코 변하지 않는다는 것이다.

값 객체를 사용하면 별칭 문제에 대해 걱정할 필요가 없다는 아주 큰 장점이 있다. 이를테면 수표가 하나 있는데 여기에 $5를 설정하고 또다른 수표에도 아까 설정했던 $5를 설정했다고 치자. 내 경험 중에서 가장 형편없었던 버그는 부주의하게 두 번째 수표의 값을 변화시키는 바람에 첫 번째 수표의 값까지 변하게 되는 문제로 인한 것이었다. 이게 별칭 문제다.

값 객체를 사용하면 별칭에 대해 걱정할 필요가 없다. $5가 있을 때 그것이 영원히 $5임을 보장 받을 수 있다. 누군가가 $7를 원한다면 새로운 객체를 만들어야 할 것이다.

$5 + 10CHF = $10(환율이 2:1일 경우)

~~$5 × 2 = $10~~

amount를 private으로 만들기

~~Dollar 부작용?~~

Money 반올림?

equals( )

값 객체가 암시하는 것 중 하나는 2장에서와 같이 모든 연산은 새 객체를 반환해야 한다는 것이다. 또다른 암시는 값 객체는 equals( )를 구현해야 한다는 것인데, 왜냐하면 $5라는 것은 항상 다른 $5만큼이나 똑같이 좋은 것이기 때문이다.

$5 + 10CHF = $10(환율이 2:1일 경우)

~~$5 × 2 = $10~~

amount를 private으로 만들기

~~Dollar 부작용?~~

Money 반올림?

equals( )

hashCode( )

만약 Dollar를 해시 테이블의 키로 쓸 생각이라면 equals( )를 구현할 때

에 hashCode( )를 같이 구현해야 한다. 이것을 할일 목록에 적어 놓고 이 것 때문에 문제가 생기면 그때 다루도록 하자.

```java
public void testEquality() {
    assertTrue(new Dollar(5).equals(new Dollar(5)));
}
```

빨간 막대다. 가짜로 구현하는 방법은 단순히 true를 반환하는 것이다.

```java
public boolean equals(Object object) {
    return true;
}
```

우리 둘 다 사실은 true가 '5 == 5'라는 것을 알고, 이것은 다시 'amount == 5'이며, 결국은 'amount == dollar.amount'임을 안다. 만약 이런 단계를 밟아간다면, 나는 가장 신중한 세 번째 방법인 삼각측량 전략을 보여 주지 못하게 될 것 같다.

만약 라디오 신호를 두 수신국이 감지하고 있을 때, 수신국 사이의 거리가 알려져 있고 각 수신국이 신호의 방향을 알고 있다면, 이 정보들만으로 충분히 신호의 거리와 방위를 알 수 있다(당신이 나보다 삼각법에 대해 더 잘 기억하고 있다면). 이 계산법을 삼각측량이라고 한다.

유추에 의해 알 수 있겠지만 삼각측량을 이용하려면 예제가 두 개 이상 있어야만 코드를 일반화할 수 있다. 테스트 코드와 모델 코드 사이의 중복을 잠깐만 무시하자. 두 번째 예가 좀더 일반적인 해를 필요로 할 때, 오로지 그때만 비로소 일반화한다.

자, 삼각측량을 하기 위해 두 번째 예제가 필요하다. $5 != $6을 해보는 게 어떨까?

```
public void testEquality() {
    assertTrue(new Dollar(5).equals(new Dollar(5)));
    assertFalse(new Dollar(5).equals(new Dollar(6)));
}
```

이제 동치성(equality)을 일반화해야 한다.

Dollar
```
public boolean equals(Object object) {
    Dollar dollar = (Dollar) object;
    return amount == dollar.amount;
}
```

$5 + 10CHF = $10(환율이 2:1일 경우)

~~$5 × 2 = $10~~

amount를 private으로 만들기

~~Dollar 부작용?~~

Money 반올림?

~~equals( )~~

hashCode( )

---

times( )를 일반화할 때도 삼각측량을 이용할 수 있었다. $5 × 2 = $10 와 $5 × 3 = $15를 가지고 있었다면 더 이상 상수를 되돌리는 것만으로 테스트를 통과할 방법은 없었을 것이다.

내가 생각하기에 삼각측량은 조금 이상한 면이 있다. 그래서 나는 어떻게 리팩토링해야 하는지 전혀 감이 안 올 때만 삼각측량을 사용한다. 코드와 테스트 사이의 중복을 제거하고 일반적인 해법을 구할 방법이 보이면 그냥 그 방법대로 구현한다. 왜 한번에 끝낼 수 있는 일을 두고 또다른 테스트를 만들어야 하는가?

그러나 설계를 어떻게 할지 떠오르지 않을 때면, 삼각측량은 문제를 조금 다른 방향에서 생각해볼 기회를 제공한다. 지금 설계하는 프로그램이 어떤 변화 가능성을 지원해야 하는가? 몇몇 부분을 변경시켜보면 답이 좀 더 명확해질 것이다.

$5 + 10CHF = $10(환율이 2:1일 경우)

~~$5 × 2 = $10~~

amount를 private으로 만들기

~~Dollar 부작용?~~

Money 반올림?

~~equals()~~

hashCode( )

Equal null

Equal object

자, 동일성 문제는 일시적으로 해결됐다. 하지만 널 값이나 다른 객체들과 비교한다면 어떻게 될까? 이런 상황은 일반적이긴 하지만, 지금 당장은 필요하지 않다. 따라서 할일 목록에 적어 두기만 하자.

이제 동질성 기능을 구현했으므로 Dollar와 Dollar를 직접 비교할 수 있게 됐다. 따라서 모든 올바른 인스턴스 변수들이 그렇듯이 amount를 private으로 만들 수 있게 됐다. 위의 내용들을 검토해보자. 우리는

- 우리의 디자인 패턴(값 객체)이 하나의 또 다른 오퍼레이션을 암시한다는 걸 알아챘다.
- 해당 오퍼레이션을 테스트했다.
- 해당 오퍼레이션을 간단히 구현했다.

- 곧장 리팩토링하는 대신 테스트를 조금 더 했다.
- 두 경우를 모두 수용할 수 있도록 리팩토링했다.

4장. 프라이버시

$5 + 10CHF = $10(환율이 2:1일 경우)

~~$5 × 2 = $10~~

amount를 private으로 만들기

~~Dollar 부작용?~~

Money 반올림?

~~equals( )~~

hashCode( )

Equal null

Equal object

이제 동치성 문제를 정의했으므로 이를 이용하여 테스트가 조금 더 많은
이야기를 해줄 수 있도록 만들자. 개념적으로 Dollar.times( ) 연산은 호출
을 받은 객체의 값에 인자로 받은 곱수만큼 곱한 값을 갖는 Dollar를 반환
해야 한다. 하지만 테스트가 정확히 그것을 말하지는 않는다.

```
public void testMultiplication() {
    Dollar five= new Dollar(5);
    Dollar product= five.times(2);
    assertEquals(10, product.amount);
    product= five.times(3);
    assertEquals(15, product.amount);
}
```

첫 번째 단언(assertion)을 Dollar와 Dollar를 비교하는 것으로 재작성할
수 있다.

```
public void testMultiplication() {
    Dollar five= new Dollar(5);
    Dollar product= five.times(2);
    assertEquals(new Dollar(10), product);
    product= five.times(3);
    assertEquals(15, product.amount);
}
```

이게 더 좋아보이므로 두 번째 단언도 마찬가지로 고쳐보자.

```
public void testMultiplication() {
    Dollar five= new Dollar(5);
    Dollar product= five.times(2);
    assertEquals(new Dollar(10), product);
    product= five.times(3);
    assertEquals(new Dollar(15), product);
}
```

이제 임시 변수인 product는 더 이상 쓸모없어 보인다. 인라인시켜보자.

```
public void testMultiplication() {
    Dollar five= new Dollar(5);
    assertEquals(new Dollar(10), five.times(2));
    assertEquals(new Dollar(15), five.times(3));
}
```

이 테스트는 일련의 오퍼레이션이 아니라 참인 명제에 대한 단언들이므로 우리의 의도를 더 명확하게 이야기해준다.

테스트를 고치고 나니 이제 Dollar의 amount 인스턴스 변수를 사용하는 코드는 Dollar 자신밖에 없게 됐다. 따라서 변수를 private으로 변경할 수 있다.

Dollar
```
private int amount;
```

$5 + 10CHF = $10(환율이 2:1일 경우)

~~$5 × 2 = $10~~

~~amount를 private으로 만들기~~

~~Dollar 부작용?~~

Money 반올림?

~~equals( )~~

hashCode( )

Equal null

Equal object

이제 할일 목록의 또 다른 항목을 지울 수 있게 됐다. 하지만 위험한 상황을 만들었다는 점에 주목하라. 만약 동치성 테스트가 동치성에 대한 코드가 정확히 작동한다는 것을 검증하는 데 실패한다면, 곱하기 테스트 역시 곱하기에 대한 코드가 정확하게 작동한다는 것을 검증하는 데 실패하게 된다. 이것은 TDD를 하면서 적극적으로 관리해야 할 위험 요소다. 우리는 완벽함을 위해 노력하지는 않는다. 모든 것을 두 번 말함으로써(코드와 테스트로 한 번씩) 자신감을 가지고 전진할 수 있을 만큼만 결함의 정도를 낮추기를 희망할 뿐이다. 때때로 우리의 추론이 맞지 않아서 결함이 손가락 사이로 빠져나가는 수가 있다. 그럴 때면 테스트를 어떻게 작성해야 했는지에 대한 교훈을 얻고 다시 앞으로 나아간다. 그 이후에는 용감하게 펄럭이는 초록 막대 아래서 대담하게 앞으로 나아갈 수 있다(막대기가 실제로 펄럭이지는 않지만 상상은 할 수 있지 않은가).

지금까지 배운 것을 검토해보면, 우리는

- 오직 테스트를 향상시키기 위해서만 개발된 기능을 사용했다.
- 두 테스트가 동시에 실패하면 망한다는 점을 인식했다.
- 위험 요소가 있음에도 계속 진행했다.
- 테스트와 코드 사이의 결합도를 낮추기 위해, 테스트하는 객체의 새 기능을 사용했다.

5장. 솔직히 말하자면[1]

$5 + 10CHF = $10(환율이 2:1일 경우)

~~$5 × 2 = $10~~

~~amount를 private으로 만들기~~

~~Dollar 부작용?~~

Money 반올림?

~~equals()~~

hashCode( )

Equal null

Equal object

5CHF × 2 = 10CHF

이 목록에 있는 테스트 중에서 가장 흥미로워 보이는 첫 번째 테스트에 어떤 식으로 접근하는 게 좋을까? 너무 큰 발걸음인 것 같다. 작은 단계 하

---

1) 역자 주: 원제는 Franc-ly Speaking다. 켄트는 여기서 '솔직히'라는 표현이 영어에서 'Frankly'로 화폐 단위 프랑(Franc)과 발음과 철자가 비슷한 점에 착안 제목을 중의적으로 지었다.

나로 구현하는 테스트를 작성해낼 수 있을지 확실치 않다. 우선은 Dollar 객체와 비슷하지만 달러 대신 프랑(Franc)을 표현할 수 있는 객체가 필요할 것 같다. 만약 Dollar 객체와 비슷하게 작동하는 Franc이라는 객체를 만든다면 단위가 섞인 덧셈 테스트를 작성하고 돌려보는 데 더 가까워질 것이다.

Dollar 테스트를 복사한 후 수정해보자.

```
public void testFrancMultiplication() {
    Franc five= new Franc(5);
    assertEquals(new Franc(10), five.times(2));
    assertEquals(new Franc(15), five.times(3));
}
```

(4장에서 테스트를 단순화해 놓아서 다행이라고 생각하지 않는가? 덕분에 지금 하는 작업이 더 쉬워졌다. 책을 읽다보면 이런 일이 얼마나 자주 벌어지는지 놀랍지 않은가? 이번엔 그런 식으로 계획적이었던 것은 아니지만, 앞으로 어떨지는 장담하지 못하겠다.)

어떤 작은 단계를 밟으면 초록 막대에 이를 수 있을까? Dollar 코드를 복사해서 Dollar를 Franc으로 바꾸면 어떨까.

잠깐. 여러분 중에 심미적 취향을 가진 일부가 비웃으며 야유하는 소리가 들린다. 복사와 붙여넣기를 통한 재사용? 추상화의 종언? 깨끗한 설계의 킬러?

흥분했다면, 기분을 전환하는 숨을 쉬어라. 코로 들이마시고… 멈추고 1, 2, 3… 입으로 내쉬고. 됐다. 우리 주기에는 서로 다른 단계들이 있다는 것을 기억하라(그 단계는 빨리 진행된다, 종종 수초 단위로, 그렇지만 역시 단계는 단계다).

1. 테스트 작성.
2. 컴파일되게 하기.
3. 실패하는지 확인하기 위해 실행.
4. 실행하게 만듦.
5. 중복 제거.

각 단계에는 서로 다른 목적이 있다. 다른 스타일의 해법, 다른 미적 시각을 필요로 한다. 처음 네 단계는 빨리 진행해야 한다. 그러면 새 기능이 포함되더라도 잘 알고 있는 상태에 이를 수 있다. 거기에 도달하기 위해서라면 어떤 죄든 저지를 수 있다. 그동안 만큼은 속도가 설계보다 더 높은 패이기 때문이다.

이제 좀 걱정이 된다. 내가 여러분에게 좋은 설계의 모든 원칙을 무시할 수 있는 면허를 준 셈이기 때문이다. 팀으로 돌아가서, "켄트가 설계 어쩌구 하는 것은 모조리 중요하지 않다고 했다."고 전할지 모르겠다. 멈춰라. 아직 주기가 완전하지 않다. 네 발짜리 에어론(aeron) 의자[2]는 자빠진다. 주기의 다섯 번째 단계 없이는 앞의 네 단계도 제대로 되지 않는다. 적절한 시기에 적절한 설계를. 돌아가게 만들고, 올바르게 만들어라.

이제 기분이 좀 낫다. 코드에서 중복을 제거하기 전까지는 자신의 코드를 파트너를 제외한 어느 누구에게도 보여주려고 하지 않을 거라는 확신이 든다. 어디까지 진행했나? 아, 맞다. 속도를 위해 훌륭한 설계의 모든 교리를 어기는 것(우리의 죄에 대한 고해성사는 다음 몇 개의 장에 걸쳐있을 것이다)까지 이야기했다.

---

2) 역자 주: 월스트리트 증권가의 여피족들이 애용하는 의자. 비싼 의자의 대명사로 성공의 상징이 되기도 한다. 이 의자는 바퀴가 5개인데, 현 문맥에서는 바퀴가 4개일 경우 균형을 잃고 제 기능을 다하지 못한다는 의미로 쓰였다.

Franc

```
class Franc {
    private int amount;

    Franc(int amount) {
        this.amount= amount;
    }

    Franc times(int multiplier) {
        return new Franc(amount * multiplier);
    }

    public boolean equals(Object object) {
        Franc franc= (Franc) object;
        return amount == franc.amount;
    }
}
```

$5 + 10CHF = $10(환율이 2:1일 경우)

~~$5 × 2 = $10~~

~~amount를 private으로 만들기~~

~~Dollar 부작용?~~

Money 반올림?

~~equals()~~

hashCode( )

Equal null

Equal object

~~5CHF × 2 = 10CHF~~

Dollar/Franc 중복

공용 equals

공용 times

코드를 실행시키기까지의 단계가 짧았기 때문에 '컴파일되게 하기' 단계도 넘어갈 수 있었다.

중복이 엄청나게 많기 때문에 다음 테스트를 작성하기 전에 이것들을 제거해야 한다. equals( )를 일반화하는 것부터 시작하자. 비록 두 가지 항목을 추가해야 하지만 할일 목록에서 한 가지 항목을 지워버릴 수 있다. 검토해보면 우리는

- 큰 테스트를 공략할 수 없다. 그래서 진전을 나타낼 수 있는 자그마한 테스트를 만들었다.
- 뻔뻔스럽게도 중복을 만들고 조금 고쳐서 테스트를 작성했다.
- 설상가상으로 모델 코드까지 도매금으로 복사하고 수정해서 테스트를 통과했다.
- 중복이 사라지기 전에는 집에 가지 않겠다고 약속했다.

6장. 돌아온 '모두를 위한 평등'

$5 + 10 CHF = $10(환율이 2:1일 경우)

~~$5 × 2 = $10~~

~~amount를 private으로 만들기~~

~~Dollar 부작용?~~

Money 반올림?

~~equals( )~~

hashCode( )

Equal null

Equal object

~~5CHF × 2 = 10CHF~~

Dollar/Franc 중복

공용 **equals**

공용 times

작가 월러스 스테그너(Wallace Stegner)가 『Crossing to Safety』에서 등장인물의 작업장을 묘사하는 부분은 정말 멋들어지다. 모든 것이 완벽히 제자리에 있고 바닥에는 티 한점 없으며, 질서와 깨끗함 그 자체다. 그러나 그 등장인물은 결코 아무것도 만들지 못한다. "그에겐 준비가 삶의 작업이었다. 그는 준비한 다음 그걸 치우고 청소한다." (나는 이 책의 끝부분을 보면서 대서양 횡단 747편 비즈니스 좌석에서 정말 목놓아 울기도 했다. 주의해서 읽어라.)

우리는 5장에서 이 함정을 피했다. 실제로 새로운 테스트 케이스를 하나 작동하게 만들었다. 하지만 테스트를 빨리 통과하기 위해 몇 톤이나 되는 코드를 복사해서 붙이는 엄청난 죄를 저질렀다. 이제 청소할 시간이다.

가능한 방법 한 가지는 우리가 만든 클래스 중 하나가 다른 클래스를 상속받게 하는 것이다. 내가 그렇게 해봤는데, 거의 어떤 코드도 구원하지 못했다. 대신, 그림 6.1과 같이 두 클래스의 공통 상위 클래스를 찾아낼 생각이다. (이것도 해봤는데 시간이 조금 걸리긴 하지만 아주 잘 작동했다.)

그림6.1　　　　　　　　　　　두 클래스의 공통 상위 클래스

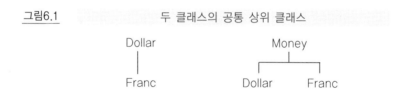

Money 클래스가 공통의 equals 코드를 갖게 하면 어떨까? 간단한 것부터 시작해보자.

Money
```
class Money
```

모든 테스트는 여전히 돌아갈 것이다. 뭔가를 깨트렸을 것 같지는 않다. 어쨌건 테스트를 돌려보기 좋은 때다. Dollar가 Money를 상속받는다고 해도 여전히 어떤 것도 깨지지 않는다.

Dollar
```
class Dollar extends Money {
    private int amount;
}
```

뭔가 깨졌나? 아니다. 테스트는 여전히 잘 돈다. 이제 amount 인스턴스 변수를 Money로 옮길 수 있다.

Money
```
class Money {
    protected int amount;
}
```

Dollar
```
class Dollar extends Money {
}
```

하위 클래스에서도 변수를 볼 수 있도록 가시성을 private에서 protected로 변경했다(더 천천히 진행하길 원했다면 첫 단계에서 Money에 필드를 선언하고, 다음 단계에서 Dollar의 필드를 제거하는 식으로 했을 수도 있다. 하지만 난 지금 대담해진 상태다).

이제 equals( ) 코드를 위로 올리는 일을 할 수 있게 됐다. 우선 임시변수를 선언하는 부분을 변경하자.

Dollar
```
public boolean equals(Object object) {
    Money dollar= (Dollar) object;
    return amount == dollar.amount;
}
```

모든 테스트가 여전히 잘 돈다. 이제 캐스트(cast) 부분을 변경하자.

Dollar
```
public boolean equals(Object object) {
    Money dollar = (Money) object;
    return amount == dollar.amount;
}
```

좀더 원활한 의사소통을 위해 임시 변수의 이름을 변경하자.

Dollar
```
public boolean equals(Object object) {
Money money= (Money) object;
return amount == money.amount;
}
```

이제 이 메서드를 Dollar에서 Money로 옮길 수 있다.

Money
```
public boolean equals(Object object) {
    Money money= (Money) object;
    return amount == money.amount;
}
```

이제는 Franc.equals( )를 제거해야 한다. 일단 동치성 테스트가 Franc끼리의 비교에 대해서는 다루지 않는다는 점에 주목하자. 코드를 복사했던 과거의 죄가 우리 발목을 붙잡고 있다. 우리는 코드를 변경하기 전에 애초에 그곳에 있어야 했던 테스트를 작성할 것이다.

적절한 테스트를 갖지 못한 코드에서 TDD를 해야 하는 경우가 종종 있을 것이다(적어도 향후 십년 정도는). 충분한 테스트가 없다면 지원 테스트가 갖춰지지 않은 리팩토링을 만나게 될 수밖에 없다. 리팩토링하면서 실수했는데도 불구하고 테스트가 여전히 통과할 수도 있는 것이다. 어떻게 할 텐가?

있으면 좋을 것 같은 테스트를 작성하라. 그렇게 하지 않으면 결국에는 리팩토링하다가 뭔가 깨트릴 것이다. 그러면 여러분은 리팩토링에 대해 안 좋은 느낌을 갖게 되고, 리팩토링을 덜 하게 된다. 리팩토링을 더 적게 하면 설계의 질이 저하되고, 결국 여러분은 해고될 것이다. 여러분의 강아지도 곁을 떠날 것이고, 여러분은 자신의 영양 상태에 신경을 쓰지 못하게 될 것이다. 그러면 이도 나빠진다. 자, 이를 건강하게 유지하기 위해 리팩토링하기 전에 테스팅을 하자.

다행히도 이번 테스트는 작성하기 쉽다. 그냥 Dollar 테스트를 복사하자.

```java
public void testEquality() {
    assertTrue(new Dollar(5).equals(new Dollar(5)));
    assertFalse(new Dollar(5).equals(new Dollar(6)));
    assertTrue(new Franc(5).equals(new Franc(5)));
    assertFalse(new Franc(5).equals(new Franc(6)));
}
```

또 중복이다. 두 줄이나 더! 이번에 저지른 죄에 대해서도 속죄하게 될 것이다.

Franc
```java
class Franc extends Money {
    private int amount;
}
```

Money 클래스에 있는 필드를 이용하면 Franc의 amount 필드를 제거할 수 있다.

Franc
```java
class Franc extends Money {
}
```

Franc.equals( )는 Money.equals( )와 거의 비슷해 보인다. 이 두 부분을 완전히 똑같이 만들 수 있다면 프로그램의 의미를 변화시키지 않고도 Franc의 equals( )를 지워버릴 수 있게 된다. 우선 임시 변수의 선언 부분을 고치자.

Franc
```java
public boolean equals(Object object) {
    Money franc= (Franc) object;
    return amount == franc.amount;
}
```

그 다음엔 캐스트 부분을 수정한다.

Franc
```java
public boolean equals(Object object) {
    Money franc= (Money) object;
    return amount == franc.amount;
}
```

임시 변수의 이름도 상위 클래스에 맞게 고쳐야 하는 걸까? 그건 여러분의 양심에 맡기겠다…. 그래, 고쳐보자.

Franc
```java
public boolean equals(Object object) {
    Money money= (Money) object;
    return amount == money.amount;
}
```

$5 + 10CHF = $10(환율이 2:1일 경우)

~~$5 × 2 = $10~~

~~amount를 private으로 만들기~~

~~Dollar 부작용?~~

Money 반올림?

~~equals()~~

hashCode( )

Equal null

Equal object

~~5CHF × 2 = 10CHF~~

Dollar/Franc 중복

~~공용 equals~~

공용 times

Franc과 Dollar 비교하기

이제 Franc.equals( )와 Money.equals( ) 사이에 다른 점이 없으므로 Franc
의 불필요한 코드를 제거하자. 그리고 테스트를 돌려보자. 잘 돌아간다.

그런데 Franc과 Dollar를 비교하면 어떻게 될까? 이건 7장에서 다루도록
하자. 지금까지 한 작업을 검토해보면, 우리는

- 공통된 코드를 첫 번째 클래스(Dollar)에서 상위 클래스(Money)로 단
  계적으로 옮겼다.
- 두 번째 클래스(Franc)도 Money의 하위 클래스로 만들었다.
- 불필요한 구현을 제거하기 전에 두 equals( ) 구현을 일치시켰다.

7장. 사과와 오렌지[1]

$5 + 10CHF = $10(환율이 2:1일 경우)

~~$5 × 2 = $10~~

~~amount를 private으로 만들기~~

~~Dollar 부작용?~~

Money 반올림?

~~equals( )~~

hashCode( )

Equal null

Equal object

~~5CHF × 2 = 10CHF~~

Dollar/Franc 중복

~~공용 equals~~

공용 times

Franc과 Dollar 비교하기

---

1) 역자 주: 영어 속담에 "You can't compare apples and oranges."란 말이 있다. 서로 다른 걸 비교할 수 없다는 뜻이다.

6장이 끝날 무렵 떠오른 생각에 대해 얘기해보자. Franc과 Dollar를 비교하면 어떻게 될까? 우리는 지금까지 걱정거리를 착실히 할일 목록의 항목으로 옮겨왔다. 그렇지만 우리 머릿속에서 그 걱정을 없애버리기가 쉽지 않다. 도대체 무슨 일이 벌어질까?

```java
public void testEquality() {
    assertTrue(new Dollar(5).equals(new Dollar(5)));
    assertFalse(new Dollar(5).equals(new Dollar(6)));
    assertTrue(new Franc(5).equals(new Franc(5)));
    assertFalse(new Franc(5).equals(new Franc(6)));
    assertFalse(new Franc(5).equals(new Dollar(5)));
}
```

실패한다. Dollar가 Franc이라는군. 프랑을 사용하는 스위스 구매자들이 모두 흥분하기 전에 코드를 고쳐보자. 동치성 코드에서는 Dollar가 Franc과 비교되지 않는지 검사해야 한다. 두 객체의 클래스를 비교함으로써 이러한 검사를 쉽게 수행할 수 있다. 오직 금액과 클래스가 서로 동일할 때만 두 Money가 서로 같은 것이다.

Money

```java
public boolean equals(Object object) {
    Money money = (Money) object;
    return amount == money.amount
        && getClass().equals(money.getClass());
}
```

모델 코드에서 클래스를 이런 식으로 사용하는 것은 좀 지저분해 보인다. 자바 객체의 용어를 사용하는 것보다 재정 분야에 맞는 용어를 사용하고 싶다. 하지만 현재는 통화(currency) 개념 같은 게 없고, 통화 개념을 도입할 충분한 이유가 없어 보이므로 잠시 동안은 이대로 두자.

$5 + 10CHF = $10(환율이 2:1일 경우)

~~$5 × 2 = $10~~

~~amount를 private으로 만들기~~

~~Dollar 부작용?~~

Money 반올림?

~~equals()~~

hashCode( )

Equal null

Equal object

~~5CHF × 2 = 10CHF~~

Dollar/Franc 중복

~~공용 equals~~

공용 times

~~Franc과 Dollar 비교하기~~

통화?

이제 정말 공통 times( ) 코드를 처리해야 할 때다. 따라서 혼합된 통화 간의 연산에 대해 다루어야 한다. 그 전에 이번 장에서 이룬 으리으리한 성과들을 검토해보자.

- 우릴 괴롭히던 결함을 끄집어내서 테스트에 담아냈다.
- 완벽하진 않지만 그럭저럭 봐줄 만한 방법 (getClass( ))으로 테스트를 통과하게 만들었다.
- 더 많은 동기가 있기 전에는 더 많은 설계를 도입하지 않기로 했다.

8장. 객체 만들기

$5 + 10CHF = $10(환율이 2:1일 경우)

~~$5 × 2 = $10~~

~~amount를 private으로 만들기~~

~~Dollar 부작용?~~

Money 반올림?

~~equals( )~~

hashCode( )

Equal null

Equal object

~~5CHF × 2 = 10CHF~~

Dollar/Franc 중복

~~공용 equals~~

공용 times

~~Franc과 Dollar 비교하기~~

통화?

두 times( ) 구현 코드가 거의 똑같다.

Franc
```
Franc times(int multiplier) {
    return new Franc(amount * multiplier);
}
```

Dollar
```
Dollar times(int multiplier) {
    return new Dollar(amount * multiplier);
}
```

양쪽 모두 Money를 반환하게 만들면 더 비슷하게 만들 수 있다.

Franc
```
Money times(int multiplier) {
    return new Franc(amount * multiplier);
}
```

Dollar
```
Money times(int multiplier) {
    return new Dollar(amount * multiplier);
}
```

다음 단계로 뭘 해야 할지 명확하지 않다. Money의 두 하위 클래스는 그다지 많은 일을 하는 것 같지 않으므로 아예 제거해버리고 싶다. 그런데 한번에 그렇게 큰 단계를 밟는 것은 TDD를 효과적으로 보여주기에 적절하지 않을 것 같다.

그렇지. 하위 클래스에 대한 직접적인 참조가 적어진다면 하위 클래스를 제거하기 위해 한 발짝 더 다가섰다고 할 수 있겠다. Money에 Dollar를 반환하는 팩토리 메서드(factory method)를 도입할 수 있다. 이런 식으로 사용할 수 있다.

```
public void testMultiplication() {
    Dollar five = Money.dollar(5);
    assertEquals(new Dollar(10), five.times(2));
    assertEquals(new Dollar(15), five.times(3));
}
```

구현 코드는 Dollar를 생성하여 반환한다.

Money
```
static Dollar dollar(int amount) {
    return new Dollar(amount);
}
```

Dollar에 대한 참조가 사라지길 바라므로 테스트의 선언부를 다음과 같이
바꿔야한다.

```
public void testMultiplication() {
    Money five = Money.dollar(5);
    assertEquals(new Dollar(10), five.times(2));
    assertEquals(new Dollar(15), five.times(3));
}
```

컴파일러가 Money에는 times( )가 정의되지 않았다는 사실을 알려준다.
지금은 그걸 구현할 준비가 되지 않았기 때문에, Money를 추상 클래스로
변경한 후(맨 먼저 그렇게 했어야 한다는 생각이 든다) Money.times( )를
선언하자.

Money
```
abstract class Money
abstract Money times(int multiplier);
```

이제 팩토리 메서드의 선언을 바꿀 수 있다.

Money

```
static Money dollar(int amount) {
    return new Dollar(amount);
}
```

모든 테스트가 실행되므로 최소한 뭔가를 깨트리진 않았다. 이제 팩토리 메서드를 테스트 코드의 나머지 모든 곳에서 사용할 수 있다.

```
public void testMultiplication() {
    Money five = Money.dollar(5);
    assertEquals(Money.dollar(10), five.times(2));
    assertEquals(Money.dollar(15), five.times(3));
}
public void testEquality() {
    assertTrue(Money.dollar(5).equals(Money.dollar(5)));
    assertFalse(Money.dollar(5).equals(Money.dollar(6)));
    assertTrue(new Franc(5).equals(new Franc(5)));
    assertFalse(new Franc(5).equals(new Franc(6)));
    assertFalse(new Franc(5).equals(Money.dollar(5)));
}
```

이제 전보다 조금 나은 상황이다. 어떤 클라이언트 코드도 Dollar라는 이름의 하위 클래스가 있다는 사실을 알지 못한다. 하위 클래스의 존재를 테스트에서 분리(decoupling)함으로써 어떤 모델 코드에도 영향을 주지 않고 상속 구조를 마음대로 변경할 수 있게 됐다.

testFrancMultiplication을 변경하려고 하다보니 이 테스트가 검사하는 로직 중 Dollar 곱하기 테스트에 의해 검사되지 않는 부분은 하나도 없다는 것을 알아챘다. 이 테스트를 삭제한다면 코드에 대한 확신이 조금이라도 줄어들까? 약간이나마 그럴 가능성이 있으니 일단 그대로 남겨두자. 하지만 좀 수상쩍다.

```
public void testEquality() {
    assertTrue(Money.dollar(5).equals(Money.dollar(5)));
    assertFalse(Money.dollar(5).equals(Money.dollar(6)));
    assertTrue(Money.franc(5).equals(Money.franc(5)));
    assertFalse(Money.franc(5).equals(Money.franc(6)));
    assertFalse(Money.franc(5).equals(Money.dollar(5)));
}
public void testFrancMultiplication() {
    Money five = Money.franc(5);
    assertEquals(Money.franc(10), five.times(2));
    assertEquals(Money.franc(15), five.times(3));
}
```

구현은 Money.dollar( )와 유사하다.

Money
```
static Money franc(int amount) {
    return new Franc(amount);
}
```

$5 + 10CHF = $10(환율이 2:1일 경우)

~~$5 × 2 = $10~~

~~amount를 private으로 만들기~~

~~Dollar 부작용?~~

Money 반올림?

~~equals( )~~

hashCode( )

Equal null

Equal object

~~5CHF × 2 = 10CHF~~

Dollar/Franc 중복

~~공용 equals~~

공용 times
~~Franc과 Dollar 비교하기~~
통화?
testFrancMultiplication을 지워야 할까?

다음 장에서 우리는 times( )의 중복을 거둬낼 것이다. 하지만 일단 검토해보자. 우리는

- 동일한 메서드(times)의 두 변이형 메서드 서명부를 통일시킴으로써 중복 제거를 향해 한 단계 더 전진했다.
- 최소한 메서드 선언부만이라도 공통 상위 클래스(superclass)로 옮겼다.
- 팩토리 메서드를 도입하여 테스트 코드에서 콘크리트 하위 클래스의 존재 사실을 분리해냈다.
- 하위 클래스가 사라지면 몇몇 테스트는 불필요한 여분의 것이 된다는 것을 인식했다. 하지만 일단 그냥 뒀다.

9장. 우리가 사는 시간[1]

$5 + 10CHF = $10(환율이 2:1일 경우)

~~$5 × 2 = $10~~

~~amount를 private으로 만들기~~

~~Dollar 부작용?~~

Money 반올림?

~~equals( )~~

hashCode( )

Equal null

Equal object

~~5CHF × 2 = 10CHF~~

Dollar/Franc 중복

~~공용 equals~~

공용 times

~~Franc과 Dollar 비교하기~~

통화?

testFrancMultiplication 제거

---

1) 역자 주: 영어에서는 시간과 곱하기가 모두 'time' 이라는 점에서 착안한 말장난이다.

할일 목록에서 어떤 걸 하면 귀찮고 불필요한 하위 클래스를 제거하는 데 도움이 될까? 통화 개념을 도입해보면 어떨까?

자, 그렇다면 통화 개념을 어떻게 구현하길 원하는가? 아차, 실수. 다시 해보자. 회초리가 나오기 전에 말을 바꿔야겠다. 자, 그렇다면 통화 개념을 어떻게 테스트하길 원하는가? 됐다. 일단 매는 피했다.

통화를 표현하기 위한 복잡한 객체들을 원할 수도 있다. 그리고 그 객체들이 필요한 만큼만 만들어지도록 하기 위해 경량 팩토리(flyweight factories)를 사용할 수 있을 것이다. 하지만 당분간은 그런 것들 대신 문자열을 쓰자.

```
public void testCurrency() {
    assertEquals("USD", Money.dollar(1).currency());
    assertEquals("CHF", Money.franc(1).currency());
}
```

우선, Money에 currency( ) 메서드를 선언하자.

Money
```
abstract String currency();
```

그 다음 두 하위 클래스에서 이를 구현하자.

Franc
```
String currency() {
    return "CHF";
}
```

Dollar
```
String currency() {
    return "USD";
}
```

우린 두 클래스를 모두 포함할 수 있는 동일한 구현을 원한다. 통화를 인스턴스 변수에 저장하고, 메서드에서는 그냥 그걸 반환하게 만들 수 있을 것 같다. (시간을 절약하기 위해 리팩토링 단계는 조금 빠르게 진행할 생각이다. 내가 너무 빠른 것 같으면 천천히 하라고 일러주기 바란다. 아 잠깐, 이건 책이군…. 내가 지나치게 빨리 가진 않을 것 같다.)

Franc

```
private String currency;
Franc(int amount) {
    this.amount = amount;
    currency = "CHF";
}
String currency() {
    return currency;
}
```

Dollar도 똑같이 변경하자.

Dollar

```
private String currency;
Dollar(int amount) {
    this.amount = amount;
    currency = "USD";
}
String currency() {
    return currency;
}
```

이제 두 currency( )가 동일하므로 변수 선언과 currency( ) 구현을 둘 다 위로 올릴(push up) 수 있게 됐다.

Money

```
protected String currency;
String currency() {
    return currency;
}
```

문자열 'USD'와 'CHF'를 정적 팩토리 메서드로 옮긴다면 두 생성자가 동일해질 것이고, 그렇다면 공통 구현을 만들 수 있을 것이다.

우선 생성자에 인자를 추가하자.

Franc

```
Franc(int amount, String currency) {
    this.amount = amount;
    this.currency = "CHF";
}
```

생성자를 호출하는 코드 두 곳이 깨진다.

Money

```
static Money franc(int amount) {
    return new Franc(amount, null);
}
```

Franc

```
Money times(int multiplier) {
    return new Franc(amount * multiplier, null);
}
```

잠깐! 왜 Franc.times( )가 팩토리 메서드를 호출하지 않고 생성자를 호출하는 거지? 지금 이걸 고쳐야 하나, 아니면 지금 하는 일이 끝날때까지 기다려야 할까? 교리상으로는 기다리는 것이 맞다. 지금 하는 일을 중단하지 않아야 하니까. 하지만 내가 평소에 하던 대로 대답하자면, 나는 보통 짧은 중단이 필요할 경우에 이를 흔쾌히 받아들이는 편이다. 물론 짧은

것만이다. 단, 하던 일을 중단하고 다른 일을 하는 상태에서 그 일을 또 중
단하지는 않는다(이건 짐 코플린(Jim Coplien)이 가르쳐준 규칙이다). 진행
하기 전에 times( )를 정리하자.

Franc
```
Money times(int multiplier) {
    return Money.franc(amount * multiplier);
}
```

이제 팩토리 메서드가 'CHF'를 전달할 수 있다.

Money
```
static Money franc(int amount) {
return new Franc(amount,"CHF");
}
```

그리고 마지막으로 인자를 인스턴스 변수에 할당할 수 있다.

Franc
```
Franc(int amount, String currency) {
    this.amount = amount;
    this.currency = currency;
}
```

내가 이런 작은 단계를 밟아가는 것에 대해서 다시금 방어적으로 되는
것 같다. 내가 여러분에게 정말 이런 식으로 일해야 한다고 주장하는 건
가? 아니다. 나는 여러분이 이런 식으로 일할 수도 있어야 한다고 말하는
것이다.

방금 나는 더 큰 단계로 일하다가 중간쯤 멍청한 실수를 했다. 일분간의
수정치를 되돌렸고, 더 낮은 기어로 변속했으며, 작은 단계로 다시 해보았
다. 이제 기분이 나아졌기 때문에 단번에 Dollar를 이와 유사하게 수정할

수 있을지 한번 보도록 하자.

Money
```
static Money dollar(int amount) {
    return new Dollar(amount, "USD");
}
```

Dollar
```
Dollar(int amount, String currency) {
    this.amount = amount;
    this.currency = currency;
}
Money times(int multiplier) {
    return Money.dollar(amount * multiplier);
}
```

한번에 제대로 됐다. 아휴, 살았다!

지금과 같은 일은 TDD를 하는 동안 계속 해주어야 하는 일종의 조율이다. 종종걸음으로 진행하는 것이 답답한가? 그러면 보폭을 조금 넓혀라. 성큼성큼 걷는 것이 불안한가? 그럼 보폭을 줄여라. TDD란 조종해 나가는 과정이다. 이쪽으로 조금, 저쪽으로 조금. 지금도, 그리고 앞으로도 정해진 올바른 보폭이라는 것은 존재하지 않는다.

두 생성자가 이제 동일해졌다. 구현을 상위 클래스에 올리자.

Money
```
Money(int amount, String currency) {
    this.amount = amount;
    this.currency = currency;
}
```

Franc
```
Franc(int amount, String currency) {
    super(amount, currency);
}
```

Dollar

```
Dollar(int amount, String currency) {
    super(amount, currency);
}
```

$5 + 10CHF = $10(환율이 2:1일 경우)

~~$5 × 2 = $10~~

~~amount를 private으로 만들기~~

~~Dollar 부작용?~~

Money 반올림?

~~equals( )~~

hashCode( )

Equal null

Equal object

~~5CHF × 2 = 10CHF~~

Dollar/Franc 중복

~~공용 equals~~

공용 times

~~Franc과 Dollar 비교하기~~

~~통화?~~

testFrancMultiplication 제거

times( )를 상위 클래스로 올리고 하위 클래스들을 제거할 준비가 거의 다 됐다. 하지만 일단은 지금까지 한 것을 검토해보자. 우리는

- 큰 설계 아이디어를 다루다가 조금 곤경에 빠졌다. 그래서 좀 전에 주목했던 더 작은 작업을 수행했다.
- 다른 부분들을 호출자(팩토리 메서드)로 옮김으로써 두 생성자를 일치시켰다.

- times( )가 팩토리 메서드를 사용하도록 만들기 위해 리팩토링을 잠시 중단했다.
- 비슷한 리팩토링(Franc에 했던 일을 Dollar에도 적용)을 한번의 큰 단계로 처리했다.
- 동일한 생성자들을 상위 클래스로 올렸다.

10장. 흥미로운 시간

$5 + 10CHF = $10(환율이 2:1일 경우)

~~$5 × 2 = $10~~

~~amount를 private으로 만들기~~

~~Dollar 부작용?~~

Money 반올림?

~~equals( )~~

hashCode( )

Equal null

Equal object

~~5CHF × 2 = 10CHF~~

Dollar/Franc 중복

~~공용 equals~~

공용 times

~~Franc과 Dollar 비교하기~~

~~통화?~~

testFrancMultiplication 제거

이 장을 끝내고 나면, Money를 나타내기 위한 단 하나의 클래스만을 갖게 될 것이다. 두 times( ) 구현이 거의 비슷하긴 하지만 아직 완전히 동일하지는 않다.

Franc
```
Money times(int multiplier) {
    return Money.franc(amount * multiplier);
}
```

Dollar
```
Money times(int multiplier) {
    return Money.dollar(amount * multiplier);
}
```

이 둘을 동일하게 만들기 위한 명백한 방법이 없다. 때로는 전진하기 위해서 물러서야 할 때도 있는 법이다. 팩토리 메서드를 인라인시키면 어떨까? (그래, 나도 안다. 바로 전 장에서 팩토리 메서드를 호출하도록 바꿨다. 실망스러운 일이다. 안 그런가?)

Franc
```
Money times(int multiplier) {
    return new Franc(amount * multiplier, "CHF");
}
```

Dollar
```
Money times(int multiplier) {
    return new Dollar(amount * multiplier, "USD");
}
```

Franc에서는 인스턴스 변수 currency가 항상 'CHF'이므로 다음과 같이 쓸 수 있다.

Franc
```
Money times(int multiplier) {
    return new Franc(amount * multiplier, currency);
}
```

잘 돌아간다. Dollar도 마찬가지로 고칠 수 있다.

Dollar
```
Money times(int multiplier) {
    return new Dollar(amount * multiplier, currency);
}
```

이제 거의 다 왔다. Franc을 가질지 Money를 가질지가 정말로 중요한 사실인가? 시스템에 대해 아는 지식을 기반으로 조심스럽게 생각해 보아야 할 문제다. 하지만 우리에겐 깔끔한 코드와, 그 코드가 잘 작동할 거라는 믿음을 줄 수 있는 테스트 코드들이 있다. 몇 분 동안 고민하는 대신 그냥 수정하고 테스트를 돌려서 컴퓨터에게 직접 물어보자. TDD를 가르치다보면 항상 이런 상황을 보게 된다. 컴퓨터라면 10초에서 15초 사이에 대답할 수 있는 문제를 놓고 최고의 소프트웨어 엔지니어들이 5분에서 10분 동안 고민하곤 한다. 가끔은 그냥 컴퓨터에게 물어보는 것도 좋다.

실험을 실행하기 위해 Franc.times( )가 Money를 반환하도록 고쳐보자.

Franc
```
Money times(int multiplier) {
    return new Money(amount * multiplier, currency);
}
```

컴파일러가 Money를 콘크리트 클래스로 바꿔야 한다고 말한다.

Money
```
class Money
```

```
Money times(int amount) {
    return null;
}
```

빨간 막대다. 에러 메시지엔 "expected:<Money.Franc@31aebf> but was: <Money.Money@478a43>"이라고 나온다. 기대만큼 도움이 되는 메시지는 아닌 것 같다. 더 나은 메시지를 보기 위해 toString( )을 정의하자.

Money
```
public String toString() {
    return amount + "  " + currency;
}
```

헉! 테스트도 없이 코드를 작성하네? 그래도 되는 건가? toString( )을 작성하기 전에 테스트를 작성하는 게 맞다. 하지만

- 우린 지금 화면에 나타나는 결과를 보려던 참이다.
- toString( )은 디버그 출력에만 쓰이기 때문에 이게 잘못 구현됨으로 인해 얻게 될 리스크가 적다.
- 이미 빨간 막대 상태인데 이 상태에서는 새로운 테스트를 작성하지 않는 게 좋을 것 같다.

예외 상황이다.

이제 에러 메시지에 "expected:<10 CHF> but was:<10 CHF>"라고 나온다. 조금 나아지긴 했는데 아직도 혼란스럽다. 답은 맞았는데 클래스가 다르다. Franc 대신 Money가 왔다. 문제는 equals( ) 구현에 있다.

Money
```
public boolean equals(Object object) {
    Money money = (Money) object;
```

```
return amount == money.amount
    && getClass().equals(money.getClass());
}
```

정말로 검사해야 할 것은 클래스가 같은지가 아니라 currency가 같은지 여부다.

빨간 막대인 상황에서는 테스트를 추가로 작성하고 싶지 않다. 하지만 지금은 실제 모델 코드를 수정하려고 하는 중이고 테스트 없이는 모델 코드를 수정할 수 없다. 보수적인 방법을 따르자면 변경된 코드를 되돌려서 다시 초록 막대 상태로 돌아가야 한다. 그러고 나서 equals( )를 위해 테스트를 고치고 구현 코드를 고칠 수 있게 되고, 그 후에야 원래 하던 일을 다시 할 수 있다.

이번에는 보수적으로 해보자. (나는 때때로 그냥 앞으로 밀고 나아가서 빨간 막대 상태에서도 테스트를 새로 하나 작성하지만, 아이들이 깨있는 동안에는 그렇게 안 한다. 애들이 배우면 안되니까.)

Franc

```
Money times(int multiplier) {
    return new Franc(amount * multiplier, currency);
}
```

다시 초록 막대로 돌아왔다. 우리 상황은 Franc(10, 'CHF')과 Money(10, 'CHF')가 서로 같기를 바라지만, 사실은 그렇지 않다고 보고된 것이다. 우리는 이걸 그대로 테스트로 사용할 수 있다.

```
public void testDifferentClassEquality() {
    assertTrue(new Money(10, "CHF").equals(
        new Franc(10, "CHF")));
}
```

예상대로 실패한다. equals( ) 코드는 클래스가 아니라 currency를 비교해야 한다.

Money
```
public boolean equals(Object object) {
    Money money = (Money) object;
    return amount == money.amount
        && currency().equals(money.currency());
}
```

이제 Franc.times( )에서 Money를 반환해도 테스트가 여전히 통과하게 할 수 있다.

Franc
```
Money times(int multiplier) {
    return new Money(amount * multiplier, currency);
}
```

이게 Dollar.times( )에도 적용될까?

Dollar
```
Money times(int multiplier) {
    return new Money(amount * multiplier, currency);
}
```

잘 된다! 이제 두 구현이 동일해졌으니, 상위 클래스로 끌어 올릴 수 있다.

Money
```
Money times(int multiplier) {
    return new Money(amount * multiplier, currency);
}
```

$5 + 10CHF = $10(환율이 2:1일 경우)

~~$5 × 2 = $10~~

~~amount를 private으로 만들기~~

~~Dollar 부작용?~~

Money 반올림?

~~equals( )~~

hashCode( )

Equal null

Equal object

~~5CHF × 2 = 10CHF~~

Dollar/Franc 중복

~~공용 equals~~

~~공용 times~~

~~Franc과 Dollar 비교하기~~

~~통화?~~

testFrancMultiplication 제거

곱하기도 구현했으니 이제 아무것도 안 하는 멍청한 하위 클래스들을 제거할 수 있겠다. 지금까지 한 일을 검토해보자. 우리는

- 두 times( )를 일치시키기 위해 그 메서드들이 호출하는 다른 메서드들을 인라인시킨 후 상수를 변수로 바꿔주었다.
- 단지 디버깅을 위해 테스트 없이 toString( )을 작성했다.
- Franc 대신 Money를 반환하는 변경을 시도한 뒤 그것이 잘 작동할지를 테스트가 말하도록 했다.
- 실험해본 걸 뒤로 물리고 또 다른 테스트를 작성했다. 테스트를 작동했더니 실험도 제대로 작동했다.

11장. 모든 악의 근원

$5 + 10CHF = $10(환율이 2:1일 경우)

~~$5 × 2 = $10~~

~~amount를 private으로 만들가~~

~~Dollar 부작용?~~

Money 반올림?

~~equals( )~~

hashCode( )

Equal null

Equal object

~~5CHF × 2 = 10CHF~~

Dollar/Franc 중복

~~공용 equals~~

~~공용 times~~

~~Franc과 Dollar 비교하가~~

~~통화?~~

testFrancMultiplication 제거

두 하위 클래스 Dollar와 Franc에는 달랑 생성자밖에 없다. 단지 생성자 때문에 하위 클래스가 있을 필요는 없기 때문에 하위 클래스를 제거하는 게 좋겠다.

코드의 의미를 변경하지 않으면서도 하위 클래스에 대한 참조를 상위 클래스에 대한 참조로 변경할 수 있다. 일단 Money.franc( )을 고치자.

Money
```
static Money franc(int amount) {
    return new Money(amount, "CHF");
}
```

그리고 Money.dollar( )도.

Money
```
static Money dollar(int amount) {
    return new Money(amount, "USD");
}
```

이제 Dollar에 대한 참조는 하나도 남아 있지 않으므로 Dollar를 지울 수 있게 됐다. 반면에 Franc은 우리가 작성했던 테스트 코드에서 아직 참조한다.

```
public void testDifferentClassEquality() {
    assertTrue(new Money(10, "CHF").equals(
        new Franc(10, "CHF")));
}
```

이 테스트를 지워도 될 정도로 다른 곳에서 동치성 테스트를 충분히 하고 있는가? 다른 동치성 테스트를 한번 보자.

```
public void testEquality() {
    assertTrue(Money.dollar(5).equals(Money.dollar(5)));
    assertFalse(Money.dollar(5).equals(Money.dollar(6)));
    assertTrue(Money.franc(5).equals(Money.franc(5)));
```

```
    assertFalse(Money.franc(5).equals(Money.franc(6)));
    assertFalse(Money.franc(5).equals(Money.dollar(5)));
}
```

충분한 테스트인 것 같다. 사실 좀 과하다. 세 번째와 네 번째 단언(assertion)
은 첫 번째, 두 번째 단언과 중복되므로 지우는 게 좋겠다.

```
public void testEquality() {
    assertTrue(Money.dollar(5).equals(Money.dollar(5)));
    assertFalse(Money.dollar(5).equals(Money.dollar(6)));
    assertFalse(Money.franc(5).equals(Money.dollar(5)));
}
```

$5 + 10CHF = $10(환율이 2:1일 경우)

~~$5 × 2 = $10~~

~~amount를 private으로 만들기~~

~~Dollar 부작용?~~

Money 반올림?

~~equals()~~

hashCode( )

Equal null

Equal object

~~5CHF × 2 = 10CHF~~

~~Dollar/Franc 중복~~

~~공용 equals~~

~~공용 times~~

~~Franc과 Dollar 비교하기~~

~~통화?~~

~~testFrancMultiplication 제거~~

클래스 대신 currency를 비교하도록 강요하는 테스트 코드는 여러 클래

스가 존재할 때만 의미 있다. Franc 클래스를 제거하려는 중이기 때문에, Franc이 있을 경우에 시스템이 작동하는지 확인하는 테스트는 도움이 안 되고 오히려 짐이 된다. Franc과 함께 testDifferentClassEquality( )를 보내 버리자.

이와 비슷하게 달러와 프랑에 대한 별도의 테스트들이 존재한다. 코드를 보면, 화폐와 상관없이 현재는 로직상의 차이가 없다는 걸 알 수 있다 (클래스가 두 개였을 때는 차이가 있었다). testFrancMultiplication( )을 지워도 시스템의 동작에 대한 신뢰를 잃지 않을 것이다.

이제 클래스가 하나뿐이다. 덧셈을 다룰 준비가 됐다. 일단은 지금까지 한 작업을 검토하자. 우리는

- 하위 클래스의 속을 들어내는 걸 완료하고, 하위 클래스를 삭제했다.
- 기존의 소스 구조에서는 필요했지만 새로운 구조에서는 필요 없게 된 테스트를 제거했다.

12장. 드디어, 더하기

> $5 + 10CHF = $10(환율이 2:1일 경우)

새날이 밝았고 할일 목록이 조금 지저분하기도 하니까 아직 해결되지 않은 항목들을 새 목록에 옮겨야겠다. (나는 손으로 할일 목록을 옮겨 적는 걸 즐긴다. 이때 자그마한 항목이 많으면 그걸 옮기기보다 그냥 처리해 버리는 경향이 있다. 나는 게으르기 때문에, 그대로 두면 계속 누적될 만한 자잘한 일들을 처리해 버린다. 자신의 강점을 살리는 쪽으로 하면 된다.)

> $5 + 10 CHF = $10(환율이 2:1일 경우)
> **$5 + $5 = $10**

전체 더하기 기능에 대한 스토리를 어떻게 다 적어야 할지 잘 모르겠다. 좀더 간단한 예, '$5 + $5 = $10'에서 시작해보자.

```
public void testSimpleAddition() {
    Money sum= Money.dollar(5).plus(Money.dollar(5));
    assertEquals(Money.dollar(10), sum);
}
```

그냥 'Money.dollar(10)'를 반환하는 식으로 가짜 구현을 할 수도 있다. 하지만 어떻게 구현해야 할지 명확하므로 다음과 같이 하겠다.

Money

```
Money plus(Money addend) {
    return new Money(amount + addend.amount, currency);
}
```

(웬만하면 종이를 덜 써서 나무도 보호하고 여러분의 관심도 계속 유지할 겸해서 이제부터는 속도를 좀 내려고 한다. 물론 어떻게 설계해야 할지 명백하지 않으면 다시 가짜 구현을 하고 리팩토링하는 식으로 접근할 것이다. 이를 통해 TDD를 하면서 어떻게 단계의 크기를 조절할 수 있는지 배우기 바란다.)

이제부터 속도를 내겠다는 말을 방금 하긴 했지만 지금 바로 속도를 늦춰야 할 것 같다. 테스트를 통과시키는 속도가 아니라 테스트를 작성하는 속도를 늦추겠다는 말이다. 사려 깊게 생각해 봐야 할 때가 있고, 또 그런 테스트가 있게 마련이다. 다중 통화 연산을 어떻게 표현해야 할까 하는 문제 역시 그런 경우 중 하나다.

설계상 가장 어려운 제약은 다중 통화 사용에 대한 내용을 시스템의 나머지 코드에게 숨기고 싶다는 점이다. 한 가지 가능한 전략은 모든 내부 값을 참조통화[1]로 전환하는 것이다. (미 제국주의 프로그래머들이 보통 어떤 참조통화를 선택하는지 추측해 보라.) 하지만 이 방식으로는 여러 환율을 쓰기가 쉽지 않다.

대신, 편하게 여러 환율을 표현할 수 있으면서도 산술 연산 비슷한 표현들을 여전히 산술 연산처럼 다룰 수 있는 해법이 있으면 좋을 것 같다.

객체가 우리를 구해줄 것이다. 가지고 있는 객체가 우리가 원하는 방식으로 동작하지 않을 경우엔 그 객체와 외부 프로토콜이 같으면서 내부 구현은 다른 새로운 객체(imposter, 타인을 사칭하는 사기꾼)를 만들 수 있다.

약간 신기해 할지도 모르겠다. 여기에 사칭 사기꾼을 만들 생각을 한다는 걸 어떻게 알 수 있을까? 번뜩이는 설계상의 착상을 가능케 해주는 공식 같은 건 없다. 농담이 아니다. 이 '기교'는 워드 커닝엄이 십년 전에 만들었는데, 내가 아직까지는 워드와 관련 없는 사람이 독립적으로 사용한 걸 본적이 없기 때문에 그 기교는 상당히 기교스러운 것이다. TDD는 적절한 때에 번뜩이는 통찰을 보장하지 못한다. 그렇지만 확신을 주는 테스트와 조심스럽게 정리된 코드를 통해, 통찰에 대한 준비와 함께 통찰이 번뜩일 때 그걸 적용할 준비를 할 수 있다.

해법은 Money와 비슷하게 동작하지만 사실은 두 Money의 합을 나타내는 객체를 만드는 것이다. 나는 이 아이디어를 설명하기 위한 몇 가지 다른 메타포를 생각해봤다. 한 가지는 Money의 합을 마치 지갑처럼 취급하는 것이다. 한 지갑에는 금액과 통화가 다른 여러 화폐들이 들어갈 수 있다.

또 다른 메타포는 '(2 + 3) × 5'와 같은 수식이다. 우리 경우엔 '($2 + 3 CHF) × 5'가 되겠지만. 이렇게 하면 Money를 수식의 가장 작은 단위로 볼 수 있다. 연산의 결과로 Expression들이 생기는데, 그 중 하나는 Sum(합)이 될 것이다. 연산(포트폴리오의 값을 합산하는 것 등)이 완료되면, 환율을 이용해서 결과 Expression을 단일 통화로 축약할 수 있다.

이 메타포를 테스트에 적용해보자. 마지막 줄은 다음과 같이 끝날 것

---

1) 역자 주: 참조통화(參照通貨, reference currency)는 복합 채권이나 환전 등에서 기준이 되는 화폐를 말한다.

이다.

```
public void testSimpleAddition() {
    …
    assertEquals(Money.dollar(10), reduced);
}
```

reduced(축약된)란 이름의 Expression은 Expression에 환율을 적용함으
로써 얻어진다. 실세계에서 환율이 적용되는 곳은 어디인가? 은행. 다음
과 같이 쓸 수 있겠다.

```
public void testSimpleAddition() {
    …
    Money reduced= bank.reduce(sum, "USD");
    assertEquals(Money.dollar(10), reduced);
}
```

(은행과 수식 메타포를 섞은 게 조금 이상하긴 하다. 일단 자초지종을 다
살펴본 뒤에 문학적 가치를 논하자.)

우린 지금 설계상 중요한 결정을 내렸다. 단순히 '...reduce = sum.
reduce("USD", bank)' 라고 쓸 수도 있었다. 왜 Bank가 (reduce( )를 수행
할) 책임을 맡아야 하나? 한 가지 답은 "그게 제일 먼저 떠올랐다."는 건
데, 이건 별로 유익하지 않다. 왜 축약이 수식이 아닌 은행의 책임이어야
한다는 생각이 머리에 떠올랐을까? 현재 내가 설명할 수 있는 것은 다음
과 같다.

- Expression은 우리가 하려고 하는 일의 핵심에 해당한다. 나는 핵심이
  되는 객체가 다른 부분에 대해서 될 수 있는 한 모르도록 노력한다.
  그렇게 하면 핵심 객체가 가능한 오랫 동안 유연할 수 있다. (게다가
  테스트하기에 쉬울 뿐 아니라, 재활용하거나 이해하기에 모두 쉬운

상태로 남아 있을 수 있다.)

• Expression과 관련이 있는 오퍼레이션이 많을 거라고 상상할 수 있다. 만약에 모든 오퍼레이션을 Expression에만 추가한다면 Expression은 무한히 커질 것이다.

이러한 생각들이 충분한 이유가 되지는 않겠지만, 당장 이렇게 진행하기로 결정하기엔 부족함이 없다. 또한 Bank가 별 필요 없게 된다면 축약을 구현할 책임을 Expression으로 기꺼이 옮길 생각도 있다.

이 간단한 예제에서 Bank가 할 일은 정말 하나도 없다. 일단 객체만 하나 있다면 오케이다.

```
public void testSimpleAddition() {
    …
    Bank bank= new Bank();
    Money reduced= bank.reduce(sum, "USD");
    assertEquals(Money.dollar(10), reduced);
}
```

두 Money의 합은 Expression이어야 한다.

```
public void testSimpleAddition() {
    …
    Expression sum= five.plus(five);
    Bank bank= new Bank();
    Money reduced= bank.reduce(sum, "USD");
    assertEquals(Money.dollar(10), reduced);
}
```

$5를 만드는건 간단하다.

```
public void testSimpleAddition() {
    Money five= Money.dollar(5);
```

```
    Expression sum= five.plus(five);
    Bank bank= new Bank();
    Money reduced= bank.reduce(sum, "USD");
    assertEquals(Money.dollar(10), reduced);
}
```

이걸 컴파일하려면 어떻게 해야 하나? Expression 인터페이스가 필요하다. (클래스로 만들어도 되겠지만 인터페이스가 더 가볍다.)

Expression
```
interface Expression
```

Money.plus( )는 Expression을 반환해야 한다.

Money
```
Expression plus(Money addend) {
    return new Money(amount + addend.amount, currency);
}
```

이건 Money가 Expression을 구현해야 한다는 뜻이다. (그건 쉽다. Expression에는 아직 아무 연산도 없으니까.)

Money
```
class Money implements Expression
```

이제 빈 Bank 클래스가 필요하다.

Bank
```
class Bank
```

그리고 Bank에는 reduce( )의 스텁이 있어야 한다.

Bank

```
Money reduce(Expression source, String to) {
    return null;
}
```

이제 컴파일이 되고, 바로 실패한다. 만세! 진전이다. 간단히 가짜 구현을 할 수 있다.

Bank

```
Money reduce(Expression source, String to) {
    return Money.dollar(10);
}
```

다시 초록 막대로 돌아왔고 리팩토링할 준비가 됐다. 그 전에 지금까지 한 것을 검토해보자. 우리는

- 큰 테스트를 작은 테스트($5 + 10CHF에서 $5 + $5로)로 줄여서 발전을 나타낼 수 있도록 했다.
- 우리에게 필요한 계산(computation)에 대한 가능한 메타포들을 신중히 생각해봤다.
- 새 메타포에 기반하여 기존의 테스트를 재작성했다.
- 테스트를 빠르게 컴파일했다.
- 그리고 테스트를 실행했다.
- 진짜 구현을 만들기 위해 필요한 리팩토링을 약간의 전율과 함께 기대했다.

13장. 진짜로 만들기

$5 + 10CHF = $10(환율이 2:1일 경우)
$5 + $5 = $10

모든 중복을 제거하기 전까지는 $5 + $5 테스트에 완료 표시를 할 수 없다. 코드 중복은 없지만 데이터 중복이 있다. 가짜 구현에 있는 $10는

Bank
```
Money reduce(Expression source, String to) {
    return Money.dollar(10);
}
```

사실 테스트 코드에 있는 $5 + $5와 같다.

```
public void testSimpleAddition() {
    Money five= Money.dollar(5);
    Expression sum= five.plus(five);
    Bank bank= new Bank();
```

```
    Money reduced= bank.reduce(sum, "USD");
    assertEquals(Money.dollar(10), reduced);
}
```

이전에는 가짜 구현이 있을 때 진짜 구현으로 거꾸로 작업해 가는 것이
명확했다. 단순히 상수를 변수로 치환하는 일이었다. 그렇지만 이번에는
어떻게 거꾸로 작업해야 할지 분명하지 않다. 그래서 조금 불확실한 감이
있긴 하지만 순방향으로 작업해보자.

$5 + 10CHF = $10(환율이 2:1일 경우)
$5 + $5 = $10
$5 + $5에서 Money 반환하기

우선, Money.plus( )는 그냥 Money가 아닌 Expression(Sum)을 반환해야
한다. (아마도 나중에 동일한 통화 단위를 더하는 특별한 경우에 대한 최
적화를 할 것이다. 하지만 그건 나중 일이다.)

두 Money의 합은 Sum이어야 한다.

```
public void testPlusReturnsSum() {
    Money five= Money.dollar(5);
    Expression result= five.plus(five);
    Sum sum= (Sum) result;
    assertEquals(five, sum.augend);
    assertEquals(five, sum.addend);
}
```

(덧셈의 첫 인자를 피가산수(被加算數, augend)라고 부른다는 사실을 아
는가? 난 이 글을 쓰기 전까진 몰랐다. 이런 게 컴퓨터 괴짜의 기쁨이 아
닐지!)

위 테스트는 그리 오래가지 못할 것이다. 위 테스트는 수행하고자 하는

연산의 외부 행위가 아닌 내부 구현에 대해 너무 깊게 관여하고 있다. 그렇긴 해도 일단 이 테스트를 통과하면 목표에 한 걸음 더 다가가게 될 것이다. 이 코드를 컴파일하기 위해선 augend와 addend 필드를 가지는 Sum 클래스가 필요하다.

Sum
```
class Sum {
    Money augend;
    Money addend;
}
```

Money.plus( )는 Sum이 아닌 Money를 반환하게 되어 있기 때문에, 이 코드는 ClassCastException을 발생시킨다.

Money
```
Expression plus(Money addend) {
    return new Sum(this, addend);
}
```

Sum 생성자도 필요하다.

Sum
```
Sum(Money augend, Money addend) {
}
```

그리고 Sum은 Expression의 일종이어야 한다.

Sum
```
class Sum implements Expression
```

이제 시스템이 다시 컴파일되는 상태로 돌아왔다. 하지만 테스트는 여전히 실패하는데, 이유는 Sum 생성자에서 필드를 설정하지 않기 때문이다. (필드를 직접 초기화하는 식으로 가짜 구현을 할 수 있지만, 앞에서 말한 바와 같이 이제 좀 빠르게 진행하고자 한다.)

Sum
```
Sum(Money augend, Money addend) {
    this.augend= augend;
    this.addend= addend;
}
```

이제 Bank.reduce( )는 Sum을 전달받는다. 만약 Sum이 가지고 있는 Money의 통화가 모두 동일하고, reduce를 통해 얻어내고자 하는 Money의 통화 역시 같다면, 결과는 Sum 내에 있는 Money들의 amount를 합친 값을 갖는 Money 객체여야 한다.

```
public void testReduceSum() {
    Expression sum= new Sum(Money.dollar(3), Money.dollar(4));
    Bank bank= new Bank();
    Money result= bank.reduce(sum, "USD");
    assertEquals(Money.dollar(7), result);
}
```

현존 테스트가 깨지도록 인자를 선택했다. 우리가 Sum을 계산하면 (지금의 단순화된 환경 하에서는) 결과는 Money가 되어야 하며, 그 Money의 양은 두 Money 양의 합이고, 통화는 우리가 축약하는 통화여야 한다.

Bank
```
Money reduce(Expression source, String to) {
    Sum sum= (Sum) source;
    int amount= sum.augend.amount + sum.addend.amount;
    return new Money(amount, to);
}
```

이 코드는 다음 두 가지 이유로 지저분하다.

- 캐스팅(형변환). 이 코드는 모든 Expression에 대해 작동해야 한다.
- 공용(public) 필드와 그 필드들에 대한 두 단계에 걸친 레퍼런스.

간단히 고칠 수 있는 문제들이다. 우선, 외부에서 접근 가능한 필드 몇 개를 들어내기 위해 메서드 본문을 Sum으로 옮길 수 있다. 언젠가는 Bank 가 매개 변수가 되어야 할 거라고 '확신'이 들지만 이건 정말 간단한 리팩토링이기 때문에 일단은 나중을 위해 남겨두도록 한다. (사실은 조금 전 Bank를 매개 변수로 넣었는데 그게 필요할 거라는 걸 '알았기' 때문이다. 부끄러운 일이다.)

Bank
```
Money reduce(Expression source, String to) {
    Sum sum= (Sum) source;
    return sum.reduce(to);
}
```

Sum
```
public Money reduce(String to) {
    int amount= augend.amount + addend.amount;
    return new Money(amount, to);
}
```

$5 + 10CHF = $10(환율이 2:1일 경우)
$5 + $5 = $10
$5 + $5에서 Money 반환하기
Bank.reduce(Money)

(Bank.reduce( )의 인자로 Money를 넘겼을 경우를 어떻게 구현, 에… 테스트할 것인지 상기시키기 위해 테스트 항목을 하나 추가했다.)

막대가 초록색이고 위의 코드에 대해 더 할 것이 명확하지 않으니까 일
단 그 테스트를 작성하도록 하자.

```
public void testReduceMoney() {
    Bank bank= new Bank();
    Money result= bank.reduce(Money.dollar(1), "USD");
    assertEquals(Money.dollar(1), result);
}
```

Bank
```
Money reduce(Expression source, String to) {
    if (source instanceof Money) return (Money) source;
    Sum sum= (Sum) source;
    return sum.reduce(to);
}
```

지저분하다, 지저분해. 그래도 초록 막대 상태이므로 리팩토링을 할 수
있다. 클래스를 명시적으로 검사하는 코드가 있을 때에는 항상 다형성
(polymorphism)을 사용하도록 바꾸는 것이 좋다. Sum은 reduce(String)를
구현하므로, Money도 그것을 구현하도록 만든다면 reduce( )를 Expres-
sion 인터페이스에도 추가할 수 있게 된다.

Bank
```
Money reduce(Expression source, String to) {
    if (source instanceof Money)
        return (Money) source.reduce(to);
    Sum sum= (Sum) source;
    return sum.reduce(to);
}
```

Money
```
public Money reduce(String to) {
    return this;
}
```

Expression 인터페이스에 reduce(String)를 추가하면,

Expression
```
Money reduce(String to);
```

지저분한 캐스팅과 클래스 검사 코드를 제거할 수 있다.

Bank
```
Money reduce(Expression source, String to) {
    return source.reduce(to);
}
```

Expression과 Bank에 이름은 동일하지만 매개 변수 형이 다른 메서드가 있다는 것이 만족스럽지는 않다. 난 자바에서 이런 종류의 문제에 대한 만족할 만한 일반적 해법을 찾지 못했다. 키워드 매개 변수를 지원하는 언어에서는 Bank.reduce(Expression, String)와 Expression.reduce(String)의 차이점에 대한 의도를 명백히 표현할 수 있도록 문법 차원에서 지원을 해준다.[1] 위치 매개 변수(positional parameters)만으로는 두 메서드가 어떻게 다른지에 대해 코드에 명확히 담아내는 것이 쉽지 않다.

$5 + 10CHF = $10(환율이 2:1일 경우)
$5 + $5 = $10
$5 + $5에서 Money 반환하기
~~Bank.reduce(Money)~~
Money에 대한 통화 변환을 수행하는 Reduce
Reduce(Bank, String)

---

1) 역자 주: 예컨대 파이썬 같은 언어에서는 reduce(source=myexpression, to="USD")와 reduce(to="USD") 식으로 매개 변수의 이름을 명시화해서 의도를 분명히 드러낼 수 있다.

다음 장에서는 통화를 실제로 전환하는 기능을 구현해볼 것이다. 우선 지금까지 한 작업을 검토해보자. 우리는

- 모든 중복이 제거되기 전까지는 테스트를 통과한 것으로 치지 않았다.
- 구현하기 위해 역방향이 아닌 순방향으로 작업했다.
- 앞으로 필요할 것으로 예상되는 객체(Sum)의 생성을 강요하기 위한 테스트를 작성했다.
- 빠른 속도로 구현하기 시작했다(Sum의 생성자).
- 일단 한 곳에 캐스팅을 이용해서 코드를 구현했다가, 테스트가 돌아가자 그 코드를 적당한 자리로 옮겼다.
- 명시적인 클래스 검사를 제거하기 위해 다형성을 사용했다.

14장. 바꾸기[1]

$5 + 10CHF = $10(환율이 2:1일 경우)

$5 + $5 = $10

$5 + $5에서 Money 반환하기

~~Bank.reduce(Money)~~

Money에 대한 통화 변환을 수행하는 Reduce

Reduce(Bank, String)

변화는 수용할 만한 것이다(특히 여러분이 제목에 '변화를 포용하라'는 문구가 있는 책[2]을 가지고 있다면). 하지만 이번에는 좀 단순한 변화에 대해 생각해볼 것이다. 2프랑이 있는데 이걸 달러로 바꾸고 싶다. 이렇게 써놓고 보니 이미 테스트 케이스가 만들어진 것 같다.

---

1) 역자 주: 원문은 change다. 본문에서 변화(change)를 얘기하지만, 환전의 뉘앙스도 있기 때문에 '바꾸기'로 했다.

2) 역자 주: 켄트 벡 자신이 쓴 XP 선언서 『Extreme Programming Explained - Embrace Change』를 두고 하는 말이다.

```
public void testReduceMoneyDifferentCurrency() {
    Bank bank= new Bank();
    bank.addRate("CHF", "USD", 2);
    Money result= bank.reduce(Money.franc(2), "USD");
    assertEquals(Money.dollar(1), result);
}
```

나는 프랑을 달러로 변환할 때 나누기 2를 한다. (우리는 여전히 수치상의 모든 귀찮은 문제를 애써 외면한다.) 다음 한 줌의 지저분한 코드면 초록 막대를 볼 수 있다.

Money
```
public Money reduce(String to) {
    int rate = (currency.equals("CHF") && to.equals("USD"))
        ? 2
        : 1;
    return new Money(amount / rate, to);
}
```

이 코드로 인해서 갑자기 Money가 환율에 대해 알게 돼 버렸다. 우웩. 환율에 대한 일은 모두 Bank가 처리해야 한다. Expression.reduce( )의 인자로 Bank를 넘겨야 할 것이다(그것 봐라. 그렇게 할 필요가 생길 걸 우리는 '알고' 있었고, 또 그 말이 맞았다. 「The Princess Bride」[3]에 나온 할아버지가 말씀하신 "당신은 정말 영리합니다..."처럼). 우선 호출하는 부분을 작성하자.

Bank
```
Money reduce(Expression source, String to) {
    return source.reduce(this, to);
```

---

3) 역자 주: 윌리엄 골드윈의 컬트 소설을 각색해 만든 판타지 영화. 국내에서는 「프린세스 브라이드」라는 제목으로 개봉되었다.

```
}
```

그리고 구현 부분.

Expression
```
Money reduce(Bank bank, String to);
```

Sum
```
public Money reduce(Bank bank, String to) {
    int amount= augend.amount + addend.amount;
    return new Money(amount, to);
}
```

Money
```
public Money reduce(Bank bank, String to) {
    int rate = (currency.equals("CHF") && to.equals("USD"))
    ? 2
    : 1;
    return new Money(amount / rate, to);
}
```

인터페이스에 선언된 메서드는 공용이어야 하므로 Money의 reduce( )도
공용이어야 한다. (확신하건대, 그래야 하는 충분한 이유가 있다.)

이제 환율을 Bank에서 계산할 수 있게 됐다.

Bank
```
int rate(String from, String to) {
    return (from.equals("CHF") && to.equals("USD"))
    ? 2
    : 1;
}
```

그리고 올바른 환율을 bank에게 물어보자.

Money
```
public Money reduce(Bank bank, String to) {
    int rate = bank.rate(currency, to);
    return new Money(amount / rate, to);
}
```

귀찮은 2가 아직도 테스트와 코드 두 부분에 모두 나온다. 이걸 없애버리려면 Bank에서 환율표를 가지고 있다가 필요할 때 찾아볼 수 있게 해야 한다. 두 개의 통화와 환율을 매핑시키는 해시 테이블을 사용할 수 있겠다. 통화 쌍을 해시 테이블의 키로 쓰기 위해 배열을 사용할 수 있을까? Array.equals( )가 각각의 원소에 대한 동치성 검사를 수행하는지 모르겠다.

```
public void testArrayEquals() {
    assertEquals(new Object[] {"abc"}, new Object[] {"abc"});
}
```

안 되는군. 테스트가 실패한다.[4] 키를 위한 객체를 따로 만들어야겠다.

Pair
```
private class Pair {
    private String from;
    private String to;

    Pair(String from, String to) {
    this.from= from;
    this.to= to;
    }
}
```

우린 Pair를 키로 쓸 거니까 equals( )와 hashCode( )를 구현해야 한다. 하지만 지금은 리팩토링하는 중에 코드를 작성하는 것이기 때문에 테스트를 작성하지는 않을 것이다. 우리가 이 리팩토링을 마치고 모든 테스트가

---

4) 역자 주: JUnit4 버전부터는 배열에 대해서 assertArrayEquals를 사용할 것을 권하고 있다.

통과한다면, 그때 우리는 그 코드가 실제로 사용되었다고 생각할 수 있다. 만약 지금 뭘 하는 건지 잘 이해하지 못하는 다른 사람과 프로그래밍하는 상황[5]이거나 로직이 조금 복잡했다면 아마도 별도의 테스트를 만들고자 했을 것이다.

Pair
```
public boolean equals(Object object) {
    Pair pair= (Pair) object;
    return from.equals(pair.from) && to.equals(pair.to);
}

public int hashCode() {
    return 0;
}
```

0은 최악의 해시 코드다. 하지만 구현하기 쉽고 우리가 빨리 달릴 수 있도록 도와준다는 장점이 있다. 해시 코드를 이대로 둔다면 해시 테이블에서의 검색이 마치 선형 검색과 비슷하게 수행될 것이다. 나중에 많은 통화를 다뤄야 할 일이 생기면 그때 실제 측정 데이터를 가지고 개선하게 될 것이다.

일단, 환율을 저장할 뭔가가 필요하다.

Bank
```
private Hashtable rates= new Hashtable();
```

환율을 설정할 수도 있어야 한다.

Bank
```
void addRate(String from, String to, int rate) {
    rates.put(new Pair(from, to), new Integer(rate));
}
```

---

5) 역자 주: 짝 프로그래밍(pair programming).

그리고 필요할 때 환율을 얻어낼 수도 있어야 한다.

Bank
```
int rate(String from, String to) {
    Integer rate= (Integer) rates.get(new Pair(from, to));
    return rate.intValue();
}
```

잠깐! 빨간 막대다. 무슨 일일까? 여기저기 조금 기웃거려 보면, USD에
서 USD로의 환율을 요청하면 그 값이 1이 되어야 한다고 기대한다는 것을
알 수 있다. 뜻밖의 일이므로, 좀 전에 우리가 발견한 내용을 나중에 코드
를 읽어볼 다른 사람들에게도 알려 주기 위해 테스트로 만들어 두자.

```
public void testIdentityRate() {
    assertEquals(1, new Bank().rate("USD", "USD"));
}
```

이제 에러가 총 두 개다. 하지만 한 곳만 바꿔 주면 두 개가 모두 없어질
것임을 알 수 있다.

Bank
```
int rate(String from, String to) {
    if (from.equals(to)) return 1;
    Integer rate= (Integer) rates.get(new Pair(from, to));
    return rate.intValue();
}
```

초록 막대!

> $5 + 10CHF = $10(환율이 2:1일 경우)
> ~~$5 + $5 = $10~~
> $5 + $5에서 Money 반환하기
> ~~Bank.reduce(Money)~~
> ~~Money에 대한 통화 변환을 수행하는 Reduce~~
> ~~Reduce(Bank, String)~~

다음 장에서는 마지막 큰 테스트인 '$5 + 10CHF'를 구현할 것이다. 몇 가지 중요한 기술들이 이 장에 실려 있다. 일단은 지금까지 한 것을 검토해보자. 우리는

- 필요할 거라고 생각한 인자를 빠르게 추가했다.
- 코드와 테스트 사이에 있는 데이터 중복을 끄집어냈다.
- 자바의 오퍼레이션에 대한 가정을 검사해보기 위한 테스트(testArray-Equals)를 작성했다.
- 별도의 테스트 없이 전용(private) 도우미(helper) 클래스를 만들었다.
- 리팩토링하다가 실수를 했고, 그 문제를 분리하기 위해 또 하나의 테스트를 작성하면서 계속 전진해 가기로 선택했다.

15장. 서로 다른 통화 더하기

> **$5 + 10CHF = $10**(환율이 2:1일 경우)
> ~~$5 + $5 = $10~~
> $5 + $5에서 Money 반환하기
> ~~Bank.reduce(Money)~~
> ~~Money에 대한 통화 변환을 수행하는 Reduce~~
> ~~Reduce(Bank, String)~~

드디어 이 모든 작업의 시초인 $5 + 10CHF에 대한 테스트를 추가할 준비
가 됐다.

```
public void testMixedAddition() {
    Expression fiveBucks= Money.dollar(5);
    Expression tenFrancs= Money.franc(10);
    Bank bank= new Bank();
    bank.addRate("CHF", "USD", 2);
```

```
    Money result= bank.reduce(
        fiveBucks.plus(tenFrancs), "USD");
    assertEquals(Money.dollar(10), result);
}
```

이게 우리가 원하는 코드다. 불행히도 컴파일 에러가 무지 많다. Money에서 Expression으로 일반화할 때 우리가 어설프게 남겨둔 것들이 꽤 된다. 걱정이 되었지만, 독자를 어지럽히고 싶진 않았다. 이제는 독자를 어지럽힐 때가 되었다.

앞의 테스트를 곧바로 컴파일되게 할 수는 없을 것이다. 처음 코드 수정이 다음으로 계속해서 퍼져나갈 수 있도록 할 것이다. 앞으로 나아갈 수 있는 두 갈래 길이 있다. 좁은 범위의 한정적인 테스트를 빠르게 작성한 후에 일반화하는 방법도 있고, 우리의 모든 실수를 컴파일러가 잡아줄 거라 믿고 진행하는 방법도 있다. 내가 옆에서 도와주겠다. 천천히 가자. (실제 상황에서 나는 아마도 퍼져나가는 변화를 한 번에 하나씩 제대로 고치기만 할 것이다.)

```
public void testMixedAddition() {
    Money fiveBucks= Money.dollar(5);
    Money tenFrancs= Money.franc(10);
    Bank bank= new Bank();
    bank.addRate("CHF", "USD", 2);
    Money result= bank.reduce(
        fiveBucks.plus(tenFrancs), "USD");
    assertEquals(Money.dollar(10), result);
}
```

테스트가 실패한다. 10USD 대신 15USD가 나왔다. Sum.reduce( )가 인자를 축약하지 않는 것 같아 보인다. 실제로도 그렇다.

Sum
```
public Money reduce(Bank bank, String to) {
    int amount= augend.amount + addend.amount;
    return new Money(amount, to);
}
```

다음과 같이 두 인자를 모두 축약하면 테스트가 통과할 것이다.

Sum
```
public Money reduce(Bank bank, String to) {
    int amount= augend.reduce(bank, to).amount
        + addend.reduce(bank, to).amount;
    return new Money(amount, to);
}
```

통과한다. 사실 Expression이어야 하는 Money들을 조금씩 쪼아서 없앨 수 있다. 파급 효과를 피하기 위해 가장자리에서 작업해 나가기 시작해서 그 테스트 케이스까지 거슬러 올라오도록 하겠다. 예를 들어 피가산수와 가수는 이제 Expression으로 취급할 수 있다.

Sum
```
Expression augend;
Expression addend;
```

Sum 생성자의 인자 역시 Expression일 수 있다.

Sum
```
Sum(Expression augend, Expression addend) {
    this.augend= augend;
    this.addend= addend;
}
```

(Sum이 자꾸 컴포지트(Composite) 패턴을 상기시키는데, 일반화시킬 만큼

강하지는 않다. 하지만 만약 Sum이 둘 이상의 인자를 갖는 순간이 온다면 그땐 바꾸게 될 것이다.) Sum에 대한 내용이 길었다. 그럼 Money쪽은 어떤가?

plus( )의 인자가 Expression으로 취급될 수 있다.

Money
```
Expression plus(Expression addend) {
    return new Sum(this, addend);
}
```

times( )의 반환 값도 Expression일 수 있다.

Money
```
Expression times(int multiplier) {
    return new Money(amount * multiplier, currency);
}
```

이 코드는 Expression이 plus( )와 times( ) 오퍼레이션을 포함해야 함을 제안하고 있다. 이게 Money의 전부다. 이제 테스트 케이스에 나오는 plus( )의 인자도 바꿀 수 있다.

```
public void testMixedAddition() {
    Money fiveBucks= Money.dollar(5);
    Expression tenFrancs= Money.franc(10);
    Bank bank= new Bank();
    bank.addRate("CHF", "USD", 2);
    Money result= bank.reduce(
        fiveBucks.plus(tenFrancs), "USD");
    assertEquals(Money.dollar(10), result);
}
```

fiveBucks를 Expression으로 바꾸고 나면 몇 군데를 같이 수정해야 한다. 다행스럽게도 컴파일러가 할일 목록을 제공하기 때문에 우린 계속 집중할 수 있다. 우선 다음과 같이 고친다.

```java
public void testMixedAddition() {
    Expression fiveBucks= Money.dollar(5);
    Expression tenFrancs= Money.franc(10);
    Bank bank= new Bank();
    bank.addRate("CHF", "USD", 2);
    Money result= bank.reduce(
        fiveBucks.plus(tenFrancs), "USD");
    assertEquals(Money.dollar(10), result);
}
```

컴파일러가 점잖게 Expression에 plus( )가 정의되지 않았다고 알려준다. 정의해주자.

Expression

```java
Expression plus(Expression addend);
```

이제 Money와 Sum에도 추가해야 한다. Money? 그래, 공용으로 바꾸면된다.

Money

```java
public Expression plus(Expression addend) {
    return new Sum(this, addend);
}
```

Sum의 구현을 스텁 구현으로 바꾸고, 할일 목록에 적어두자.

Sum

```java
public Expression plus(Expression addend) {
    return null;
}
```

$5 + 10CHF = $10(환율이 2:1일 경우)

~~$5 + $5 = $10~~

$5 + $5에서 Money 반환하기

~~Bank.reduce(Money)~~

~~Money에 대한 통화 변환을 수행하는 Reduce~~

~~Reduce(Bank, String)~~

Sum.plus

Expression.times

이제 프로그램이 컴파일되고 테스트도 모두 통과한다.

Money를 Expression으로 일반화하는 작업을 마무리할 준비가 되었다. 그 전에 지금까지 한 작업을 검토해보자. 우리는

- 원하는 테스트를 작성하고, 한 단계에 달성할 수 있도록 뒤로 물렀다.
- 좀더 추상적인 선언을 통해 가지에서 뿌리(애초의 테스트 케이스)로 일반화했다.
- 변경 후(Expression fiveBucks), 그 영향을 받은 다른 부분들을 변경 하기 위해 컴파일러의 지시를 따랐다(Expression에 plus( )를 추가하 기 등등).

16장. 드디어, 추상화

~~$5 + 10CHF = $10(환율이 2:1일 경우)~~

~~$5 + $5 = $10~~

$5 + $5에서 Money 반환하기

~~Bank.reduce(Money)~~

~~Money에 대한 통화 변환을 수행하는 Reduce~~

~~Reduce(Bank, String)~~

Sum.plus

Expression.times

Expression.plus를 끝마치려면 Sum.plus( )를 구현해야 한다. 그리고 나서 Expression.times( )를 구현하면 전체 예제가 끝난다. 다음은 Sum.plus( )에 대한 테스트다.

```java
public void testSumPlusMoney() {
    Expression fiveBucks= Money.dollar(5);
```

```
    Expression tenFrancs= Money.franc(10);
    Bank bank= new Bank();
    bank.addRate("CHF", "USD", 2);
    Expression sum= new Sum(fiveBucks, tenFrancs).plus(fiveBucks);
    Money result= bank.reduce(sum, "USD");
    assertEquals(Money.dollar(15), result);
}
```

fiveBucks와 tenFrancs를 더해서 Sum을 생성할 수도 있지만 위의 코드에서는 명시적으로 Sum을 생성하는데, 이게 더 직접적으로 우리 의도를 드러낸다. 우리가 이 테스트들을 작성하는 것은 단지 자신의 프로그래밍 경험을 더 재미있고 보람차게 하려고 하는 것만이 아니고, 후대가 우리의 천재성을 감상할 수 있는 로제타석이 되도록 하기 위함이기도 하다. (코드건 글이건) 독자를 생각하고 또 생각해야 한다.

테스트가 코드보다 더 길다. 그리고 코드는 Money의 코드와 똑같다. (멀리서 추상 클래스의 외침이 들려오는가?)

Sum
```
public Expression plus(Expression addend) {
    return new Sum(this, addend);
}
```

~~$5 + 10CHF = $10(환율이 2:1일 경우)~~
~~$5 + $5 = $10~~
$5 + $5에서 Money 반환하기
~~Bank.reduce(Money)~~
~~Money에 대한 통화 변환을 수행하는 Reduce~~
~~Reduce(Bank, String)~~
~~Sum.plus~~
Expression.times

TDD로 구현할 땐 테스트 코드의 줄 수와 모델 코드의 줄 수가 거의 비슷한 상태로 끝난다. TDD가 경제적이기 위해서는 매일 만들어 내는 코드의 줄 수가 두 배가 되거나 동일한 기능을 구현하되 절반의 줄 수로 해내야 할 것이다. TDD가 자신의 방법에 비해 어떻게 다른지 직접 측정해 보아야 할 것이다. 이때 디버깅, 통합 작업, 다른 사람에게 설명하는 데 걸리는 시간 등의 요소를 반드시 포함해야 한다는 것을 기억하기 바란다.

~~$5 + 10CHF = $10(환율이 2:1일 경우)~~
~~$5 + $5 = $10~~
$5 + $5에서 Money 반환하기
~~Bank.reduce(Money)~~
~~Money에 대한 통화 변환을 수행하는 Reduce~~
~~Reduce(Bank, String)~~
~~Sum.plus~~
Expression.times

일단 Sum.times( )가 작동하게 만들 수만 있다면 Expression.times( )를 선언하는 일이야 어렵지 않을 것이다. 테스트는 다음과 같다.

```
public void testSumTimes() {
    Expression fiveBucks= Money.dollar(5);
    Expression tenFrancs= Money.franc(10);
    Bank bank= new Bank();
    bank.addRate("CHF", "USD", 2);
    Expression sum= new Sum(fiveBucks, tenFrancs).times(2);
    Money result= bank.reduce(sum, "USD");
    assertEquals(Money.dollar(20), result);
}
```

이번에도 테스트가 코드보다 길다. (JUnit에 대해 잘 안다면 이걸 어떻게 고쳐야 할지 알 것이다. 그렇지 않다면 29장의 픽스처(Fixture)를 읽어보기 바란다.)

Sum

```
Expression times(int multiplier) {
    return new Sum(augend.times(multiplier),
        addend.times (multiplier));
}
```

지난 장에서 피가산수(augend)와 가수(addend)를 Expression으로 추상화했기 때문에 코드가 컴파일되게 만들려면 Expression에 times( )를 선언해야 한다.

Expression

```
Expression times(int multiplier);
```

이 작업 때문에 Money.times( )와 Sum.times( )의 가시성을 높여줘야 한다.

Sum

```
public Expression times(int multiplier) {
    return new Sum(augend.times(multiplier),
        addend.times (multiplier));
}
```

Money

```
public Expression times(int multiplier) {
    return new Money(amount * multiplier, currency);
}
```

<del>$5 + 10CHF = $10(환율이 2:1일 경우)</del>
<del>$5 + $5 = $10</del>
$5 + $5에서 Money 반환하기
<del>Bank.reduce(Money)</del>
<del>Money에 대한 통화 변환을 수행하는 Reduce</del>
<del>Reduce(Bank, String)</del>
<del>Sum.plus</del>
<del>Expression.times</del>

테스트가 통과한다.

뭔가 깔끔히 정리해야 할 것이 있다면, $5 + $5를 할 때에 Money를 반환하는 걸 실험해 보는 것이다. 테스트는 다음과 같을 것이다.

```
public void testPlusSameCurrencyReturnsMoney() {
    Expression sum= Money.dollar(1).plus(Money.dollar(1));
    assertTrue(sum instanceof Money);
}
```

이 테스트는 외부에 드러나는 객체의 행위에 대한 것이 아니라 구현 중심이기 때문에 좀 지저분하다. 그렇기는 하지만 이 테스트는 우리가 원하는 변화를 가할 수 있게 해준다. 게다가 이 테스트는 단지 실험일 뿐이다. 이 테스트를 통과시키기 위해 다음과 같이 쓸 수 있다.

Money
```
public Expression plus(Expression addend) {
    return new Sum(this, addend);
}
```

인자가 Money일 경우에, 그리고 오로지 그 경우에만(필요충분조건으로) 인자의 통화를 확인하는 분명하고도 깔끔한 방법이 없다(나는 없지만, 독자는 분명 뭔가 생각해 낼 수 있으리라 확신한다.). 실험은 실패했고, 우린 테스트를 삭제하고(어차피 별로 안 좋게 생각하던 테스트였다) 떠난다.

이번 장에서 한 작업들을 검토해보자. 우리는

- 미래에 코드를 읽을 다른 사람들을 염두에 둔 테스트를 작성했다.
- TDD와 여러분의 현재 개발 스타일을 비교해 볼 수 있는 실험 방법을 제시했다.
- 또 한 번 선언부에 대한 수정이 시스템 나머지 부분으로 번져갔고, 문제를 고치기 위해 역시 컴파일러의 조언을 따랐다.
- 잠시 실험을 시도했는데, 제대로 되지 않아서 버렸다.

17장. Money 회고

Money 예제를 만든 과정과 그 결과를 다시 한번 돌아보자. 이 장에서는 다음과 같은 내용을 이야기할 것이다.

- 다음에 할일은 무엇인가.
- 메타포 – 설계 구조에 미치는 메타포의 엄청난 영향.
- JUnit 사용도 – 언제 테스트를 실행했으며, JUnit을 어떻게 사용해 왔는가.
- 코드 메트릭스(metrics) – 결과 코드의 수치화.
- 프로세스 – 빨강/초록/리팩토링 순서에 대해 이야기했는데, 그렇다면 각 단계에서 얼마 만큼 작업해야 하는가.
- 테스트의 질 – 전통적인 테스트 메트릭스에 TDD 테스트가 어떻게 필적할 수 있는가.

| 다음에 할 일은 무엇인가 |

이제 코딩은 끝난 걸까? 아직 아니다. Sum.plus( )와 Money.plus( ) 사이에 지저분한 중복이 남았다. Expression을 인터페이스 대신 클래스로 바꾼다면 (보통 클래스가 인터페이스로 바뀌는 일이 잦은데, 그 반대로 바뀌는 것은 일반적인 방향이 아니다) 공통되는 코드를 담아낼 적절한 곳이 될 것이다.

난 "끝났다"는 말을 믿지 않는다. TDD를 완벽을 위한 노력의 일환으로 사용할 수도 있겠지만 그건 TDD의 가장 효과적인 용법이 아니다. 만약 시스템이 크다면, 당신이 늘 건드리는 부분들은 절대적으로 견고해야 한다. 그래야 나날이 수정할 때 안심할 수 있기 때문이다. 당신이 그 시스템의 가장자리, 자주 바뀌지 않는 부분으로 흘러감에 따라, 테스트는 더 듬성듬성 불규칙하게 되고 디자인도 더 안 좋아지지만 안심할 수 있다.

나는 작업을 끝낸 후에 스몰토크의 스몰린트(SmallLint) 같은 코드 감정 (code critic) 프로그램을 실행하길 좋아한다. 그 프로그램이 제안하는 것에는 이미 내가 알거나 동의하지 않는 것이 많다. 하지만 자동화된 감정 프로그램은 뭔가 잊어먹는 일이 없기 때문에, 쓸모 없어진 구현을 지우지 않더라도 나는 스트레스 받지 않는다. 감정 프로그램이 지적할 것이기 때문에.

"다음에 할일은 무엇인가?"에 관련된 또 다른 질문은 "어떤 테스트들이 추가로 더 필요할까?"다. 때로는 실패해야 하는 테스트가 성공하는 경우가 있는데, 그럴 땐 그 이유를 찾아내야 한다. 또는 실패해야 하는 테스트가 실제로 실패하기도 하는데, 이때는 이를 이미 알려진 제한사항 또는 앞으로 해야 할 작업 등의 의미로 그 사실을 기록해둘 수도 있다.

마지막으로, 할일 목록이 빌 때가 그때까지 설계한 것을 검토하기에 적절한 시기다. 말과 개념이 서로 잘 통하는가? 현재의 설계로는 제거하기 힘든 중복이 있는가? (질질 끌며 남아 있는 중복은 잠복성 디자인의 증후다.)

| 메타포 |

Money 예제를 코딩하면서 가장 놀라운 점은 이번 Money 예제의 결과가 기존에 했던 것과 많이 다르다는 것이다. 내 기억에, 난 실무에서 최소 3번 이상 금전 관련 프로그램을 작성했다. 출판물에서도 대여섯 번 이상 예제로 사용했다. 게다가 무대에서 라이브로(말처럼 그렇게 자극적인 건 아니었다) 열다섯 번이나 프로그래밍을 했다. 이 책을 준비하는 동안에만 서너 번 정도 짜봤다(1부를 찢어 버리고 초기 리뷰에 기반해 다시 쓰면서). 그리고 지금 이 글을 쓰는 동안 'expression(수식)' 메타포를 생각했는데, 설계가 기존과는 완전히 다른 방향으로 흘렀다.

정말 메타포가 이 정도로 막강할 거라고는 생각하지 못했다. 메타포라는 건 단지 이름들을 얻어 내는 데 필요한 것일 뿐이지 않은가? 절대 그렇지 않다.

'통화가 다른 여러 금전'에 대해 워드 커닝엄이 사용한 메타포는 벡터였다(수학의 벡터 같은데 계수가 x^2이 아니고 통화인 것). 난 얼마 동안은 MoneySum을 사용하다가, 적절하고 물리적인 MoneyBag(돈가방)으로 바꿨다. 그리고 마지막에는 대다수의 사람들에게 더 익숙할 Wallet(지갑)으로 바꿨다. 이 모든 메타포는 Money의 집합이 딱 떨어지는 숫자로 된다는 걸 암시한다. 예를 들어 '2USD + 5CHF + 3USD'의 결과는 '5USD + 5CHF'일 것이다. 같은 통화의 값은 합칠 수 있다.

Expression 메타포는 중복되는 통화를 합치는 세세한 일단의 문제에서 날 해방시켰다. 코드도 그 어느 때보다도 더 명확해져갔다. 나는 수식의 성능에 대해 우려했지만 최적화를 시작하기 전에 어느 정도의 사용 통계를 볼 때까지 기다리는 것에 만족한다.

내가 지금까지 작성한 모든 프로그램을 20번씩 다시 작성해본다면 어떨까? 매번 새로운 통찰을 얻고 놀라움을 경험할 것인가? 더 신중을 기해서 모든 통찰을 처음 세 번 안에 다 얻어낼 방법이 있을까? 아니면 한번에?

| JUnit 사용도 |

Money 예제를 코딩하는 동안 JUnit이 로그를 기록하게 해 두었다. 실행버튼을 정확히 125번 눌렀다. 코딩하는 동안에 이 글을 쓰는 일도 같이 했기 때문에 시간 간격은 별로 정확하지 않겠지만, 보통 일분에 한 번 정도 테스트를 실행했다. 그 전체 시간 중 정말 가끔 나는 성공 혹은 실패를 보고 놀랐는데, 그것은 조급하게 리팩토링을 한 경우였다.

그림 17.1은 테스트 사이의 시간 간격에 대한 히스토그램이다. 간격이 큰 쪽의 대부분은 내가 글을 쓰느라 보낸 시간인 것 같다.

그림17.1   테스트 수행 사이의 시간을 나타내는 히스토그램

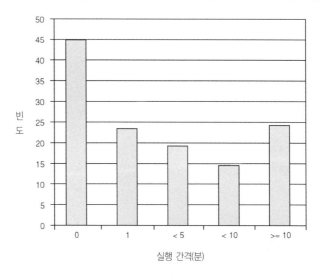

| 코드 메트릭스 |

표 17.1은 코드에 대한 몇몇 통계를 담고 있다.

표 17.1 코드 메트릭스

	실제 코드	테스트 코드
클래스	5	1
함수 (1)	22	15
줄 (2)	91	89
회기성 복잡도 (3)	1.04	1
함수당 줄	4.1 (4)	5.9 (5)

(1) 전체 API를 다 구현한 게 아니기 때문에 함수의 수나 클래스당 함수의 수, 클래스당 줄 수 등을 절대적으로 평가할 수는 없다. 하지만 그 상대적인 비율에서 교훈을 얻을 수 있을 것이다. 코드와 테스트 사이에 대략 비슷한 양의 함수와 줄이 있는 것을 알 수 있다.

(2) 테스트 코드의 줄 수는 공통된 테스트 픽스처를 뽑아내는 작업을 통해 줄일 수 있다. 하지만 모델 코드와 테스트 코드 사이의 대략적인 줄 수의 비율은 비슷하게 유지될 것이다.

(3) 회기성 복잡도(cyclomatic complexity)는 기존의 흐름 복잡도(flow complexity)와 같다. 테스트 코드에 분기나 반복문이 전혀 없기 때문에 테스트 복잡도는 1이다. 명시적인 흐름 제어 대신 다형성(poly-morphism)을 주로 사용했기 때문에 실제 코드의 복잡도 역시 낮다.

(4) 함수의 선언부와 닫는 괄호도 포함된 줄 수다.

(5) 테스트의 함수당 줄 수가 과장되었는데, 이는 JUnit 사용도 섹션에서 설명된 바와 같이(152쪽) 공통된 픽스처 구축 코드를 추출하지 않았기 때문이다.

| 프로세스 |

TDD의 주기는 다음과 같다.

- 작은 테스트를 추가한다.
- 모든 테스트를 실행하고, 실패하는 것을 확인한다.
- 코드에 변화를 준다.
- 모든 테스트를 실행하고, 성공하는 것을 확인한다.
- 중복을 제거하기 위해 리팩토링한다.

한 테스트를 작성하는 것을 단일 단계라고 가정할 때, 그걸 컴파일하고 실행하고 리팩토링하는 데 얼마나 많은 수정이 필요한가? (여기에서 수정이란 메서드나 클래스 정의를 바꾸는 것을 말한다.) 그림 17.2는 여러분도 보았던 각 Money 테스트에 대한 수정 횟수의 히스토그램이다.

큰 프로젝트에서 데이터를 수집한다고 해도 수정 횟수는 충분히 적게 유지될 것이다(프로그래밍 환경이 테스트가 원하는 바를 분석할 수 있어서 테스트를 통과시키기 위한 스텁(stub)을 자동으로 생성한다거나 하면 수정 횟수는 오히려 더 줄어들 수도 있다). 그렇지만 (이건 아마도 최소 박사 논문감 이상일 것이다) 리팩토링당 수정 횟수는 '두꺼운 꼬리' (fat tail)[1] 혹은 렙토쿠르토틱 프로파일(leptokurtotic profile)을 따르는데, 이는 종형 곡선(bell curve)과 유사하지만 표준적인 종형 곡선이 예상하는 것보다 좀 더 극단적인 변화가 있는 걸 말한다. 자연의 많은 측정치는 이 분포를 따르는데, 주식 시장에서의 가격 변화도 그러한 예다.[2]

---

1) 역자 주: 분포의 꼬리부분이 두껍게 나타나는 걸 일컬음.
2) 저자 주: Mandelbrot, Benoit, ed. 1997. Fractals and Scaling in Finance. New York: Springer-Verlag. ISBN: 0387983635.

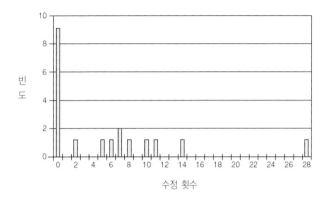

그림17.2　　　　　　　　　　리팩토링당 수정 횟수

| 테스트의 질 |

TDD의 부산물로 자연히 생기는 테스트들은 시스템의 수명이 다할 때까지 함께 유지돼야 할 만큼 확실히 유용하다. 하지만 이 테스트들이 다음과 같은 다른 종류의 테스트들을 대체할 수 있을 거라고 예상해서는 안 된다.

- 성능 테스트
- 스트레스 테스트
- 사용성 테스트

그렇지만 만약 테스트 주도 코드의 결함 밀도가 충분히 낮다면 전문 테스팅의 역할은 필연적으로 '어른의 감시'에서, 의사소통의 증폭기에 좀더 가까운 무언가로 바뀌게 될 것이다. 여기에서 의사소통이란, 시스템이 무엇을 해야 하는지에 대해 일반적으로 어떤 느낌을 갖고 있는 사람들과 시스템이 실제로 그 일을 하도록 만들 사람들 간의 의사소통이다. 전문 테스팅의 미래에 대해 길고 흥미로운 대화를 하는 대신에, 위에서 작성한 테스트에 대해 널리 사용되는 지표를 몇 가지 소개하겠다.

- 명령문 커버리지(statement coverage)는 테스트의 질에 대한 충분한 평가 기준이 될 수 없음이 확실하지만, 테스트의 시작점이다. TDD는 100%의 명령문 커버리지를 종교적으로 따른다. JProbe(www.sitraka. com/software/jprobe)[3]는 오직 한 메서드의 단 한 줄(Money.toString())만이 테스트 케이스에 의해 검증되지 않는다고 보고하는데, 이 메서드는 실제 모델 코드를 위해서 작성한 것이 아니라 디버깅을 위해 작성한 것이다.
- 결함 삽입(defect insertion)은 테스트의 질을 평가하는 또 다른 방법이다. 원리는 간단하다. 코드의 의미를 바꾼 후에 테스트가 실패하는지 보는 것이다. 이 작업은 수동으로 할 수도 있지만 Jester(jester. sourceforge.net) 같은 툴을 사용할 수도 있다. Jester는 내용을 변경해도 테스트가 실패하지 않는 단 한 줄(Pair.hashCode())의 코드가 있다고 보고하는데, 무조건 0을 반환하도록 한 곳이다. 0대신 다른 상수를 반환하도록 해도 실제로 프로그램의 의미가 변하지 않으므로 Jester가 삽입한 것을 실제로 결함(defect)이라고 볼 수는 없다.

이 책의 리뷰어 중 한 사람인 플립(Phlip)이 테스트 커버리지에 대해 한 이야기가 있는데, 여기서 되풀이할 가치가 있다. 전체 커버리지 수치는 프로그램의 서로 다른 경우를 테스트하는 테스트 수를 테스팅이 필요한 경우의 수(로직의 복잡도)로 나눈 것이다. 테스트 커버리지를 향상시키는 한 가지 방법은 더 많은 테스트를 작성하는 건데, 테스트 주도 개발자가 작성하는 테스트 코드의 수와 전문 테스터가 작성하는 테스트 코드의 수 사이

---

3) 역자 주: JProbe는 이 책의 초판이 쓰일 당시인 2000년대 초반에 쓰이던 소프트웨어인데 지금은 해당 링크가 열리지 않는다. 2022년 기준으로 널리 쓰이는 자바 커버리지 툴의 목록은 다음 웹페이지에서 확인하길 바란다.
https://en.wikipedia.org/wiki/Java_code_coverage_tools

의 엄청난 차이가 여기에서 온다. (32장에 이에 대한 구체적인 예가 나오는데, 같은 문제에 대해 나는 6개의 테스트를 작성한 반면 전문 테스터는 65개의 테스트를 작성했다). 테스트 커버리지를 향상시키는 또다른 방법은 테스트의 수는 그대로 두면서 프로그램의 로직을 단순화하는 것이다. 리팩토링 단계가 종종 다음과 같은 효과를 가져온다. 조건문이 메시징으로 바뀌거나 아예 사라진다. 플립의 말을 빌자면 "모든 입력의 경우(좀더 정확히 말하자면, 가능한 모든 경우를 효율적으로 줄인 샘플)를 따져서 테스트 커버리지를 높이는 대신에, 우리는 테스트는 그대로 두고 코드를 줄여서 동일한 테스트가 다양한 경우를 다루게 한다."

| 최종 검토 |

TDD를 가르칠 때 사람들이 자주 놀라는 세 가지는

- 테스트를 확실히 돌아가게 만드는 세 가지 접근법: 가짜로 구현하기, 삼각측량법, 명백하게 구현하기.
- 설계를 주도하기 위한 방법으로 테스트 코드와 실제 코드 사이의 중복을 제거하기.
- 길이 미끄러우면 속도를 줄이고 상황이 좋으면 속도를 높이는 식으로 테스트 사이의 간격을 조절할 수 있는 능력.

II부

xUnit 예시

테스트 주도 개발을 위한 도구의 구현에 대해 어떤 식으로 이야기해야 할까? 정말 어떻게? 당연히 테스트 주도로.

xUnit 아키텍처는 파이썬에서 아주 매끄럽게 도출되기 때문에, 2부에서는 언어를 파이썬으로 바꾸겠다. 그렇다고 걱정하지는 마라. 파이썬을 접해본 적이 없는 사람을 위해 간략히 설명을 할테니까. 2부를 끝내고 나면, 파이썬에 대해 개론적으로 이해하고, 자신만의 테스팅 프레임워크를 작성할 수 있게 될 것이며, 좀더 교묘한 TDD의 예를 알게 될 것이다. 그야말로 일석삼조다.

18장. xUnit으로 가는 첫걸음

테스트 툴을 만드는 과정에서 만들어지는 테스트 툴 자체를 사용한다는 것은 스스로 자신의 뇌를 수술하는 것과 비슷할 것 같다. ("거기 있는 운동 중추는 건들면 안돼, 오 이런, 죽었네.") 때때로 괴상해지기도 할 것이다. 그렇지만 테스트 프레임워크의 로직은 1부의 Money 예제보다 더 복잡하기 때문에 2부는 테스트 주도 개발을 통해 '실제' 소프트웨어를 만드는 발전된 예제로 생각할 수 있다. 또 2부를 자기 참조(self-referential) 프로그래밍에 대한 전산학 실습으로 생각할 수도 있다.

우선 테스트 케이스를 만들고 테스트 메서드를 실행할 수 있어야 한다. 예를 들면 TestCase("testMethod").run( ). 그런데 한 가지 부트스트랩의 문제가 있다. 우린 테스트 케이스를 작성하기 위해 사용할 프레임워크를 테스트하기 위한 테스트 케이스를 작성해야 하는 것이다. 아직 프레임워크가 없기 때문에 첫 번째 작은 단계는 수동으로 검증해야 할 것이다. 다행히 우리는 잘 쉬었고 또 긴장이 풀리고 마음에 여유가 생겼기 때문에 실수를 할 것 같지는 않은데, 그런 이유로 모든 것을 검증하면서 작은 단계를 밟아 나갈 것이다. 다음은 머릿속에 떠오른 테스트 프레임워크에 대한 할 일 목록이다.

테스트 메서드 호출하기
먼저 setUp 호출하기
나중에 tearDown 호출하기
테스트 메서드가 실패하더라도 tearDown 호출하기
여러 개의 테스트 실행하기
수집된 결과를 출력하기

물론 이번에도 테스트를 먼저 만들 것이다. 우리의 첫 번째 원시테스트에는 테스트 메서드가 호출되면 true, 그렇지 않으면 false를 반환할 작은 프로그램이 필요하다. 테스트 메서드 안에 플래그를 설정하는 테스트 케이스가 있다면, 그 테스트 케이스가 실행된 이후에 플래그를 인쇄해 볼 수 있고, 그러면 그게 맞는지 아닌지 확인해 볼 수 있다. 일단 한 번만 수동으로 검증하면 앞으로는 이 과정을 자동화할 수 있다.

부트스트랩 테스트를 위한 전략이 있다. 플래그를 가지고 있는 테스트 케이스를 만들 것이다. 테스트 메서드가 실행되기 전에는 플래그가 false인 상태여야 한다. 테스트 메서드가 플래그를 설정할 것이고, 테스트 메서드가 실행된 후에는 플래그가 true여야 한다. 메서드가 실행되었는지(was run)를 알려주는 테스트 케이스이므로 클래스 이름을 WasRun으로 하자. 플래그 역시 wasRun으로 하자(좀 혼란스러울 수도 있지만 둘 다 좋은 이름이다). 이제 'assert test.wasRun'과 같이 쓸 수 있게 됐다('assert'는 파이썬에 내장된 기능이다).

파이썬은 파일에서 읽는 순서대로 명령문을 실행하기 때문에, 테스트 메서드를 수동으로 호출하는 식으로 시작할 수 있다.

```
test= WasRun("testMethod")
print test.wasRun
test.testMethod()
print test.wasRun
```

이 코드는 메서드가 실행되기 전에 'None'을 출력하고, 그 후에 '1'을 출력할 것으로 예상된다(파이썬에서 None이란 null 혹은 nil과 비슷하고, 0 이나 다른 몇몇 객체와 함께 논리값 false의 의미를 갖는다). 하지만 이 코드는 우리 예상대로 실행되지 않는다. 아직 WasRun 클래스를 정의하지 않았기 때문이다(테스트 먼저, 테스트 먼저).

WasRun
```
class WasRun:
    pass
```

(pass라는 키워드는 클래스나 메서드 구현이 없을 때 사용한다.) 이제 우리는 wasRun이란 속성이 필요하다는 말을 듣는다. 인스턴스를 만들 때 그 속성도 만들 필요가 있다(편의를 위해 생성자는 __init__라고 부른다). 그 속에서, wasRun 플래그를 거짓(false)으로 설정한다.

WasRun
```
class WasRun:
    def __init__(self, name):
        self.wasRun= None
```

실행하면 'None'을 출력한 후, testMethod를 정의해야 한다고 알려 준다(IDE가 이 사실을 알아채고 스텁을 자동으로 생성해주고 해당 코드를 편집할 수 있는 창을 열어 준다면 얼마나 좋을까? 아니다, 지나치게 유용할 것이다.)

WasRun
```
def testMethod(self):
    pass
```

실행하면 'None', 'None'이 출력된다. 우리가 원하는건 'None', '1'이다. testMethod( ) 안에서 플래그를 설정하면 원하는 결과를 얻을 수 있다.

WasRun
```
def testMethod(self):
    self.wasRun= 1
```

이제 정답을 얻었다. 초록 막대다, 야호! 해야 할 리팩토링이 많이 남았지만 초록 막대를 유지하는 동안은 일단 진전한 것이다.

다음으로 필요한 것은 테스트 메서드를 직접 호출하는 대신 진짜 인터페이스인 run( ) 메서드를 사용하는 것이다. 테스트는 다음과 같이 변한다.

```
test= WasRun("testMethod")
print test.wasRun
test.run()
print test.wasRun
```

구현 코드는 다음과 같다.

WasRun
```
def run(self):
    self.testMethod()
```

그리고 테스트는 다시 올바른 값을 출력한다. 많은 리팩토링에 이런 느낌이 있다. 두 부분을 서로 분리하여 각각에 따로 작업할 수 있다. 작업이 끝날 때 두 부분이 원래대로 하나로 돌아간다면 그것도 괜찮다. 만약 그렇지 않으면 두 부분을 분리된 상태로 놔둘 수 있다. 이 경우에, 결국에는 TestCase 상위 클래스를 만들 것을 기대하지만, 우선은 예로 제시한 것의 부분들을 차별화해야 한다. 이 과정을 유사분열에 비유해 볼 수 있을 것 같은데, 그걸 설명하기엔 분자 생물학에 대한 내 지식이 충분치 않다.

다음 단계는 testMethod( )를 동적으로 호출하는 것이다. 파이썬의 가장 멋진 특징 중 하나는 클래스의 이름이나 메서드의 이름을 함수처럼 다룰 수 있다는 점이다(위의 코드에서 WasRun이 어떻게 호출되는지 관찰해보기 바란다). 테스트 케이스의 이름과 같은 문자열을 갖는 필드가 주어지면, 함수로 호출될 때 해당 메서드를 호출하게끔 하는 객체를 얻어낼 수 있다.[1]

WasRun

```
class WasRun:
    def __init__(self, name):
        self.wasRun= None
        self.name= name
    def run(self):
        method = getattr(self, self.name)
        method()
```

여기 또 다른 리팩토링의 일반적인 패턴이 있다. 하나의 특별한 사례에 대해서만 작동하는 코드를 가져다가 다른 여러 사례에 대해서도 작동할 수 있도록 상수를 변수로 변화시켜 일반화하는 것이다. 우리의 경우에, 상수는 데이터 값이 아니라 하드 코딩된 코드지만 이 경우에도 원리는 같다. 머릿속 순수한 추론에 의해 일반화하게 하지 않고, 잘 돌아가는 구체적인

---

1) 저자 주: 파이썬 초보의 실수를 지적해 주고, 더 파이썬적인 방법을 제안한 준 던칸 부쓰(Duncan Booth)에게 감사한다.

사례에서 시작하여 일반화할 수 있게 해 준다는 점에서 TDD는 이 리팩토링 패턴을 잘 지원한다.

이제 우리의 작은 WasRun 클래스는 독립된 두 가지 일을 수행한다. 하나는 메서드가 호출되었는지 그렇지 않은지를 기억하는 일이고, 또 다른 하나는 메서드를 동적으로 호출하는 일이다. 유사분열을 일으킬 시기다. 비어있는 TestCase 상위 클래스를 만들고 WasRun이 이를 상속받게 만들자.

TestCase
```
class TestCase:
    pass
```

WasRun
```
class WasRun(TestCase): . . .
```

이제 name 속성을 상위 클래스(superclass)로 끌어올리자.

TestCase
```
def __init__(self, name):
    self.name= name
```

WasRun
```
def __init__(self, name):
    self.wasRun= None
    TestCase.__init__(self, name)
```

마지막으로, run( ) 메서드는 상위 클래스에 있는 속성만을 사용하므로 이것도 상위 클래스로 올라가는 게 맞는 것 같다(난 항상 오퍼레이션을 데이터 근처에 놓을 방법에 대해 고민한다).

TestCase
```
def __init__(self, name):
    self.name= name
```

```
def run(self):
    method = getattr(self, self.name)
    method()
```

위의 각 단계마다 테스트를 실행해서 동일한 답이 나오는지 확인했다.

매번 'None'이랑 '1'이 나오는지 확인하는 것도 이제 슬슬 지겹다. 우리가 방금 만든 코드를 사용하여 이제 다음과 같이 바꿔 쓸 수 있다.

TestCaseTest
```
class TestCaseTest(TestCase):
    def testRunning(self):
        test= WasRun("testMethod")
        assert(not test.wasRun)
        test.run()
        assert(test.wasRun)
TestCaseTest("testRunning").run()
```

~~테스트 메서드 호출하기~~
먼저 setUp 호출하기
나중에 tearDown 호출하기
테스트 메서드가 실패하더라도 tearDown 호출하기
여러 개의 테스트 실행하기
수집된 결과를 출력하기

테스트 코드의 내용은 단순히 프린트문이 단언(assertion)으로 바뀐 것으로, 우리가 해낸 것이 메서드 추출의 한 복잡한 형태임을 알 수 있었다.

작은 비밀을 하나 알려 주겠다. 방금 보여준 개발 과정의 단계 크기가 우스꽝스러워 보인다. 반면에, 대략 총 여섯 시간 정도 걸려서(파이썬 자료를 찾아보는 데 시간이 많이 들었다) 밑바닥부터 새로 시작하는 걸 두 번 해보면서 좀더 큰 단계로 시도하기도 했는데, 두 번 다 실제로 코드가 제대로 작동하지 않으면서도 제대로 작동한다고 생각했다. 부트스트랩 단계를 넘어서려고 노력하고 있기 때문에, 이것은 TDD에서 최악의 경우일 것이다.

꼭 이런 작은 단계로 작업해야 하는 것은 아니다. 일단 TDD를 마스터하면 훨씬 큰 기능 단위로 작업할 수 있게 될 것이다. 하지만 TDD를 마스터하기 위해서는 필요할 때 이런 작은 단계로 작업하는 법을 배워야 한다.

다음 장에서는 테스트를 실행하기 전에 setUp( )을 호출하는 부분을 다룰 것이다. 그 전에 지금까지 한 것을 검토해보자. 우리는

- 자기 과신에 차서 몇 번의 잘못된 출발을 한 후, 아주 자그마한 단계로 시작하는 법을 알아냈다.
- 일단 하드코딩을 한 다음에 상수를 변수로 대체하여 일반성을 이끌어내는 방식으로 기능을 구현했다.
- 플러거블 셀렉터(Pluggable Selector)를 사용했다. 플러거블 셀렉터는 정적 코드 분석을 어렵게 만들기 때문에 앞으로 최소 4개월 안에는 사용하지 않기로 약속하자.
- 테스트 프레임워크를 작은 단계로만 부트스트랩했다.

19장. 테이블 차리기

테스트를 작성하다보면 공통된 패턴을 발견하게 될 것이다. (빌 웨이크 (Bill Wake)는 이 패턴을 3A라 부른다.)

  1. 준비(arrange) – 객체를 생성한다.

  2. 행동(act) – 어떤 자극을 준다.

  3. 확인(assert) – 결과를 검사한다.

~~테스트 메서드 호출하가~~

먼저 setUp 호출하기

나중에 tearDown 호출하기

테스트 메서드가 실패하더라도 tearDown 호출하기

테스트 여러 개 실행하기

수집한 결과를 출력하기

두 번째와 세 번째 단계인 행동과 확인 단계는 항상 다르지만, 처음 단계인 준비 단계는 여러 테스트에 걸쳐 동일한 경우가 종종 있다. 객체 7과 9가 있다고 치자. 이들을 더하면 16이 나와야 하고, 이들을 빼면 −2가 나와야 한다. 곱하면 63이 나올 것이다. 이와 같이 두 번째와 세 번째 단계는 다 다르지만 7과 9는 항상 반복된다.

만약 이 패턴이 서로 다른 스케일에서 반복된다면(실제로 그렇다) 테스트를 위해 새로운 객체를 얼마나 자주 생성해야 하는가 하는 문제에 직면하게 된다. 이 때 다음 두 가지 제약이 상충한다.

- 성능 – 우린 테스트가 될 수 있는 한 빨리 실행되길 원한다. 여러 테스트에서 같은 객체를 사용한다면, 객체 하나만 생성해서 모든 테스트가 이 객체를 쓰게 할 수 있을 것이다.
- 격리 – 우린 한 테스트에서의 성공이나 실패가 다른 테스트에 영향을 주지 않기를 원한다. 만약 테스트들이 객체를 공유하는 상태에서 하나의 테스트가 공유 객체의 상태를 변경한다면 다음 테스트의 결과에 영향을 미칠 가능성이 있다.

테스트 사이의 커플링은 확실히 지저분한 결과를 야기한다. 한 테스트가 깨지면, 다음 열 개의 테스트 코드가 올바르더라도 같이 깨지는 식이다. 또한 드물지만 매우 어려운 문제가 야기될 수 있다. 테스트가 실행되는 순서가 중요한 경우가 있는데, 만약 테스트 B를 실행하기 전에 테스트 A를 실행하면 둘 다 제대로 작동하지만 A를 실행하기 전에 B를 실행하면 테스트 A가 실패할 수 있다. 이와 관련하여 더 문제가 되는 상황이 있다. 테스트 B가 잘못됐지만 테스트 A를 먼저 실행했기 때문에 테스트 B가 통과하는 경우다.

테스트 커플링을 만들지 말 것. 지금 일단 객체 생성을 충분히 빠르게 할 수 있다고 가정해보자. 이럴 경우 테스트가 돌 때마다 객체를 생성하길 원할 것이다. 이것을 흉내낸 형태를 WasRun에서 보았는데, 거기에서 우리는 테스트를 실행하기 전에 어떤 플래그를 거짓으로 두기를 원했다. 이 것을 한 걸음 진전시키기 위해 우선 테스트가 필요하다.

TestCaseTest
```python
def testSetUp(self):
    test= WasRun("testMethod")
    test.run()
    assert(test.wasSetUp)
```

이 테스트를 실행하면(마지막 줄에 TestCaseTest("TestSetUp"). run( )을 추가해야 한다) 파이썬이 공손하게 wasSetUp 속성이 없다고 알려준다. 물론 없겠지. 아직 세팅하지 않았으니까. 다음 메서드에서 세팅해야 한다.

WasRun
```python
def setUp(self):
    self.wasSetUp= 1
```

이제 이 메서드를 호출하면 wasSetUp이 설정될 것이다. setUp을 호출하는 것은 TestCase가 할 일이니 그곳을 손보자.

TestCase
```python
def setUp(self):
    pass
def run(self):
    self.setUp()
    method = getattr(self, self.name)
    method()
```

테스트 케이스 하나를 돌아가게 하기 위해 두 단계가 필요한데, 이렇게 까다로운 상황에서는 너무 많은 단계다. 테스트가 잘 돌아가는지 확인해

보자. 그래, 잘 되는군. 하지만 당신이 뭔가를 배우고 싶다면, 한 번에 메서드를 하나 이상 수정하지 않으면서 테스트가 통과하게 만들 수 있는 방법을 찾아내려고 노력해라.

방금 만든 기능을 바로 적용하여 우리의 테스트를 짧게 줄일 수 있다. 우선 wasRun 플래그를 setUp에서 설정하도록 하면 WasRun을 단순화할 수 있다.

WasRun
```
def setUp(self):
    self.wasRun= None
    self.wasSetUp= 1
```

테스트를 실행하기 전에 플래그를 검사하지 않도록 testRunning을 단순화해야 한다. 우리 코드에서 이정도의 확신을 포기할 생각이 있는가? testSetUp이 존재할 경우에만 그렇다. 이것은 흔한 패턴이다. 다른 테스트가 존재하고 잘 돌아간다면(그리고 오직 그럴 때에만) 테스트를 단순화할 수 있다.

TestCaseTest
```
def testRunning(self):
    test= WasRun("testMethod")
    test.run()
    assert(test.wasRun)
```

테스트 자체도 단순화할 수 있다. 두 경우 모두 WasRun의 인스턴스를 생성하는데, 이것은 우리가 좀 전에 이야기한 바로 그 상황이다. WasRun을 setUp에서 생성하고 테스트 메서드에서 그걸 사용하게 할 수 있다. 각 테스트 메서드는 깨끗한 새 TestCaseTest 인스턴스를 사용하므로 두 개의 테스트가 커플링될 가능성은 없다(전역 변수를 설정한다거나 하는 엄청나게 지저분한 방법으로 두 객체가 얽혀있지는 않다고 가정하자).

TestCaseTest
```
def setUp(self):
    self.test= WasRun("testMethod")
def testRunning(self):
    self.test.run()
    assert(self.test.wasRun)
def testSetUp(self):
    self.test.run()
    assert(self.test.wasSetUp)
```

~~테스트 메서드 호출하기~~
~~먼저 setUp 호출하기~~
나중에 tearDown 호출하기
테스트 메서드가 실패하더라도 tearDown 호출하기
테스트 여러 개 실행하기
수집한 결과를 출력하기

다음 장에서는 테스트 메서드가 실행된 후에 호출될 tearDown( )을 구현할 것이다. 이번 장에서 한 일을 검토해보자. 우리는

- 일단은 테스트를 작성하는 데 있어 간결함이 성능 향상보다 더 중요하다고 생각하기로 했다.
- setUp( )을 테스트하고 구현했다.
- 예제 테스트 케이스를 단순화하기 위해 setUp( )을 사용했다.
- 예제 테스트 케이스에 대한 테스트 케이스를 단순화하기 위해 setUp( )을 사용했다(자기 자신에 대한 뇌수술과 비슷할 거라고 말한 바 있다).

20장. 뒷정리하기

~~테스트 메서드 호출하가~~
~~먼저 setUp 호출하가~~
나중에 tearDown 호출하기
테스트 메서드가 실패하더라도 tearDown 호출하기
테스트 여러 개 실행하기
수집한 결과를 출력하기

가끔은 setUp( )에서 외부 자원을 할당하는 경우가 있다. 테스트가 계속 서로 독립적이길 바란다면 외부 자원을 할당받은 테스트들은 작업을 마치기 전에 tearDown( ) 메서드 같은 곳에서 자원을 다시 반환할 필요가 있다.

단순하게 생각하면 할당 해제를 위한 테스트 방법은 역시 또 하나의 플래그를 도입하는 것이다. 하지만 이제는 이 플래그들이 날 귀찮게 만들기 시작한다. 그리고 플래그를 사용하는 방식은 메서드의 중요한 면을 하나

놓치고 있다. 바로 setUp( )은 테스트 메서드가 실행되기 전에 호출되어야 하고 tearDown( )은 테스트 메서드가 실행된 후에 호출되어야 한다는 점이다. 난 호출된 메서드의 로그를 간단히 남기는 식으로 테스트 전략을 바꿀 생각이다. 항상 로그의 끝부분에만 기록을 추가하면 메서드 호출 순서를 알 수 있게 될 것이다.

> ~~테스트 메서드 호출하기~~
> ~~먼저 setUp 호출하기~~
> 나중에 tearDown 호출하기
> 테스트 메서드가 실패하더라도 tearDown 호출하기
> 테스트 여러 개 실행하기
> 수집한 결과를 출력하기
> **WasRun에 로그 문자열 남기기**

WasRun
```
def setUp(self):
    self.wasRun= None
    self.wasSetUp= 1
    self.log= "setUp "
```

이제 testSetUp( )이 플래그 대신에 로그를 검사하도록 변경할 수 있다.

TestCaseTest
```
def testSetUp(self):
    self.test.run()
    assert("setUp " == self.test.log)
```

다음엔 wasSetup 플래그를 지울 수 있다. 그리고 테스트 메서드의 실행을 기록할 수도 있다.

WasRun
```
def testMethod(self):
    self.wasRun= 1
    self.log= self.log + "testMethod "
```

이 작업은 testSetUp을 실패하게 만든다. 왜냐하면 실제 로그는 'setUp testMethod'이기 때문이다. 예상되는 값 부분을 바꾸자.

TestCaseTest
```
def testSetUp(self):
    self.test.run()
    assert("setUp testMethod " == self.test.log)
```

이제 이 테스트는 두 개의 테스트가 할 일을 모두 수행한다. 따라서 testRunning을 지우고 testSetUp의 이름을 바꿔주자.

TestCaseTest
```
def setUp(self):
    self.test= WasRun("testMethod")
def testTemplateMethod(self):
    self.test.run()
    assert("setUp testMethod " == self.test.log)
```

불행히도 WasRun의 인스턴스를 한 곳에서만 사용하므로 꾀를 써서 setUp 부분을 분리했던 것을 되돌려 놓아야 한다.

TestCaseTest
```
def testTemplateMethod(self):
    test= WasRun("testMethod")
    test.run()
    assert("setUp testMethod " == test.log)
```

앞에서 두 번 사용한 것으로 인해 리팩토링했다가 이를 다시 되돌리는 일은 자주 있는 일이다. 어떤 사람들은 했던 일을 되돌리는 것을 싫어해서 중복이 서너 번 발생할 때까지 기다리기도 한다. 나는 내 사고 주기를 설계에 써버리는 것을 선호하기 때문에, 직후에 바로 취소하건 말건 걱정하지 않고 그냥 반사적으로 리팩토링한다.

~~테스트 메서드 호출하기~~
~~먼저 setUp 호출하기~~
나중에 tearDown 호출하기
테스트 메서드가 실패하더라도 tearDown 호출하기
테스트 여러 개 실행하기
수집한 결과를 출력하기
~~WasRun에 로그 문자열 남기기~~

이젠 tearDown( )을 구현할 준비가 됐다. 속았지? 이젠 tearDown( )을 테스트할 준비가 됐다.

TestCaseTest

```
def testTemplateMethod(self):
    test= WasRun("testMethod")
    test.run()
    assert("setUp testMethod tearDown " == test.log)
```

실패한다. 성공하게 만드는 것은 간단하다.

TestCase

```
def run(self):
    self.setUp()
    method = getattr(self, self.name)
    method()
    self.tearDown()
```

WasRun

```
def setUp(self):
    self.log= "setUp "
def testMethod(self):
    self.log= self.log + "testMethod "
def tearDown(self):
    self.log= self.log + "tearDown "
```

놀랍게도 WasRun이 아니라 TestCaseTest에서 에러가 난다. 아직 TestCase에 아무 일도 하지 않는 tearDown( )을 구현하지 않았다.

TestCase

```
def tearDown(self):
    pass
```

이번에는 우리가 지금 개발하는 동일한 테스팅 프레임워크를 써먹어서 이 득이 있었다. 야호! 리팩토링이 필요 없다. 아까 사소한 문제가 발생한 후에 있었던 명백한 구현은 제대로 작동했고 또 깨끗했다.

~~테스트 메서드 호출하기~~

~~먼저 setUp 호출하기~~

~~나중에 tearDown 호출하기~~

테스트 메서드가 실패하더라도 tearDown 호출하기

테스트 여러 개 실행하기

수집한 결과를 출력하기

~~WasRun에 로그 문자열 남기기~~

다음 장에서는 단언(assertion)에 관련된 문제가 있음을 파이썬의 에러 핸들링 및 리포팅 시스템이 보고하게 하는 대신 명확한 테스트 실행 결과를 보고할 수 있도록 하는 기능을 다룰 것이다. 그 전에 지금까지 한 것을

검토해 보자. 우리는

- 플래그에서 로그로 테스트 전략을 구조 조정했다.
- 새로운 로그 기능을 이용하여 tearDown( )을 테스트하고 구현했다.
- 문제를 발견했는데 뒤로 되돌아가는 대신 과감히 수정했다(이게 잘한 일일까?).

21장. 셈하기

테스트 메서드 호출하기

먼저 setUp 호출하기

나중에 tearDown 호출하기

테스트 메서드가 실패하더라도 tearDown 호출하기

테스트 여러 개 실행하기

수집한 결과를 출력하기

WasRun에 로그 문자열 남기기

난 테스트 메서드에서 예외가 발생하건 말건 tearDown( )이 호출되도록
보장해 주는 기능을 구현하려고 했다. 하지만 테스트가 작동하도록 하려
면 예외를 잡아야 한다. (그걸 알기에 시도했다가 다시 빼 버렸다) 만약 이
기능을 구현하다가 실수하면 예외가 보고되지 않기 때문에, 실수를 알아
챌 방법이 없다.

일반적으로 테스트를 구현하는 순서는 중요하다. 난 다음에 구현할 테

스트를 선택할 때, 나에게 뭔가 가르침을 줄 수 있고 내가 만들 수 있다는 확신이 드는 것을 선택한다. 만약 테스트를 하나 성공시켰는데 그 다음 테스트를 만들며 문제가 생기면 난 두 단계 뒤로 물러서는 것을 고려한다. 모든 테스트가 성공하던 매시점을 일종의 체크 포인트로 하여 임의로 되돌릴 수 있도록 프로그래밍 환경이 지원한다면 아주 좋을 것이다.

우린 여러 테스트를 실행하고 그 결과를 다음과 같이 보길 원한다. "5개 테스트가 실행됨, 2개 실패, TestCaseTest.testFooBar-ZeroDivide Exception, MoneyTest.testNegation-AssertionError". 그러면 테스트들이 더는 호출되지 않든지, 결과 보고가 멈추든지 간에, 우리에게는 최소한 그 에러를 잡을 수 있는 기회가 있다. 프레임워크가 자신이 아무것도 모르는 테스트 케이스 전부에 대해 자동 보고를 한다는 것은 좀 무리인 것 같다. 적어도 첫 번째 테스트 케이스로는 말이다.

우리는 TestCase.run( )이 테스트 하나의(지금은 하나지만 나중에 여러 개를 처리하도록 하자) 실행 결과를 기록하는 TestResult 객체를 반환하게 만들 것이다.

TestCaseTest
```
def testResult(self):
    test= WasRun("testMethod")
    result= test.run()
    assert("1 run, 0 failed" == result.summary())
```

가짜 구현으로 시작하자.

TestResult
```
class TestResult:
    def summary(self):
        return "1 run, 0 failed"
```

그리고 TestCase.run( )이 TestResult를 결과로 반환한다.

TestCase
```
def run(self):
    self.setUp()
    method = getattr(self, self.name)
    method()
    self.tearDown()
    return TestResult()
```

이제 테스트가 실행된다. 이제 summary( )의 구현을 조금씩 실체화(진짜를 만든다는 의미로)할 수 있다. 우선 실행된 테스트의 수를 상수로 만들 수 있다.

TestResult
```
def __init__(self):
    self.runCount= 1
def summary(self):
    return "%d run, 0 failed" % self.runCount
```

(파이썬의 %연산자는 sprintf와 같다.) 하지만 runCount가 상수일 수는 없다. 이 수치는 실제로 실행된 테스트의 수를 세서 계산되어야 한다. runCount를 0으로 초기화하고 테스트가 실행될 때마다 1씩 증가시키게 만들 수 있다.

TestResult
```
def __init__(self):
    self.runCount= 0
def testStarted(self):
    self.runCount= self.runCount + 1
def summary(self):
    return "%d run, 0 failed" % self.runCount
```

이제 이 훌륭한 새 메서드를 실제로 호출하게 만들어야 한다.

TestCase
```
def run(self):
    result= TestResult()
    result.testStarted()
    self.setUp()
    method = getattr(self, self.name)
    method()
    self.tearDown()
    return result
```

실패하는 테스트의 수를 나타내는 문자열 상수 '0'을 runCount를 실체
화했을 때와 마찬가지의 방법을 통해 변수로 만들 수는 있겠지만, 이 작업
을 하게끔 만들어주는 테스트가 아직 존재하지 않는다. 그러니 또 다른 테
스트를 하나 작성해야 한다.

TestCaseTest
```
def testFailedResult(self):
    test= WasRun("testBrokenMethod")
    result= test.run()
    assert("1 run, 1 failed" == result.summary())
```

testBrokenMethod( )는 다음과 같다

WasRun
```
def testBrokenMethod(self):
    raise Exception
```

~~테스트 메서드 호출하기~~

~~먼저 setUp 호출하기~~

~~나중에 tearDown 호출하기~~

테스트 메서드가 실패하더라도 tearDown 호출하기

테스트 여러 개 실행하기

~~수집한 결과를 출력하기~~

~~WasRun에 로그 문자열 남기기~~

실패한 테스트 보고하기

우리가 관심을 가져야 할 사항은 WasRun.testBrokenMethod에서 던진 예외를 처리하지 않았다는 점이다. 예외를 잡고 테스트가 실패했음을 테스트 결과에 적어 넣고 싶겠지만 잠시 동안 할일 목록에 남겨 두자.

이번 장에서 우리는

• 가짜 구현을 한 뒤에 단계적으로 상수를 변수로 바꾸어 실제 구현으로 만들었다.

• 또 다른 테스트를 작성했다.

• 테스트가 실패했을 때 좀더 작은 스케일로 또 다른 테스트를 만들어서 실패한 테스트가 성공하게 만드는 것을 보조할 수 있었다.

22장. 실패 처리하기

~~테스트 메서드 호출하기~~

~~먼저 setUp 호출하기~~

~~나중에 tearDown 호출하기~~

테스트 메서드가 실패하더라도 tearDown 호출하기

테스트 여러 개 실행하기

~~수집한 결과를 출력하기~~

~~WasRun에 로그 문자열 남기기~~

실패한 테스트 보고하기

우리는 실패한 테스트를 발견하면 좀더 세밀한 단위의 테스트를 작성해서 올바른 결과를 출력하는 걸 확인하겠다.

TestCaseTest

```
def testFailedResultFormatting(self):
    result= TestResult()
```

```
result.testStarted()
result.testFailed()
assert("1 run, 1 failed" == result.summary())
```

'testStarted( )'와 'testFailed( )'는 각각 테스트가 시작될 때와 테스트가
실패할 때 보낼 메시지다. 만약 이 메시지들이 위와 같은 순서로 호출되었
을 때 요약(summary) 문자열이 제대로 출력된다면 우리의 프로그래밍 문
제는 어떻게 이 메시지들을 보낼 것인가 하는 것으로 좁혀진다. 일단 메시
지를 보내기만 하면 전체가 제대로 동작할 거라는 걸 예상할 수 있다.

구현은 실패 횟수를 세는 것이다.

TestResult
```
def __init__(self):
    self.runCount= 0
    self.failureCount= 0
def testFailed(self):
    self.failureCount= self.failureCount + 1
```

횟수가 맞다면(우리가 정말 작은 단계를 밟았다면 테스트할 수도 있었겠
지만, 나는 지금 막 커피 약발이 들기 시작했기 때문에 당장은 신경 쓰지
않겠다) 우리는 제대로 출력할 수 있다.

TestResult
```
def summary(self):
    return "%d run, %d failed" % (self.runCount, self.failureCount)
```

이제 testFailed( )만 제대로 호출하면 예상되는 답을 얻을 수 있다. 언제
이걸 호출해야 할까? 테스트 메서드에서 던진 예외를 잡았을 때다.

TestCase
```
def run(self):
```

```
result= TestResult()
result.testStarted()
self.setUp()
try:
    method = getattr(self, self.name)
    method()
except:
    result.testFailed()
self.tearDown()
return result
```

이 메서드에는 교묘하게 숨겨진 부분이 있다. 위에서 작성한 대로라면 setUp( )에서 문제가 발생한 경우에는 예외가 잡히지 않을 것이다. 이건 바라는 바가 아니다. 우리가 원하는 건 테스트가 독립적으로 실행되는 것이다. 하지만 코드를 수정하기 위해선 또 다른 테스트가 필요하다(큰 딸 베싸니(Bethany)가 12살 때 처음 프로그래밍을 가르쳐 주었는데, 첫 프로그래밍 스타일로 TDD를 알려 주었다. 딸애는 다른 사람들도 자기처럼 깨진 테스트 없이는 코드를 절대 입력할 수 없을 거라고 생각한다. 하지만 우리는 항상 테스트를 먼저 작성해야 한다는 사실을 의식적으로 상기해야만 한다). 다음 테스트와 그 구현은 여러분을 위한 연습 문제로 남겨두겠다. (또 손가락이 아파 온다.)

~~테스트 메서드 호출하기~~
~~먼저 setUp 호출하기~~
~~나중에 tearDown 호출하기~~
테스트 메서드가 실패하더라도 tearDown 호출하기
테스트 여러 개 실행하기
~~수집한 결과를 출력하기~~
~~WasRun에 로그 문자열 남기기~~

다음에는 여러 테스트가 같이 실행될 수 있도록 만드는 일을 할 것이다. 이번 장을 검토해 보면, 우리는

- 작은 스케일의 테스트가 통과하게 만들었다.
- 큰 스케일의 테스트를 다시 도입했다.
- 작은 스케일의 테스트에서 보았던 메커니즘을 이용하여 큰 스케일의 테스트를 빠르게 통과시켰다.
- 중요한 문제를 발견했는데 이를 바로 처리하기보다는 할일 목록에 적어두었다.

23장. 얼마나 달콤한지[1]

~~테스트 메서드 호출하기~~
~~먼저 setUp 호출하기~~
~~나중에 tearDown 호출하기~~
테스트 메서드가 실패하더라도 tearDown 호출하기
테스트 여러 개 실행하기
~~수집한 결과를 출력하기~~
~~WasRun에 로그 문자열 남기기~~
~~실패한 테스트 보고하기~~
setUp 에러를 잡아서 보고하기

TestSuite를 다루지 않고는 xUnit을 떠날 수 없다. 파일의 끝부분에는 모든 테스트들을 호출하는 코드가 있는데, 좀 비참해 보인다.

---

1) 역자 주: 원제목은 'How Suite It Is' 다. 한 벌(suite)의 발음이 달콤하다(sweet)의 발음 과 같은 점을 이용한 말장난이다.

```
print TestCaseTest("testTemplateMethod").run().summary()
print TestCaseTest("testResult").run().summary()
print TestCaseTest("testFailedResultFormatting").run().summary()
print TestCaseTest("testFailedResult").run().summary()
```

놓친 디자인 요소를 찾기 위해 일부러 만드는 중복이 아니라면, 중복은
언제나 나쁘다. 여기서 우리는 테스트들을 모아서 한 번에 실행할 수 있는
기능을 원한다(테스트를 한 번에 하나씩만 실행시킨다면 테스트가 독립적
으로 돌아가도록 만들기 위해 고생하는 건 별 의미가 없다). TestSuite를
구현해야 하는 또 다른 장점은 컴포지트 패턴의 순수한 예제를 제공할 수
있다는 점이다. 우린 지금 테스트 하나와 테스트 집단을 동일하게 다루고
싶은 것이다.

TestSuite를 만들고 거기에 테스트를 몇 개 넣은 다음 이것을 모두 실행
하고 그 결과를 얻어내고 싶다.

TestCaseTest
```
def testSuite(self):
    suite= TestSuite()
    suite.add(WasRun("testMethod"))
    suite.add(WasRun("testBrokenMethod"))
    result= suite.run()
    assert("2 run, 1 failed" == result.summary())
```

add( ) 메서드를 구현하는 것은 그냥 테스트들을 리스트에 추가하는 작업
으로 끝난다.

TestSuite
```
class TestSuite:
    def __init__(self):
        self.tests= []
    def add(self, test):
        self.tests.append(test)
```

(파이썬 도움말: [ ]는 빈 컬렉션을 생성한다.)

run 메서드는 약간 어렵다. 우린 하나의 TestResult가 모든 테스트에 대해 쓰이길 바라기 때문에 다음과 같이 작성해야 한다.

TestSuite
```
def run(self):
    result= TestResult()
    for test in self.tests:
        test.run(result)
    return result
```

(파이썬 도움말: for tests in self.tests란 for 루프가 tests의 각 요소들에 대해 반복되며 각 요소들을 test에 할당하고, 다음에 이어지는 코드를 수행하는 것을 의미한다.) 그러나 컴포지트의 주요 제약 중 하나는 컬렉션이 하나의 개별 아이템인 것처럼 반응해야 한다는 것이다. 만약 TestCase. run( )에 매개 변수를 추가하게 되면 TestSuite.run( )에도 똑같은 매개 변수를 추가해야 한다. 세 가지 대안이 떠오른다.

- 파이썬의 기본 매개 변수 기능을 사용한다. 불행히도 기본값은 런타임이 아닌 컴파일타임에 평가되므로 하나의 TestResult를 재사용할 수 없게 된다.
- 메서드를 두 부분으로 나눈다. 하나는 TestResult를 할당하는 부분, 또 하나는 할당된 TestResult를 가지고 테스트를 수행하는 부분. 그런데 이 두 부분에 대한 좋은 이름이 떠오르질 않는다. 그것은 이렇게 나누는 것이 그리 좋은 전략이 아니라는 것을 뜻한다.
- 호출하는 곳에서 TestResults를 할당한다.

호출하는 곳에서 TestResults를 할당하는 전략을 선택하자. 이 패턴은 매개 변수 수집(collecting parameter)이라 부른다.

TestCaseTest

```
def testSuite(self):
    suite= TestSuite()
    suite.add(WasRun("testMethod"))
    suite.add(WasRun("testBrokenMethod"))
    result= TestResult()
    suite.run(result)
    assert("2 run, 1 failed" == result.summary())
```

이 해법은 run( )이 명시적으로 반환하지 않아도 된다는 추가적인 장점이
있다.

TestSuite

```
def run(self, result):
    for test in self.tests:
        test.run(result)
```

TestCase

```
def run(self, result):
    result.testStarted()
    self.setUp()
    try:
        method = getattr(self, self.name)
        method()
    except:
        result.testFailed()
    self.tearDown()
```

이제 파일 뒷부분에 있는 테스트 호출 코드를 정리할 수 있다.

```
suite= TestSuite()
suite.add(TestCaseTest("testTemplateMethod"))
suite.add(TestCaseTest("testResult"))
suite.add(TestCaseTest("testFailedResultFormatting"))
suite.add(TestCaseTest("testFailedResult"))
```

```
suite.add(TestCaseTest("testSuite"))
result= TestResult()
suite.run(result)
print result.summary()
```

~~테스트 메서드 호출하기~~
~~먼저 setUp 호출하기~~
~~나중에 tearDown 호출하기~~
테스트 메서드가 실패하더라도 tearDown 호출하기
테스트 여러 개 실행하기
~~수집한 결과를 출력하기~~
~~WasRun에 로그 문자열 남기기~~
~~실패한 테스트 보고하기~~
setUp 에러를 잡아서 보고하기
TestCase 클래스에서 TestSuite 생성하기

중복이 상당히 많은데, 주어진 테스트 클래스에 대한 테스트 슈트를 자동 생성할 방법이 있다면 그 중복을 제거할 수 있을 것이다.

하지만 우선 실패하는 테스트 세 개를 고쳐야 한다(이 테스트들은 기존의 인자 없는 run 인터페이스를 사용한다).

TestCaseTest
```
def testTemplateMethod(self):
    test= WasRun("testMethod")
    result= TestResult()
    test.run(result)
    assert("setUp testMethod tearDown " == test.log)
def testResult(self):
    test= WasRun("testMethod")
    result= TestResult()
    test.run(result)
    assert("1 run, 0 failed" == result.summary())
```

```
def testFailedResult(self):
    test= WasRun("testBrokenMethod")
    result= TestResult()
    test.run(result)
    assert("1 run, 1 failed" == result.summary())
```

각 테스트들이 TestResult를 할당하고 있음을 주목하자. 이것은 정확히 set-
Up( )으로 해결할 수 있는 문제다. TestResult를 setUp( )에서 생성하게 만
들면 테스트를 단순화할 수 있다. (대신 읽기가 조금 힘들어진다는 대가를
치러야 한다.)

TestCaseTest
```
def setUp(self):
    self.result= TestResult()
def testTemplateMethod(self):
    test= WasRun("testMethod")
    test.run(self.result)
    assert("setUp testMethod tearDown " == test.log)
def testResult(self):
    test= WasRun("testMethod")
    test.run(self.result)
    assert("1 run, 0 failed" == self.result.summary())
def testFailedResult(self):
    test= WasRun("testBrokenMethod")
    test.run(self.result)
    assert("1 run, 1 failed" == self.result.summary())
def testFailedResultFormatting(self):
    self.result.testStarted()
    self.result.testFailed()
    assert("1 run, 1 failed" == self.result.summary())
def testSuite(self):
    suite= TestSuite()
    suite.add(WasRun("testMethod"))
    suite.add(WasRun("testBrokenMethod"))
    suite.run(self.result)
```

```
assert("2 run, 1 failed" == self.result.summary())
```

~~테스트 메서드 호출하기~~

~~먼저 setUp 호출하기~~

~~나중에 tearDown 호출하기~~

테스트 메서드가 실패하더라도 tearDown 호출하기

~~테스트 여러 개 실행하기~~

~~수집한 결과를 출력하기~~

~~WasRun에 로그 문자열 남기기~~

~~실패한 테스트 보고하기~~

setUp 에러를 잡아서 보고하기

TestCase 클래스에서 TestSuite 생성하기

이 수많은 self 키워드들이 조금 지저분하긴 하지만 원래 그게 파이썬 문법이다. 만약 파이썬이 객체 언어였다면 self를 생략할 수 있게 되고, 그대신 전역 변수 참조에 대해 특별한 키워드를 명시하게끔 만들어졌을 것이다. 하지만 파이썬은 객체 지원이 추가된 스크립팅 언어다보니(하지만 확실히 말해두는데, 객체를 훌륭히 지원한다) 전역 참조가 암묵적으로 이루어지고 self에 대한 참조를 명시적으로 적어야 한다.

이 목록의 나머지 항목은 당신이 새로 배운 TDD 기술을 이용해 직접 해볼 수 있게 남겨두겠다.

이번 장에서 우리는

- TestSuite를 위한 테스트를 작성했다.
- 테스트를 통과시키지 못한 채 일부분만 구현하였다. 이것은 '규칙' 위반이다. 만약 그때 이걸 직접 발견했다면, 돈주머니에서 테스트 케이스 두 개를 공짜로 가져가도 좋다. 테스트를 통과시키고 초록 막대

상태에서 리팩토링할 수 있게 할 간단한 가짜 구현이 있을 것 같긴 한데, 지금은 그게 뭔지 잘 떠오르지 않는다.

- 아이템과 아이템의 모음(컴포지트)이 동일하게 작동할 수 있도록 run 메서드의 인터페이스를 변경하였고 마침내 테스트를 통과시켰다.
- 공통된 셋업 코드를 분리했다.

24장. xUnit 회고

자신만의 테스팅 프레임워크를 구현해야 할 때가 온다면 2부에서 보여 준 일련의 과정이 여러분의 길잡이가 되어 줄 것이다. 세세한 구현 사항보다는 우리가 사용한 테스트 케이스가 더 중요하다. 이 책에서 보여 준 테스트 케이스를 지원할 수 있다면 독립적이고 여러 테스트를 조합할 수 있는 테스트를 작성할 수 있을 것이고, 테스트 우선으로 개발할 준비가 될 것이다.

이 책을 쓰는 지금 xUnit은 30개 이상의 프로그래밍 언어에 포팅되어 있다. 여러분이 사용하는 언어에 이미 포팅되어 있을 가능성이 높다. 하지만 이미 구현되어 있더라도 여러분이 xUnit을 직접 구현해볼 만한 두 가지 이유가 있다.

- 숙달: xUnit의 정신은 간결함에 있다. 이에 대해 마틴 파울러는 '소프트웨어 공학 역사에서 이토록 많은 사람이 이렇게 짧은 코드로 이토록 큰 은혜를 입은 적이 없었다.'[1]고 말했다. 그러나 몇몇 구현은 내

식견으로는 조금 복잡해 보인다. 직접 만들어 사용하면 숙달된 도구를 쓰는 느낌을 받게 될 것이다.

- 탐험: 난 새로운 프로그래밍 언어를 처음 접하면 그 언어로 xUnit을 만들어본다. 테스트가 여덟 개에서 열 개 정도 통과할 때쯤이면 그 언어로 프로그래밍하면서 접하게 될 많은 기능을 한 번씩 경험해보게 된다.

xUnit을 사용하다 보면 단언(assertion)의 실패와 나머지 종류의 에러 사이에 큰 차이점이 있음을 알게 될 것이다. 일반적으로 단언 실패(assertion failure)가 디버깅 시간을 더 많이 잡아먹곤 한다. 이런 이유로 대부분의 xUnit 구현에서는 실패(단언 실패를 의미한다)와 에러를 구별한다. GUI에서는 종종 에러를 상단에 출력하는 식으로 이들을 구분한다.

JUnit은 간단한 Test 인터페이스를 선언하는데 TestCase와 TestSuite 모두 이를 상속받는다. 만약 JUnit 도구가 여러분의 테스트를 실행하게 만들고 싶다면 Test 인터페이스를 구현하면 된다.

```
public interface Test {
    public abstract int countTestCases();
    public abstract void run(TestResult result);
}
```

낙관적(동적) 타이핑(typing) 언어에서는 인터페이스에 대한 충성을 선언할 필요도 없다. 그냥 해당 오퍼레이션을 구현하면 된다. 스크립트 언어로 테스트를 작성한다면, 스크립트에서 countTestCases( )가 1을 반환하도록 구현하고 실패 시에 TestResult에 고지하도록 하면, 그 스크립트를 일반 TestCase와 함께 실행할 수 있다.

---

1) 역자 주: 윈스턴 처칠의 말에 장난을 친 것이다. "일찌기 인류의 역사를 통해 이토록 많은 사람이, 이토록 적은 사람들에 의해, 이렇게 큰 신세를 진 적이 없었다."

테스트 주도 개발의 패턴

다음에 이어질 내용은 TDD의 인기 있는 패턴 모음이다. 몇몇은 TDD 트릭이고, 어떤 것은 디자인 패턴이고, 또 어떤 것은 리팩토링이다. 당신이 이런 트릭 중 하나에 대해 익숙하다면, 여기 나온 패턴은 그런 주제들이 TDD와 어떤 관련이 있는지 보여줄 것이다. 반대로 이런 트릭이 낯설다고 해도 괜찮은데, 이 책에 나온 예를 따라가기에 충분한 내용을 접할 수 있고, 또 다른 책에서 좀더 포괄적으로 다룬 것들에 대한 전채요리에 해당하는 내용을 볼 수 있을 것이다.

25장. 테스트 주도 개발 패턴

어떻게 테스트할 것인가에 대하여 자세히 이야기하기 전에 우선 기본적인 전략에 관한 질문에 답해야 한다.

- 테스트한다는 것은 무엇을 뜻하는가?
- 테스트를 언제 해야 하는가?
- 테스트할 로직을 어떻게 고를 것인가?
- 테스트할 데이터를 어떻게 고를 것인가?

| 테스트(명사) |

작성한 소프트웨어를 어떻게 테스트할 것인가? 자동화된 테스트를 만들어라.

테스트하다(test)는 '평가하다'라는 뜻의 동사다. 그 어떤 소프트웨어 엔지니어도, 아주 확신에 찬 사람과 정말 얼렁뚱땅 넘어가는 사람을 제외한다면, 아무리 작은 변화라도 테스트하지 않고 릴리즈하지는 않는다. 여기까지 책을 따라왔다면, 당신이 어느 쪽도 아닐 거라고 가정하겠다. 당신이 변화를 테스트할 수 있다고 해도, 실제로 변화를 테스트하는 것은 '테스트를 갖고 있다'는 것과 똑같지 않다.[1] 테스트는 또한 '승인 또는 거부에 도달하는 과정'을 뜻하는 명사기도 하다. 어째서 명사로서의 테스트(자동으로 실행되는 과정)가 동사로서의 테스트(버튼을 몇 개 눌러보고 화면에 나오는 결과를 주시하는)와 다른 느낌을 주는 걸까?

다음은 제랄드 와인버그가 저술한 『Quality Software Management』 스타일의 영향도(influence diagram)다. 노드 사이의 화살표는 첫 번째 노드가 높아지면 두 번째 노드도 같이 높아지게 된다는 것을 의미하고, 동그라미가 그려진 화살표는 첫 번째 노드가 높아지면 반대로 두 번째 노드가 낮아지게 된다는 것을 의미한다.

스트레스가 증가하면 어떻게 될까?

 그림25.1　　　　　　　'테스트할 시간이 없다'의 죽음의 나선

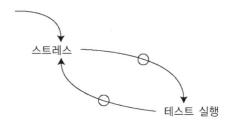

이것은 양성 피드백 고리(positive feedback loop)다. 스트레스를 많이 받으면 테스트를 점점 더 뜸하게 한다. 테스트를 뜸하게 하면 당신이 만드

---

1) 역자 주: 변화를 테스트한다는 것은(수작업) 테스트의 동사적 의미를 암시하고, 테스트를 갖고 있다는 것은(자동화) 테스트의 명사적 의미를 암시한다. 당신이 변화를 테스트한다고 할지라도, 변화를 테스트하는 것은 테스트를 갖고 있다는 것(자동화)과 똑같지 않다.

는 에러는 점점 많아질 것이다. 에러가 많아지면 더 많은 스트레스를 받게 된다. 씻어내고 다시 반복하라(rinse and repeat[2]).

어떻게 하면 이 고리에서 빠져나올 수 있을까? 새로운 요소를 도입하거나, 기존 요소와 바꿔치기 하거나, 화살표를 바꾸면 된다. 이 경우엔 '테스트'를 '자동화된 테스트'로 치환하면 된다.

"내가 이걸 고치면서 뭔가 다른 부분을 망가트리지 않았을까?" 그림 25.1은 업무의 역학을 보여준다. 자동화된 테스트가 있다면, 스트레스를 받기 시작할 때 테스트를 실행할 것이다. 테스트는 프로그래머를 위한 묘석인데, 두려움을 지루함으로 바꿔주는 효험이 있다. "음, 아무 문제 없군. 테스트가 여전히 초록 막대야." 스트레스를 더 많이 받을수록 테스트도 더 많이 실행한다. 테스트를 실행하면 즉시 좋은 느낌을 받게 되고 그러면 작업 중에 에러를 낼 일도 줄게 되며, 스트레스도 적어진다.

"테스트할 시간이 어딨어. 그냥 릴리즈해!" 이 장면에 대해서는 결과를 보장할 수 없다. 스트레스를 점점 많이 받으면 결국 실패하게 된다. 그러나 자동화된 테스트가 있다면 두려운 정도를 선택할 수 있다.

실패할 게 뻔하더라도 테스트를 작성한 후에는 반드시 실행해봐야 할까? 아니, 걱정하지 마라. 예를 들어보자. 예전에 매우 똑똑한 젊은 프로그래머 두 명과 메모리 기반 트랜잭션(모든 프로그래밍 언어가 반드시 구현해야 할 훌륭한 기능이다)을 구현한 적이 있다. 문제는 이렇다. 트랜잭션을 시작하고 변수를 변경한 후에 트랜잭션이 가비지 컬렉트(garbage collect)되도록 둔 경우에 롤백(rollback)을 어떻게 구현할 건가? 이걸 테스트하는 건 누워서 떡 먹기라네, 젊은이들. 물러서서 이 스승님이 하는 걸 보라고. 테스트는 이런 식으로 하면 된다네. 자, 이제 이걸 어떻게 구현할까?

---

2) 역자 주: 모 샴푸의 기발한 광고 문구에서 유행했다. 머리에 샴푸한 다음 씻어내고 다시 한번 샴푸하라는 의미로 샴푸 소비량을 많이 증가시켰다.

두 시간 후(그런 로우 레벨 기능을 구현하다가 실수하면, 보통 개발 환경을 뻗게 만들기 때문에 수 시간 낭패만 봤다.) 우린 처음으로 되돌아왔다. 테스트를 작성하고 실행해봤다. 통과한다. 이런…. 트랜잭션 메커니즘이란 결국 트랜잭션이 커밋되기 전까지 변수가 진짜로 변하면 안 된다는 것에 있다. 오케이, 당신은 좀더 나아가서 원한다면 새 테스트를 실행해도 좋을 것이다.

| 격리된 테스트 |

테스트를 실행하는 것이 서로 어떤 식으로 영향을 미쳐야 좋은가? 아무 영향이 없어야 한다.

내가 젊은 프로그래머였을 때, 아주아주 오래 전 우리가 눈 속에서 뭔가를 파내어 그걸 무거운 양동이에 담아 맨발로 우리의 큐비클[3]로 힘들게 돌아오고, 늑대는 우리의 피 묻은 작은 발자국을 따라오고… 미안하다, 잠시 추억에 잠겼다. 내가 처음으로 경험한 자동화된 테스트는, 내가 만들던 디버거를 위해 밤새도록 실행되는 GUI 기반 테스트(여러분도 알 것이다. 키보드와 마우스 이벤트를 기록했다가 재생하는 방식의 테스트 말이다)였다. (조시, 존 잘 지내나?) 매일 아침 출근하면 내 의자에는 지난밤 테스트 결과를 담은 종이더미가 놓여 있었다. (알, 잘 지내지?) 운이 좋으면 아무 것도 깨지지 않았음을 알리는 종이 한 장만 있었다. 어떤 날엔 장마다 실패가 하나씩 있는, 정말 많고 많은 종이가 놓여 있기도 했다. 의자에 종이더미가 쌓여 있는 날이면 악몽 같은 하루가 시작되는 것이다.

이 경험에서 두 가지 교훈을 얻었다. 하나는 테스트가 충분히 빨라서 내가 직접, 자주 실행할 수 있게끔 만들자는 것이다. 그렇게 되면 내가 만든 에러를 다른 누구보다 먼저 내가 잡을 수 있고, 더 이상 악몽 같은 아침도

---

3) 역자 주: 사무실의 파티션 한 구획.

없을 거다. 둘째 교훈은 어마어마한 양의 종이더미가 반드시 어마어마한 양의 문제를 의미하는 것은 아니라는 점이다. 앞 부분에서 실행된 테스트가 실패한 후 그 영향으로 다음 테스트부터는 시스템이 예측 불가능한 상태에 놓이는 경우가 허다하다.

이 문제를 해결하기 위해 각 테스트 사이에서 매번 시스템을 재가동하는 방법을 써봤지만 시간이 너무 오래 걸렸다. 이로 인해 또 다른 교훈을 얻었는데, 테스트는 전체 애플리케이션을 대상으로 하는 것보다 좀더 작은 스케일로 하는 게 좋다는 것이다. 어쨌건 주된 교훈은 각각의 테스트는 다른 테스트와 완전히 독립적이어야 한다는 것이다. 즉 문제가 하나면 테스트도 하나만 실패해야 하고, 문제가 둘이면 테스트도 두 개만 실패해야 한다.

격리된 테스트가 암묵적으로 내포하는 특징 중 하나는 테스트가 실행 순서에 독립적이게 된다는 점이다. 테스트의 일부만 실행해보고 싶으면, 선행 테스트가 실행되지 않아서 내가 고른 테스트들이 실패하지 않을까 걱정할 필요 없이 그렇게 할 수 있어야 한다.

성능 문제는 테스트가 데이터를 공유해야 하는 이유로 자주 언급된다. 격리된 테스트가 내포하는 게 또 하나 있는데, 이는 주어진 문제를 작은 단위로 분리하기 위해 노력해서(때론 매우 많은 노력이 필요하다) 각 테스트를 실행하기 위한 환경을 쉽고 빠르게 세팅할 수 있게 해야 한다는 것이다. 테스트를 격리하기 위한 작업은 결과적으로 시스템이 응집도는 높고 결합도는 낮은 객체의 모음으로 구성되도록 한다. 나는 이러한 방식으로 시스템을 설계하는 것이 좋다는 말을 항상 들었고, 이런 설계를 얻어냈을 땐 기뻐했다. 하지만 일상적으로 격리된 테스트를 하는 습관을 들이기 전까지는 어떻게 하면 이렇게 응집도를 높이고 결합도를 낮출 수 있는지 정확히 이해할 수 없었다.

| 테스트 목록 |

뭘 테스트해야 하나? 시작하기 전에 작성해야 할 테스트 목록을 모두 적어둘 것. 프로그래밍 스트레스를 줄이기 위한 우리 접근법의 첫 단계는 발 디딜 곳이 확실해지기 전엔 결코 발을 떼어 전진하지 말자는 것이다. 프로그래밍하기 위해 자리에 앉았을 때, 우리가 성취하고자 하는 것은 무엇인가?

목표에서 벗어나지 않고 집중할 수 있는 한 가지 전략은 모든 걸 머릿속에 넣어 두는 것이다. 이 방법을 몇 년간 시도해본 결과 양성(positive) 피드백 고리에 빠지게 된다는 것을 알게 됐다. 경험이 축적될수록 할일 목록이 많아진다. 할일 목록이 많아질수록 내가 하던 일에 대한 집중력이 떨어지고 성취도는 낮아진다. 성취도가 낮아지면 할일 목록은 더 많아진다.

그냥 머릿속에 있는 목록에서 임의의 항목을 무시하고 변덕스럽게 프로그래밍해 봤지만, 이 고리를 깨지는 못했다.

나는 향후 몇 시간 내로 해치워야 하는 모든 할일 목록을 컴퓨터 옆에 있는 종이 조각에 적어놓는 습관을 갖게 됐다. 비슷하게, 주 혹은 월 단위 목록도 만들어서 벽에 붙여뒀다. 이걸 다 적기만 하면 앞으로는 할일을 놓치지 않게 될 것이다. 새로운 항목이 나타나면 나는 빠르고 의식적으로 이 항목이 '지금' 할일에 속하는지 '나중에' 할일에 속하는지, 또는 할 필요가 없는 일인지를 결정한다.

이를 테스트 주도 개발에 적용해보면, 구현해야 할 것들에 대한 테스트를 목록에 적게 된다. 우선 구현할 필요가 있는 모든 오퍼레이션의 사용 예들을 적는다. 그 다음, 이미 존재하지 않는 오퍼레이션에 대해서는 해당 오퍼레이션의 널 버전(아무 일도 하지 않는 버전)을 리스트에 적는다. 마지막으로 깔끔한 코드를 얻기 위해 이번 작업을 끝내기 전에 반드시 해야 할 리팩토링 목록을 적는다.

테스트의 윤곽만 잡는 대신, 한 걸음 더 나아가 테스트를 전부 구현할 수도 있다. 내 경우에 테스트를 한번에 다 만들어 놓는 방법이 먹히지 않았던 두 가지 이유가 있다. 첫째, 만들어진 모든 테스트는 리팩토링에 대해 약간의 관성을 갖는다. 자동화된 리팩토링 도구(예를 들어 변수의 선언부와 모든 참조를 찾아서 한번에 이름 바꾸기를 수행해 주는 메뉴 항목 같은 것)가 있다면 이것은 별 문제가 안 된다. 그렇지 않다면 열 개의 테스트를 만든 후에 매개 변수의 순서를 반대로 하는 게 좋을 거라는 사실을 발견하더라도 여러분은 아마 이 순서를 바꾸지 않으려 할 것이다. 둘째, 열 개의 테스트가 실패했다면 초록 막대를 보는 것은 한참 멀었다. 빨리 초록 막대를 볼 방법은 열 개의 테스트를 몽땅 지워버리는 것뿐이다. 만약 모든 테스트가 통과하도록 하려면 오랫동안 빨간 막대 상태에 머물러야 한다. 만약 여러분이 초록 막대에 중독돼서 초록 막대를 보기 전에는 잠자리에 들 수 없을 지경이라면 이 시간은 영원과도 같을 것이다.

신중한 등반가들은 등반할 때 두 다리와 두 팔 중 셋은 항상 고정한다는 규칙을 따른다. 양 팔, 양 다리 중 둘 이상을 동시에 움직이는 역동적인 움직임은 훨씬 위험하다. 초록 막대 상태에서 한 번에 한 개만 수정하는 순수한 형태의 TDD는 이 규칙(四中三 법칙)과 비슷하다.

테스트를 통과하게 만드는 과정에서 여러분이 작성한 코드들은 새로운 테스트가 필요함을 암시적으로 알려줄 것이다. 이 새 테스트를 리팩토링과 마찬가지로 할일 목록에 적어 놓아라.

"이 부분이 점점 지저분해지네요."

"(에휴,) 목록에 적어둡시다. 체크인하기 전에 다듬어 보지요."[4]

세션이 끝났을 때 목록에 남아 있는 항목들은 따로 신경 쓸 필요가 있다.

---

4) 역자 주: 혼잣말이 아닌 대화 형식인 걸로 보아 짝 프로그래밍(pair programming)을 하는 모양이다.

어떤 기능을 하나 진행하는 중이라면 다음 번에도 똑같은 목록을 사용하라. 현재 작업 범위를 넘어서는 큰 리팩토링 거리를 발견한다면, '다음' 할일 목록으로 옮겨라. 나는 테스트 케이스 하나라도 '다음' 목록으로 넘긴 기억이 없다. 제대로 작동하지 않는 테스트를 하나라도 생각할 수 있다면, 그걸 제대로 되게 하는 것이 코드를 릴리즈하는 것보다 더 중요하다.

| 테스트 우선 |

테스트를 언제 작성하는 것이 좋을까? 테스트 대상이 되는 코드를 작성하기 직전에 작성하는 것이 좋다.

코드를 작성한 후에는 테스트를 만들지 않을 것이다. 프로그래머로서 여러분의 목표는 기능이 실행되도록 만드는 것이다. 하지만 또 한편으로는 프로그램의 설계에 대해 생각해볼 시간도 필요하고 작업 범위를 조절할 방법도 필요할 것이다.

스트레스와 테스트('스트레스 테스트'와는 다르다)의 관계를 나타내는 일반적인 영향도(이 장의 앞에 있는 「테스트(명사)」 부분 참고)를 보면 위쪽에 있는 스트레스는 아래쪽에 있는 테스트와 음성적으로 연결되어 있다. 스트레스를 받을수록 테스트가 충분치 못할 가능성이 높아진다. 테스트를 충분히 하지 못했다고 생각하면 스트레스는 더 커진다. 양성 피드백 고리다. 이번에도 역시 이 고리에서 빠져나갈 방법이 필요하다.

테스트를 먼저 해야 한다는 규칙을 도입해보면 어떨까? 그렇게 하면 영향도를 뒤집을 수 있고 효과적인 주기를 만들어내게 된다. 위쪽에 있는 '테스트 먼저'가 아래쪽에 있는 스트레스에 음성적으로 연결된다.

테스트를 먼저 하면 스트레스가 줄고, 따라서 테스트를 더 많이 하게 된다. 하지만 스트레스를 유발하는 다른 원인들이 많기 때문에 테스트는 또 다른 효과적인 주기의 영향도 함께 받아야 할 것이다. 그렇지 않으면 스트레스가 높아지면 다시 테스트하지 않게 될지도 모른다. 그러나 테스트가 주는 즉각적인 이익들(테스트는 프로그램 설계와 작업 범위 조절에 유용하다)은 스트레스가 어느 정도 존재할 때도 테스트를 작성하는 것이 좋음을 우리에게 알려준다.

| 단언 우선 |

테스트를 작성할 때 단언(assert)은 언제쯤 쓸까? 단언을 제일 먼저 쓰고 시작하라. 자기유사성(self-similarity)이란 참 멋지지 않은가?

- 시스템을 개발할 때 무슨 일부터 하는가? 완료된 시스템이 어떨 거라고 알려주는 이야기[5]부터 작성한다.
- 특정 기능을 개발할 때 무슨 일부터 하는가? 기능이 완료되면 통과할 수 있는 테스트부터 작성한다.
- 테스트를 개발할 때 무슨 일부터 하는가? 완료될 때 통과해야 할 단언부터 작성한다.

제임스 뉴커크(Jim Newkirk)가 나에게 이 방법을 알려주었다. 단언을 먼저 작성하면 작업을 단순하게 만드는 강력한 효과를 볼 수 있다. 구현에 대해 전혀 고려하지 않고 테스트만 작성할 때도 사실 여러분은 몇 가지 문제들을 한번에 해결하는 것이다.

- 테스트하고자 하는 기능이 어디에 속하는 걸까? 기존의 메서드를 수정해야 하나, 기존의 클래스에 새로운 메서드를 추가해야 하나, 아니면 이름이 같은 메서드를 새 장소에? 또는 새 클래스에?

---

5) 역자 주: 익스트림 프로그래밍의 사용자 스토리(user story)를 말한다. 사용자 스토리는 기존 방법론의 요구사항 문서와 비슷한데, 훨씬 짧고 비격식적이다. 통상 자그마한 인덱스 카드 한 장에 하나의 스토리를 기록한다.

- 메서드 이름은 뭐라고 해야 하나?

- 올바른 결과를 어떤 식으로 검사할 것인가?

- 이 테스트가 제안하는 또 다른 테스트에는 뭐가 있을까?

내 콩알만한 뇌로 이 많은 문제를 한번에 잘 해결하기엔 문제가 좀 있다. 이 중 "올바른 결과는 무엇인가?", "어떤 식으로 검사할 것인가?"는 나머지 문제에서 쉽게 분리할 수 있다.

예를 들어보자. 소켓을 통해 다른 시스템과 통신하려 한다고 가정하자. 통신을 마친 후 소켓은 닫혀 있고, 소켓에서 문자열 'abc'를 읽어와야 한다고 치자.

```
testCompleteTransaction() {
    ...
    assertTrue(reader.isClosed());
    assertEquals("abc", reply.contents());
}
```

reply는 어디에서 얻어오나? 물론 socket이다.

```
testCompleteTransaction() {
    ...
    Buffer reply= reader.contents();
    assertTrue(reader.isClosed());
    assertEquals("abc", reply.contents());
}
```

그럼 socket은 어디에서 나오나? 서버에 접속할 때 생성된다.

```
testCompleteTransaction() {
    ...
    Socket reader= Socket("localhost", defaultPort());
    Buffer reply= reader.contents();
```

```
    assertTrue(reader.isClosed());
    assertEquals("abc", reply.contents());
}
```

물론 이 작업을 하기 전에 서버를 먼저 열어야 한다.

```
testCompleteTransaction() {
    Server writer= Server(defaultPort(), "abc");
    Socket reader= Socket("localhost", defaultPort());
    Buffer reply= reader.contents();
    assertTrue(reader.isClosed());
    assertEquals("abc", reply.contents());
}
```

아직 실제 용도에 맞게 이름을 수정하는 일이 남아 있긴 하지만 지금 까지 아주 작은 단계로 빠른 피드백을 받으며 테스트의 아웃라인을 만들 었다.

| 테스트 데이터 |

테스트할 때 어떤 데이터를 사용해야 하는가? 테스트를 읽을 때 쉽고 따라가기 좋을 만한 데이터를 사용하라. 테스트 작성에도 청중이 존재한다. 단지 데이터 값을 산발하기 위해 데이터 값을 산발하지 마라. 데이터 간에 차이가 있다면 그 속에 어떤 의미가 있어야 한다. 1과 2 사이에 어떠한 개념적 차이점도 없다면 1을 사용하라.

테스트 데이터 패턴이 완전한 확신을 얻지 않아도 되는 라이선스는 아니다. 만약 시스템이 여러 입력을 다루어야 한다면 테스트 역시 여러 입력을 반영해야 한다. 하지만 세 항목만으로 동일한 설계와 구현을 이끌어낼 수 있다면 굳이 항목을 열 개나 나열할 필요는 없다.

테스트 데이터 패턴의 한 가지 트릭은 여러 의미를 담는 동일한 상수를 쓰지 않는 것이다. 만약 plus( ) 메서드를 구현하려고 한다면 고전적 예제인 2+2 혹은 1+1을 쓰고 싶을 것이다. 만약 구현에서 인자의 순서가 뒤집힌다면 어떻게 될까? (그래 그래, plus( )에서야 순서가 뒤집혀도 상관이 없겠지. 하지만 내가 무슨 말을 하려고 하는지 눈치챘을 것이다.) 우리가 첫 번째 인자로 2를 썼다면 두 번째 인자는 3을 써야 한다. (3+4는 옛날 새로운 스몰토크 가상머신을 불러올 때 분수령이 되는 테스트였다.)

테스트 데이터에 대한 대안은 실제 세상에서 얻어진 실제 데이터를 사용하는 것이다. 실제 데이터는 다음과 같은 경우에 유용하다.

- 실제 실행을 통해 수집한 외부 이벤트의 결과를 이용하여 실시간 시스템을 테스트하고자 하는 경우.
- 예전 시스템의 출력과 현재 시스템의 출력을 비교하고자 하는 경우 (병렬 테스팅).
- 시뮬레이션 시스템을 리팩토링한 후 기존과 정확히 동일한 결과가 나오는지 확인하고자 할 경우. 특히 부동소수점 값의 정확성이 문제가 될 수 있다.

| 명백한 데이터 |

데이터의 의도를 어떻게 표현할 것인가? 테스트 자체에 예상되는 값과 실제 값을 포함하고 이 둘 사이의 관계를 드러내기 위해 노력하라. 테스트를 작성할 때는 컴퓨터뿐 아니라 후에 코드를 읽을 다른 사람들도 생각해야 한다. 수십 년 후 누군가가 와서(혹은 자기가 예전에 만든 코드를 보며) 질문할 것이다. "대체 이 자식이 뭔 생각으로 이 코드를 만든 거야?" 이 짜증 내는 사람이 여러분 자신이 될 수도 있다는 것을 생각하면 코드에 될 수 있는 한 많은 실마리를 남기고 싶을 것이다.

예를 들어보자. 한 통화를 다른 통화로 환전하려고 하는데, 이 거래에는 수수료 1.5%가 붙는다. USD에서 GBP로 교환하는 환율이 2:1이라면 $100를 환전하려면 50GBP − 1.5% = 49.25GBP여야 한다.

이 테스트를 다음과 같이 쓸 수 있다.

```
Bank bank= new Bank().
bank.addRate("USD", "GBP", STANDARD_RATE);
bank.commission(STANDARD_COMMISSION);
Money result= bank.convert(new Note(100, "USD"), "GBP");
assertEquals(new Note(49.25, "GBP"), result);
```

또는 계산을 더 명확히 표현할 수도 있다.

```
Bank bank= new Bank();
bank.addRate("USD", "GBP", 2);
bank.commission(0.015);
Money result= bank.convert(new Note(100, "USD"), "GBP");
assertEquals(new Note(100 / 2 * (1 - 0.015), "GBP"), result);
```

이 테스트에서는 입력으로 사용된 숫자와 예상되는 결과 사이의 관계를 읽어낼 수가 있다.

명백한 데이터가 주는 또 다른 이점은 프로그래밍이 더 쉬워진다는 것이다. 단언 부분에 일단 수식을 써놓으면 다음으로 무엇을 해야 할지 쉽게 알게 된다. 이런 경우 어떻게든 나눗셈과 곱셈을 수행할 프로그램을 만들어야 한다는 걸 알게 되는 것이다. 이 오퍼레이션이 어디에 속할지를 점진적으로 알아내기 위해 가짜 구현을 해볼 수도 있다.

명백한 데이터는 코드에 매직넘버[6]를 쓰지 말라는 것에 대한 예외적인

---

6) 역자 주: 프로그램 로직 안에 상수를 직접 쓰는 것을 의미한다. 일반적으로 적절한 이름의 기호 상수(symbolic constant)를 정의하여 사용하는 것이 좋다.

규칙일 수도 있다. 단일 메서드의 범위에서라면, 5라는 숫자(어떤 매직넘버) 사이의 관계는 명백하다. 하지만 이미 정의된 기호 상수가 있다면 나는 그것을 사용할 것이다.

26장. 빨간 막대 패턴

이 패턴들은 테스트를 언제 어디에 작성할 것인지, 테스트 작성을 언제 멈출지에 대한 것이다.

| 한 단계 테스트 |

목록에서 다음 테스트를 고를 때 무엇을 기준으로 할 것인가? 여러분에게 새로운 무언가를 가르쳐 줄 수 있으며, 구현할 수 있다는 확신이 드는 테스트를 고를 것.

각 테스트는 여러분을 최종 목표로 한 단계 진전시켜 줄 수 있어야 한다. 다음 테스트 목록 중 무엇을 고르는 게 좋을까?

- 더하기
- 빼기
- 곱하기

- 나누기
- 비슷한 것 더하기
- 동치성(equals)
- 널과의 동치성(equals null)
- 널 환전
- 한 개의 통화를 환전하기
- 두 개의 통화를 환전하기
- 환시세

정답은 없다. 내가 이런 걸 한 번도 만들어 보지 않았다고 치면, 내게 한 단계의 크기는 경험이 풍부한 여러분의 한 단계에 비해 1/10 정도일 것이다. 이 목록에서 한 단계 전진을 나타낼 만한 것을 못 찾았다면 직접 하나 추가해 보기 바란다.

내가 테스트 목록을 볼 땐 보통 이런 식이다. "이건 뻔하지, 이것도 뻔하고, 이건 잘 모르겠군, 이건 뻔하고, 이건… 내가 무슨 생각으로 적은 거지? 아, 이건 할 수 있겠다." 이 마지막 테스트가 바로 내가 다음으로 구현할 테스트인 것이다. 뻔하진 않지만 구현할 수 있다는 확신이 있다.

전체 계산 중 간단한 하나의 사례를 나타내는 테스트에서 시작했다면, 이 테스트를 통해 자라는 프로그램은 하향식(top-down)으로 작성된 것으로 보일 수 있다. 반면 전체의 작은 한 조각을 나타내는 테스트에서 시작하여 조금씩 붙여나가는 식이었다면, 이 프로그램은 상향식(bottom-up)으로 작성된 것으로 보일 수도 있다.

사실은 상향식, 하향식 둘 다 TDD의 프로세스를 효과적으로 설명해 줄 수 없다. 첫째로 이와 같은 수직적 메타포는 프로그램이 시간에 따라 어떻게 변해 가는지에 대한 단순화된 시각일 뿐이다. 이보다 성장(growth)이란 단어를 보자. '성장'은 일종의 자기유사성을 가진 피드백 고리를 암시하는데, 이 피드백 고리에서는 환경이 프로그램에 영향을 주고 프로그램이 다시 환경에 영향을 준다. 둘째로, 만약 메타포가 어떤 방향성을 가질 필요가 있다면 (상향 혹은 하향보다는) '아는 것에서 모르는 것으로(known-to-unknown)'라는 방향이 유용할 것이다. '아는 것에서 모르는 것으로'는 우리가 어느 정도의 지식과 경험을 가지고 개발을 시작한다는 점, 개발하는 중에 새로운 것을 배우게 될 것임을 예상한다는 점 등을 암시한다. 이 두 가지를 합쳐보자. 우리는 아는 것에서 모르는 것으로 성장하는 프로그램을 갖게 된다.

| 시작 테스트 |

어떤 테스트부터 시작하는 게 좋을까? 오퍼레이션이 아무 일도 하지 않는 경우를 먼저 테스트할 것.

새 오퍼레이션에 대한 첫 질문은 다음과 같을 것이다. "이 오퍼레이션을 어디에 넣어야 하지?" 이 질문에 답하기 전까지는 테스트에 뭘 적어야 할지 알 수 없을 것이다. 한 번에 한 문제만 해결하자는 의미에서 다른 질문은 다 빼고 딱 이 질문만 생각할 방법은 무엇인가?

첫 걸음으로 현실적인 테스트를 하나 작성한다면 상당히 많은 문제를 한번에 해결해야 하는 상황이 될 것이다.

- 이 오퍼레이션을 어디에 두어야 하나?
- 적절한 입력 값은 무엇인가?
- 이 입력들이 주어졌을 때 적절한 출력은 무엇인가?

현실적인 테스트 하나로 시작하면 너무 오랫동안 피드백이 없을 것이다. 빨강/초록/리팩토링, 빨강/초록/리팩토링. 여러분은 이 고리가 몇 분 이내로 반복되길 원할 것이다.

정말 발견하기 쉬운 입력과 출력을 사용하면 이 시간을 짧게 줄일 수 있다. 예를 들어 XP 뉴스그룹에 누군가가 다각형 축소기(polygon reducer)를 테스트 우선으로 어떻게 작성할지 질문했다. 입력은 다각형 그물이고, 출력은 정확하게 똑같은 표면이면서 가능한 한 최소 개수의 다각형으로 구성된 다각형 그물이 된다. "테스트를 작동하도록 하는 데 박사 학위 논문을 읽어야 하는 경우, 이 문제를 어떻게 테스트 주도로 접근할 수 있을까요?"

시작 테스트 패턴이 이 문제에 대한 답을 준다.

- 출력이 입력과 같은 경우가 있다. 어떤 형상(configuration)의 다각형들은 이미 정규화되어 있고 더 축소할 수 없다.
- 입력은 가능한 한 적어야 한다. 이를테면 다각형 하나 또는 아예 비어 있는 다각형 목록일 수도 있다.

나는 다음 시작 테스트를 작성했다.

```
Reducer r= new Reducer(new Polygon());
assertEquals(0, reducer.result().npoints);
```

짠! 첫 번째 테스트가 돌아간다. 이제 목록에 있는 나머지 테스트를 처리할 차례다.

한 단계 테스트는 시작 테스트에도 적용된다. 당신에게 뭔가를 가르쳐줄 수 있으면서도 빠르게 구현할 수 있는 테스트를 선택하라. 만약 당신이 어떤 애플리케이션을 n번째 구현하고 있다면, 오퍼레이션을 한두 개 필요로 하는 테스트를 하나 골라라. 당신은 그걸 작동하게 할 수 있을 거라 자신할 것이다. 만약 뭔가 어렵고 복잡한 것을 처음 구현해보고 있다면 당신은 즉각 조그만 용기의 알약을 하나 먹어야 한다.

많은 경우 나의 시작 테스트는 그 이후의 테스트에 비해 좀더 높은 차원의 테스트로, 애플리케이션 테스트와 비슷하다. 내가 자주 테스트 주도로 개발하는 예 중 하나는 간단한 소켓 기반 서버다. 첫 번째 테스트는 다음과 같다.

```
StartServer
Socket= new Socket
Message= "hello"
Socket.write(message)
AssertEquals(message, socket.read)
```

이제 나머지 테스트는 서버만으로 이루어질 수 있다. "우리가 이런 문자열을 받았다고 치고…."

| 설명 테스트 |

자동화된 테스트가 더 널리 쓰이게 하려면 어떻게 해야 할까? 테스트를 통해 설명을 요청하고 테스트를 통해 설명하라.

팀에서 혼자 TDD를 한다면 꽤나 어려움을 느낄 수도 있다. 하지만 머지않아, 테스트된 코드의 통합 문제와 결함 보고가 줄어드는 것을 팀에서 알아챌 것이고, 설계는 더 단순해지고 설명하기에 용이해질 것이다. 심지어 사람들이 테스트와 테스트 우선에 정말 열광적이게 되는 일이 발생할 수도 있다.

새로 전향한 사람들의 열의를 조심하라. 사람들에게 그렇게 하라고 다짜고짜 밀어붙이는 것만큼 TDD가 퍼지는 것을 빨리 막는 건 없다. 당신이 매니저건 리더건 간에, 사람들이 일하는 방식을 강제로 바꿀 수는 없다.

어떻게 해야 하나? 단순한 시작법은 테스트를 이용하여 묻고, 테스트를 이용하여 설명하는 것이다. "당신이 설명한 걸 제가 제대로 이해했는지 한

번 얘기해보겠습니다. 예를 들어서 Foo를 이런 식으로 설정하고 Bar를 이런 식으로 설정하면 76이 나와야 한다, 이거죠?" 그리고 테스트를 이용하여 설명하는 방법은 다음과 같다. "그러니까 어떻게 해야 하는 건지 설명하겠습니다. Foo를 이런 식으로 설정하고 Bar를 이런 식으로 설정하면 76이 나와야 된다는 겁니다. Foo가 이렇고 Bar가 이러면 답은 67이 되겠죠."

이걸 더 추상적인 차원에서도 시도할 수 있다. 만약 누군가 여러분에게 시퀀스 다이어그램(sequence diagram)을 설명하려고 하면, 이걸 좀더 친숙한 방법으로 바꿔도 될지 물어본다. 그런 다음 시퀀스 다이어그램에 나타난 모든 요소들을 포함하는 테스트 케이스를 작성해 보이는 것이다.

| 학습 테스트[1] |

외부에서 만든 소프트웨어에 대한 테스트를 작성해야 할 때도 있을까? 패키지의 새로운 기능을 처음으로 사용해보기 전에 작성할 수 있다.

자바의 모바일 정보 기기 프로파일(MIDP, Mobile Information Device Profile) 라이브러리를 기반으로 뭔가를 만들어야 한다고 치자. Record-Store에 어떤 데이터를 저장하고 이를 받아오고자 한다. 그냥 코딩하고선 그게 잘 돌아가길 바라는 게 좋을까? 그것도 한 방법이긴 하다.

한 가지 대안은 우리가 이제 막 새 클래스의 새 메서드를 하나 사용한다는 것을 알아채는 것이다. 그냥 바로 사용하는 대신 API가 우리 예상대로 실행된다는 것을 확인해줄 만한 작은 테스트를 만들어 보는 것이다. 즉 다음과 같다.

```
RecordStore store;
```

---

1) 저자 주: 이 패턴을 각각 내게 알려준 제임스 뉴커크와 로렌트 보사빗(Laurent Bossavit)에게 감사한다.

```
public void setUp() {
    store= RecordStore.openRecordStore("testing", true);
}

public void tearDown() {
    RecordStore.deleteRecordStore("testing");
}

public void testStore() {
    int id= store.addRecord(new byte[] {5, 6}, 0, 2);
    assertEquals(2, store.getRecordSize(id));
    byte[] buffer= new byte[2];
    assertEquals(2, store.getRecord(id, buffer, 0));
    assertEquals(5, buffer[0]);
    assertEquals(6, buffer[1]);
}
```

만약 우리가 API를 제대로 이해했다면 이 테스트는 한번에 통과할 것이다.

　제임스 뉴커크는 학습 테스트를 작성하는 것이 관례였던 프로젝트에 대해 알려주었다. 패키지의 새 버전이 도착하면 우선 테스트를 실행한다. (그리고 필요하다면 수정한다). 만약 테스트가 통과되지 않는다면 애플리케이션 역시 실행되지 않을 것이 뻔하기 때문에 애플리케이션을 실행해볼 필요도 없다. 일단 테스트가 통과한다면 애플리케이션은 항상 제대로 돌아갈 것이다.

| 또 다른 테스트 |

어떻게 하면 주제에서 벗어나지 않고 기술적인 논의를 계속할 수 있을까? 주제와 무관한 아이디어가 떠오르면 이에 대한 테스트를 할일 목록에 적어놓고 다시 주제로 돌아올 것.

　난 산만한 대화를 즐긴다. (책을 거의 다 읽었으니 여러분도 이런 내 성격을 이미 알고 있을 것이다). 대화를 엄격하게 한 주제로 묶는 것은 훌륭한 아이디어를 억압하는 최고의 방법이다. 이리 저리 건너뛰어 다니다가 '도대체 어쩌다 이런 얘길 하고 있는 거지? 무슨 상관이람, 이거 참 좋은 아이디어인데!' 하고 생각하는 것이다.

때때로 프로그래밍은 뭔가 훌쩍 뛰어 넘는 기회에 의존한다. 하지만 대부분의 프로그래밍은 조금 더 일반 보행에 가깝다. 내겐 구현해야 할 것이 열 가지 있다. 나는 네 번째 아이템에 대해 미루기 대장이 된다. 조잘거리는 대화로 도망치는 것은 내가 일(아마도 공존하는 공포감을 포함해서)을 회피하는 방법 중 하나다.

하루 온종일 비생산적인 날들을 보낸 경험에서, 내가 가야 할 길을 놓치지 않는 것이 때로는 최선임을 배웠다. 새 아이디어가 떠오르면 존중하고 맞이하되 그것이 내 주의를 흩뜨리지 않게 한다. 그 아이디어를 리스트에 적어놓고는 하던 일로 다시 돌아간다.

| 회귀 테스트 |

시스템 장애가 보고될 때 여러분은 무슨 일을 제일 먼저 하는가? 그 장애로 인하여 실패하는 테스트, 그리고 통과할 경우엔 장애가 수정되었다고 볼 수 있는 테스트를 가장 간단하게 작성하라.

회귀 테스트(regression test)란, 사실 여러분에게 완벽한 선견지명이 있다면, 처음 코딩할 때 작성했어야 하는 테스트다. 회귀 테스트를 작성할 때는 이 테스트를 작성해야 한다는 사실을 어떻게 하면 애초에 알 수 있었을지 항상 생각해보라.

전체 애플리케이션 차원에서 테스트를 수행하는 것에서도 가치를 얻을 수 있다. 애플리케이션 차원의 회귀 테스트는 시스템의 사용자들이 여러분에게 정확히 무엇을 기대했으며 무엇이 잘못되었는지 말할 기회를 준다. 좀더 작은 차원에서 회귀 테스트는 당신의 테스트를 개선하는 방법이 된다. 기괴할 정도로 큰 음수에 대한 결함보고서가 있을 수 있다. 여기에 서는 테스트 목록을 작성할 때 정수 롤오버를 테스트할 필요가 있다는 것을 배울 수 있다.

시스템 장애를 손쉽게 격리시킬 수 없다면 리팩토링해야 한다. 이러한 종류의 장애가 있다는 것은, 시스템이 여러분에게 다음과 같은 말을 한다는 뜻이다. "아직 내 설계를 마무리 못했구먼."

| 휴식 |

지치고 고난에 빠졌을 땐 뭘 해야 하나? 그럴 땐 좀 쉬는 게 좋다.

음료수도 마시고, 좀 걷고, 낮잠도 자보자. 당신이 결정한 것에 대한 감정적 책임과 당신이 타이핑해 넣은 문자들을 손에서 깨끗이 씻어 버리도록 하라.

종종 이 정도의 거리 두기를 통해 당신에게 부족했던 아이디어가 튀어나올 수 있다. 다음과 같은 생각이 들면 여러분은 벌떡 일어날 것이다 "매개 변수를 뒤집은 상태에서 시도한 적은 없었지!" 어쨌건 좀 휴식을 취하라. 몇 분만이라도. 그 사이에 아이디어가 어디로 달아나지는 않으니까.

만약 '바로 그 아이디어'를 얻지 못한다면, 현재 세션의 목적을 다시 검토해 보라. 여전히 현실적인가, 아니면 새로운 목적을 골라야 하는가? 당신이 이루려고 노력했던 것이 불가능한 건 아닌가? 만약 그렇다면 팀에는 어떤 의미가 있나?

데이브 웅가(Dave Ungar)는 이걸 샤워 방법론이라고 부른다. 키보드로 뭘 쳐야 할지 알면, 그걸 치면 된다. 뭘 해야 할지 모르겠으면 샤워하러 가서 뭘 해야 할지 생각날 때까지 계속 샤워를 한다. 그의 방법론을 따른다면 많은 팀들이 더 행복해질 것이고 생산성도 향상될 것이며 냄새도 훨씬

그림26.1   피로는 판단력에 음성적인 영향을 끼치고, 판단력은
다시 피로에 음성적인 영향을 끼친다.

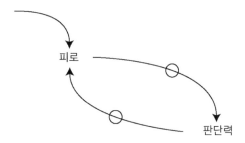

덜 날 것이다. TDD는 웅가의 샤워 방법론을 정제한 것이다. 키보드로 뭘 쳐야 할지 알면, 명백한 구현을 한다. 잘 모르겠다면 가짜 구현을 한다. 올바른 설계가 명확하지 않다면 삼각측량 기법을 사용한다. 그래도 모르겠다면 샤워나 하러 가는 거다.

그림 26.1은 휴식의 역학을 나타낸다. 피로해지면 (판단력이 떨어지므로) 여러분이 피로해졌다는 것을 올바로 인식하기가 힘들어진다. 그래서 계속 일하면 더 피곤해진다.

이 고리에서 빠져나가는 방법은 추가로 외부 요소를 도입하는 것이다.

- 시간 단위로는, 물병을 키보드 옆에 두어서 생리 현상으로 규칙적인 휴식을 하도록 유도하라.
- 하루 단위로는, 더 진행하기 전에 잠이 필요한 경우 정규 근무 시간 후의 약속이 진행을 일단 멈추는 데에 도움이 될 수 있다.
- 주 단위로는, 의식적이고 에너지 소모적인 업무 관련 생각을 떨쳐버리는 데에 주말 활동이 도움이 된다. (내 아내는 내가 최고의 아이디어를 얻는 때가 금요일 저녁이라는 사실을 잘 안다.)
- 년 단위로는, 강제 휴가 정책이 여러분의 재충전을 완벽히 도와줄 것

이다. 프랑스에서는 이 제도를 잘 수행한다. 하지만 연속 2주일은 충분하지 않다. 첫 주에는 그 동안 쌓인 긴장을 완화하고, 마지막 주에는 다시 일을 시작할 준비를 해야 한다. 따라서 효과적인 휴식을 위해서는 3주 정도 필요하다. 4주면 더 좋고.

휴식이 적절치 못한 상황도 있다. 때론 어려운 문제에 직면했을 때 계속 압박을 가해서 돌파해야 할 경우도 있다. 그러나 프로그래밍 문화는 마초 정신에 심하게 길들여져 있다. "내 건강을 희생해서, 가족도 멀리하고, 필요하다면 목숨도 버릴 각오가 되었소." 이건 이 분야 사람들에게 그리 권하고 싶지 않은 문화다. 만약 여러분들이 카페인 중독 상태고 아무 진전도 없는 상황이라면, 그건 아마 너무 오래 휴식을 취하지 않았기 때문일 것이다. 그럴 때엔 산책을 하는 것이 좋다.

| 다시 하기 |

길을 잃은 느낌이 들 때 어떻게 할까? 코드를 다 지워버리고 처음부터 다시 해보자.

길을 잃었다. 휴식을 취해보고, 시내에서 손도 씻어보고 티베트의 종소리도 들어봤지만 여전히 마찬가지다. 한 시간 전까지만 해도 잘 돌던 코드가 뒤죽박죽이 됐다. 다음 테스트를 어떻게 통과시켜야 할지도 모르겠고, 앞으로 20개나 되는 테스트를 다 구현해야 한다.

이 책을 쓰는 동안에도 이런 일이 몇 번이나 있었다. 코드가 좀 꼬였었다. "그래도 이 책은 끝내야 해. 자식들은 굶고 있고 빚쟁이들이 날마다 문을 두드리는걸." 내 본능적인 반응은 꼬인 코드를 계속 진행할 수 있을 만큼만 풀어놓자는 것이다. 숙고해보기 위해 잠깐 멈추어 생각해보면, 처음부터 다시 하는 게 항상 더 합리적이라고 결론 났다. 어느 날은 개의치 않고 그냥 밀고 나갔었는데 결국 원고 25쪽을 내다 버리게 됐다. 왜냐하면 원고의 내용이 확실히 바보 같은 프로그래밍 실수에 기반을 두었기 때문이다.

다시 하기에 대한 일화 중 내가 가장 즐겨 쓰는 것은 팀 메키논(Tim Mackinnon)이 들려준 이야기다. 그가 어떤 여성을 인터뷰할 때, 그는 한 시간 동안 그녀와 짝 프로그래밍을 하는 간단한 방법을 사용했다. 짝 프로그래밍 세션이 끝날 때쯤엔 새로운 테스트 케이스를 몇 개 구현했고 훌륭한 리팩토링도 몇 가지 수행한 상태였다. 하지만 하루 일과가 끝날 무렵이었고, 세션을 마친 후에 피곤하기도 하고 해서 작업했던 것들을 다 없애 버렸다고 한다.

만약 짝 프로그래밍을 한다면, 파트너를 바꿔주는 것은 생산적인 '다시 하기'를 돕는 좋은 방편이 될 것이다. 당신이 수 분에 걸쳐 자신이 만든 복잡한 스파게티를 설명하려고 할 때, 당신이 저지른 실수와 전혀 연관이 없는 새 파트너는 정중히 키보드를 잡고는 "제가 좀 멍청해서 정말 죄송한데요. 이걸 이렇게 시작해 보면 어떨까요…?"하고 말하지 않을까?

| 싸구려 책상, 좋은 의자 |

TDD를 할 때 어떤 물리적 환경이 적절한가? 나머지 시설은 싸구려를 쓸지라도 정말 좋은 의자를 구해라.

허리가 아프면 프로그램을 잘 짤 수가 없다. 팀에 한 달에 $100,000를 투자하는 회사에서, 좋은 의자를 위해서는 $10,000도 쓰지 않을 것이다.

내가 제안하는 해법은 컴퓨터를 놓을 책상은 싸구려에 못생기고 접을 수 있는 걸 쓰더라도, 의자는 최고로 좋은 걸 쓰라는 것이다. 내 책상 위엔 공간이 많고 필요한 경우 공간을 좀더 넓히기도 쉬운데, 그 덕분에 나는 오후나 아침이나 늘 생생하고 또 프로그래밍할 준비가 되어 있다.

짝 프로그래밍을 할 때도 편안해야 한다. 키보드를 이리저리 움직일 수 있도록 책상을 정리해야 한다. 각 파트너는 자신이 주도할 때 키보드를 자기 앞에 편안히 놓을 수 있어야 한다. 내가 좋아하는 코칭 기술 중 하나는 정신 없이 프로그래밍하는 짝 뒤로 가서는 점잖게 키보드를 밀어서 타이핑하는 사람에게 편안한 위치에 놓는 것이다.

만프레드 랭(Manfred Lange)은 컴퓨터 하드웨어에 대한 자원 할당에 대해 조언해 주었다. 개인이 이메일을 확인하거나 웹서핑을 할 때 쓸 컴퓨터는 싸고 느리고 오래된 것으로 구입하고, 공용 개발을 위한 컴퓨터는 최고로 좋은 것을 구입하라는 것이다.[2]

---

2) 역자 주: 익스트림 프로그래밍에서 권장하는 사무실 배치는 파티션이 없는 넓은 공간의 가운데에 큰 테이블을 놓고 그 테이블 주위로 짝 프로그래밍을 하는 개발자들이 둘러 앉아 있으며(이를 워룸(warroom) 혹은 오픈룸이라고 한다), 개인이 사적인 용도로 사용할 컴퓨터를 구석에 따로 배치하는 것이다. 이러한 개발 환경은 팀 내 의사소통을 원활하게 해주며 생산성을 크게 높여주는 것으로 알려져 있다.

27장. 테스팅 패턴

이 패턴들은 더 상세한 테스트 작성법에 대한 것이다.

| 자식 테스트 |

지나치게 큰 테스트 케이스를 어떻게 돌아가도록 할 수 있을까? 원래 테스트 케이스의 깨지는 부분에 해당하는 작은 테스트 케이스를 작성하고 그 작은 테스트 케이스가 실행되도록 하라. 그 후에 다시 원래의 큰 테스트 케이스를 추가하라.

빨강/초록/리팩토링 리듬은 성공이 지속되는 데 너무나도 중요해서, 그 리듬을 잃어버릴 것 같은 위기 순간에 부가의 노력으로 리듬을 유지하는 것이 충분히 가치 있다. 나의 경우, 테스트를 만들어놓고 보니 막상 이걸 통과시키려면 몇 가지를 한번에 수정해야만 하는 때에 이런 위기의 순간이 생기는데, 단 10분간만 빨간색이 지속되어도 겁이 난다.

나는 큰 테스트를 작성하고 나면 우선 교훈을 찾기 위해 노력한다. 왜 테스트가 그렇게 컸을까? 어떤 다른 방식을 취했더라면 좀더 작게 만들 수 있었을까? 지금 내 느낌은 어떤가?

나 자신을 형이상학적으로 바라볼 수 있게 되면, 거슬리는 테스트를 삭제하고 다시 시작한다. "음, 이 세 가지를 한번에 동작하게 하려면 할일이 너무 많겠군. A를 동작하게 만든 후에 B를, 그 다음에 C를 동작하게 만들면 전체가 제대로 동작할 것 같군." 때로는 진짜로 테스트를 지워버리기도 하고, 또는 메서드 이름 앞에 x를 추가해서 실행만 되지 않게 하기도 한다. (비밀 한 가지 알려드려도 될까? 때로는 그런 거슬리는 테스트를 귀찮아서 삭제하지 않기도 한다. 쉬, 내가 자식 테스트를 작동하게 하는 이삼 분간은 작동하지 않는 테스트가 두 개가 된다. 이렇게 하면서 실수를 저지를 수도 있다. 깨진 테스트 두 개는, 내가 '설사 테스트하더라도 처음이 아니라 끝에 하던' 어두운 시절의 유물일지도 모르겠다.)

두 가지 모두 시도해 보기 바란다. 테스트 두 개가 깨진 상황에서는 어떤 다른 느낌이 드는지, 스스로 어떤 다른 방식으로 코딩하는지 관찰해 보고 적절한 방식을 선택하라.

| 모의 객체[1] |

비용이 많이 들거나 복잡한 리소스에 의존하는 객체를 테스트하려면 어떻게 해야 할까? 상수를 반환하게끔 만든 속임수 버전의 리소스를 만들면 된다.

모의 객체(Mock Object)에 대해서는 최소한 책 한 권 분량 정도의 자료가 있지만,[2] 이 책에서는 간단한 소개 정도만 하고자 한다. 고전적인 예는

---

1) 역자 주: Mock Object를 모의 객체라고 번역했는데, 이는 엄밀히 말하면 가짜 객체 (Fake It)와는 다르다. 스스로 검증할 수 있는 능력이 있고, 외부에서 결과값을 조정할 수 있다.
2) 저자 주: 예를 들어 http://www.mockobject.com을 보라.

데이터베이스다. 데이터베이스는 시작 시간이 오래 걸리고, 깨끗한 상태로 유지하기가 어렵다. 그리고 만약 데이터베이스가 원격 서버에 있다면 이로 인해 테스트 성공 여부가 네트워크 상의 물리적 위치에 영향을 받게 된다. 또한 데이터베이스는 개발 중 많은 오류의 원인이 된다.

해법은 대부분의 경우에 진짜 데이터베이스를 사용하지 않는 것이다. 대다수의 테스트는, 마치 데이터베이스인 것처럼 행동하지만 실제로는 메모리에만 존재하는 객체를 통해 작성될 수 있다.

```
public void testOrderLookup() {
    Database db= new MockDatabase();
    db.expectQuery("select order_no from Order where cust_no is 123");
    db.returnResult(new String[] {"Order 2" ,"Order 3"});
    . . .
}
```

MockDatabase는 예상된 쿼리를 얻지 못하면 예외를 던질 것이다. 만약 쿼리가 올바르다면 MockDatabase는 상수 문자열에서 마치 결과 집합(result set)처럼 보이는 뭔가를 생성하여 반환한다.

성능과 견고함 이외에 모의 객체의 또 다른 가치는 가독성에 있다. 당신은 앞서 나온 테스트를 끝에서 끝까지 읽을 수 있다. 만약 사실적인 데이터로 가득 찬 테스트 데이터베이스를 사용한다면, 어떤 쿼리가 결과 14개를 되돌려야 한다고 적은 테스트를 보더라도 도대체 왜 14개가 올바른 답인지 알기가 쉽지 않다.

만약 모의 객체를 사용하길 원한다면, 값비싼 자원을 전역 변수에 손쉽게 저장해 버릴 수는 없다(비록 그것들이 싱글톤의 가면을 썼더라도). 만약 그렇게 한다면, 전역 변수를 모의 객체로 설정하고, 테스트를 실행한 후 다시 전역 변수를 복구시켜 놓아야 한다.

나는 이 제약에 짜증난 적이 몇 번 있다. 마시모 아놀디(Massimo Arnoldi)와 함께 전역 변수에 저장된 환율 집합을 이용하는 코드를 가지고 작업할 때였다. 각각의 테스트는 데이터의 서로 다른 부분 집합을 필요로 했고, 종종 서로 다른 환율이 필요한 경우도 있었다. 전역 변수를 가지고 어떻게든 해보려고 어느 정도 시도한 끝에, 어느 날 아침(나는 아침에 설계에 대해 과감히 결정할 수 있는 경우가 많다.) 환율 객체인 Exchange를 필요로 하는 모든 곳에 전달하기로 결정했다. 우린 수백 개의 메서드를 변경해야 할 거라고 생각했다. 끝날 무렵, 우리는 약 10~15개 메서드에 인자를 추가했고, 그러는 와중에 기타 다른 설계 문제도 깨끗이 정리했다.

모의 객체는 당신이 모든 객체의 가시성(visibility)에 대해 고민하도록 격려해서, 설계에서 커플링이 감소하도록 한다. 모의 객체를 사용하면 프로젝트에 위험 요소가 하나 추가된다. 모의 객체가 진짜 객체와 동일하게 동작하지 않으면 어떻게 될까? 모의 객체용 테스트 집합을 진짜 객체가 사용 가능해질 때 그대로 적용해서 이러한 위험을 줄일 수 있다.

| 셀프 션트[3] |

한 객체가 다른 객체와 올바르게 대화하는지 테스트하려면 어떻게 할까? 테스트 대상이 되는 객체가 원래의 대화 상대가 아니라 테스트 케이스와 대화하도록 만들면 된다.

테스팅 사용자 인터페이스의 초록 막대를 동적으로 업데이트하고자 하는 상황을 가정해 보자. UI 객체를 TestResult와 연결할 수 있다면 테스트가 실행된 시점, 테스트가 실패한 시점, 전체 테스트 슈트가 시작되고

---

3) 역자 주: 셀프 션트(self shunt). 굳이 번역하자면 자기 분로(分路) 정도가 될 것 같다. 너무 어색해서 소리 나는 대로 기록했다. 전선이 자기 자신에게 연결되어 있는 걸 말한다. 자기가 보낸 것이 다시 자신에게 제대로 돌아오는지 확인하는 루프백(loopback) 테스트와 유사하다.

끝난 시점 등을 통보 받을 수 있을 것이다. 그리고 이러한 이벤트를 통보 받으면 인터페이스를 갱신하면 된다. 이를 위한 테스트는 다음과 같을 것이다.

ResultListenerTest

```
def testNotification(self):
    result= TestResult()
    listener= ResultListener()
    result.addListener(listener)
    WasRun("testMethod").run(result)
    assert 1 == listener.count
```

이 테스트가 수행되려면 이벤트 통보 횟수를 셀 객체가 필요하다.

ResultListener

```
class ResultListener:
    def __init__(self):
        self.count= 0
    def startTest(self):
        self.count= self.count + 1
```

잠깐. 그런데 왜 이벤트 리스너를 위해 별도의 객체를 만들어야 하는 걸까? 그냥 테스트 케이스 자체를 리스너로 쓰면 될 텐데 말이다. 즉 테스트 케이스가 일종의 모의 객체 노릇을 하는 것이다.

ResultListenerTest

```
def testNotification(self):
    self.count= 0
    result= TestResult()
    result.addListener(self)
    WasRun("testMethod").run(result)
    assert 1 == self.count
def startTest(self):
    self.count= self.count + 1
```

셀프 션트 패턴을 이용해 작성한 테스트가 그렇지 않은 테스트보다 읽기에 더 수월하다. 위의 테스트가 좋은 예다. 통보 횟수가 0이었다가 1로 됐다. 이 순서를 테스트에서 바로 읽어낼 수 있다. 어떻게 횟수가 1이 될수 있었을까? 누군가가 startTest( )를 호출했을 것이다. startTest( )는 어떻게 해서 호출됐는가? 테스트가 실행될 때 호출된다. 이것은 대칭성의 또다른 예다. 두 번째 버전의 테스트 메서드는 통보 횟수에 대한 두 값이 한곳에 모여 있는 반면, 첫 번째 버전의 테스트 메서드에서는 하나의 클래스에서 횟수를 0으로 설정하고 다른 클래스에서 1이 예상치임을 나타낸다.

셀프 션트 패턴은 테스트 케이스가 구현할 인터페이스를 얻기 위해 인터페이스 추출(Extract Interface)을 해야 한다. 인터페이스를 추출하는 것이 더 쉬운지, 존재하는 클래스를 블랙 박스로 테스트하는 것이 더 쉬운지는 당신이 결정해야 할 것이다. 하지만 내가 언급한 바와 같이 셀프 션트를 위해 추출해 낸 인터페이스는 여러 곳에서 쓰이는 경우가 많다.

자바의 경우, 셀프 션트를 사용한 결과로 인터페이스 안의 온갖 기괴한 메서드들을 다 구현한 테스트들을 보게 될 것이다. 낙관적 타입 시스템[4]을 가진 언어에서는 테스트 케이스 클래스가 실제로 테스트를 수행하는 데 꼭 필요한 오퍼레이션들만 구현하면 된다. 하지만 자바에서는 빈 메서드로라도 인터페이스의 모든 오퍼레이션들을 구현해야 한다. 그러므로 가능한 한 인터페이스를 작게 만들길 원할 것이다. 인터페이스에 대한 구현은 또한 적절한 값을 되돌리거나 부적절한 오퍼레이션이 호출된 경우 예외를 던지게끔 만들어야 할 것이다.

---

4) 역자 주: 켄트 벡은 동적인 타입 검사를 수행하는 언어들을 낙관적 타입 언어, 정적인 타입 검사를 수행하는 언어들을 비관적 타입 언어라고 부른다. 그는 자바 같은 언어보다는 스몰토크나 파이썬 같은 언어를 선호한다.

| 로그 문자열 |

메시지의 호출 순서가 올바른지를 검사하려면 어떻게 해야 할까? 로그 문자열을 가지고 있다가 메시지가 호출될 때마다 그 문자열에 추가하도록 한다.

xUnit에서 쓴 예제를 사용할 수 있다. setUp( ), 테스트를 수행하는 메서드, tearDown( ) 순서로 호출되길 원하는 템플릿 메서드(Template Method)가 있다. 각 메서드들이 로그 문자열에 자기 이름을 추가하게 구현하면 쉽게 읽히는 테스트를 만들 수 있다.

```
def testTemplateMethod(self):
    test= WasRun("testMethod")
    result= TestResult()
    test.run(result)
    assert("setUp testMethod tearDown " == test.log)
```

구현 또한 간단하다.

WasRun
```
def setUp(self):
    self.log= "setUp "
def testMethod(self):
    self.log= self.log + "testMethod "
def tearDown(self):
    self.log= self.log + "tearDown "
```

로그 문자열은 특히 옵저버(Observer)를 구현하고, 이벤트 통보가 원하는 순서대로 발생하는지를 확인하고자 할 때 유용하다. 만약 어떤 이벤트 통보들이 일어나는지를 검사하기는 하지만 그 순서는 상관이 없을 경우엔 문자열 집합을 저장하고 있다가 단언(assertion)에서 집합 비교를 수행하면 된다.

로그 문자열은 셀프 션트와도 잘 작동한다. 해당 테스트 케이스는 로그를 추가하고 적절한 값을 반환하는 식으로 셀프 션트한 인터페이스의 메서드를 구현한다.

| 크래시 테스트 더미 |

호출되지 않을 것 같은 에러 코드(발생하기 힘든 에러 상황)를 어떻게 테스트할 것인가? 실제 작업을 수행하는 대신 그냥 예외를 발생시키기만 하는 특수한 객체를 만들어서 이를 호출한다.

테스트되지 않은 코드는 작동하는 것이 아니다. 이것이 안전한 가정 같다. 그렇다면 수많은 에러 상황에 대해서는 어떻게 테스트할 것인가? 이것들도 다 테스트해야 할까? 작동하길 원하는 부분에 대해서만 하면 된다.

파일 시스템에 여유 공간이 없을 경우 발생할 문제에 대해 테스트하기를 원한다고 생각해보자. 실제로 큰 파일을 많이 만들어서 파일 시스템을 꽉 채울 수도 있고, 가짜 구현(fake it)을 사용할 수도 있다. 가짜라는 건 별로 점잖아 보이지 않는다. 안 그런가? 그냥 시뮬레이션한다고 하자.

파일을 위한 크래시 테스트 더미(Crash Test Dummy)는 다음과 같다.

```java
private class FullFile extends File {
    public FullFile(String path) {
        super(path);
    }
    public boolean createNewFile() throws IOException {
        throw new IOException();
    }
}
```

이제 다음과 같이 예상되는 예외를 테스트할 수 있다.

```java
public void testFileSystemError() {
```

```
File f= new FullFile("foo");
try {
    saveAs(f);
    fail();
} catch (IOException e) {
}
}
```

객체 전체를 흉내낼 필요가 없다는 점을 제외하면 크래시 테스트 더미
는 모의 객체와 유사하다. 자바의 익명 내부 클래스(anonymous inner
class)는 우리가 테스트하기 원하는 적절한 메서드만이 오류를 발생시키
게끔 하기 위해 유용하게 쓰인다. 테스트 케이스 안에서 원하는 메서드
하나만 재정의할 수 있다. 이렇게 하면 테스트 읽기가 수월해진다.

```
public void testFileSystemError() {
    File f= new File("foo") {
        public boolean createNewFile() throws IOException {
            throw new IOException();
        }
    };
    try {
        saveAs(f);
        fail();
    } catch (IOException e) {
    }
}
```

| 깨진 테스트 |

혼자서 프로그래밍할 때 프로그래밍 세션을 어떤 상태로 끝마치는 게 좋
을까? 마지막 테스트가 깨진 상태로 끝마치는 것이 좋다.

글 쓰기 세션을 끝낼 때 문장 중간까지만 써놓고 멈추는 트릭은 리차드
가브리엘(Richard Gabriel)이 내게 알려준 것이다. 다음에 다시 글을 쓰기

위해 앉았을 때, 반 쪽짜리 문장을 보면 전에 그 문장을 쓸 때 무슨 생각을 했는지 떠올리게 된다. 일단 생각의 실마리를 다시 떠올리고 나면 문장을 마무리하고 계속 진행할 수 있다. 그 문장을 끝마치려는 충동이 없으면 다음에 뭘 해야 할지 주섬주섬 찾느라 꽤 많은 시간을 써버릴 테고, 그러고 나서는 당신의 정신 상태를 기억해내려고 노력하고, 또 그러고 나서야 마침내 타이핑하기 시작할 것이다.

유사한 테크닉을 혼자 진행하는 프로젝트에서 시도해봤는데, 그 효과가 정말 마음에 들었다. 프로그래밍 세션을 끝낼 때 테스트 케이스를 작성하고 이것이 실패하는 것을 확실히 확인하는 것이다. 나중에 다시 코딩하기 위해 돌아왔을 때, 어느 작업부터 시작할 것인지 명백히 알 수 있다. 전에 하고 있던 생각에 대한 명확하고 구체적인 책갈피를 가지게 되는 것이다. 깨진 테스트 하나가 있다고 해서 프로그램 완성도가 더 떨어지는 것은 아니며, 단지 프로그램의 상태를 드러나게 해줄 뿐이다. 몇 주간의 간극 후에 개발하던 것을 그대로 이어나갈 수 있는 능력을 위해서는 빨간 막대를 놔두고 가버리는 데서 오는 약간의 가책 정도는 감수할 수 있다.

| 깨끗한 체크인 |

팀 프로그래밍을 할 때 프로그래밍 세션을 어떤 상태로 끝마치는 게 좋을까? 모든 테스트가 성공한 상태로 끝마치는 것이 좋다.

> 내가 나 자신과 모순되는가?[5] 고달프군.
>
> —부바 휘트만(Bubba Whitman), 왈트(walt whitman)의 하역 인부 형제

다른 팀원들과 함께 작업하는 경우라면 상황은 완전히 달라진다. 팀 프

---

5) 역자 주: 직전의 깨진 테스트 패턴과 모순된다는 의미.

로젝트에서 프로그래밍 세션을 시작하는 경우라면 자신이 마지막으로 코딩한 다음부터 지금까지 무슨 일이 있었는지 세밀하게 알 수 없다. 안심이 되고 확신이 있는 상태에서 시작할 필요가 있다. 따라서 코드를 체크인(check-in)하기 전에 항상 모든 테스트가 돌아가는 상태로 만들어 두어야 한다. (나는 보통 그렇지 않지만, 당신이 인간의 행동을 컴퓨터에 비유하는 것을 좋아한다면, 이것은 어떻게 각각의 테스트 케이스가 알려진 좋은 상태(known good state)에서 세상을 떠나는가 하는 것과 약간 비슷하다고 말할 수 있겠다.)

체크인하기 전에 실행하는 테스트 스위트(test suite)는 작업 중에 분 단위로 실행하는 테스트 슈트보다 더 클 것이다. (물론 실행시간이 너무 길어지지 않는다면 매번 테스트 슈트 전체를 실행하는 것을 포기하지 않아야 한다). 때론 통합 테스트 슈트에서 테스트가 실패하는 경우도 있을 것이다. 그럴 땐 어떻게 해야 할까?

가장 단순한 규칙은 그동안 작업한 코드를 날려버리고 다시 하는 것이다. 실패한 테스트는 방금 여러분이 만들어 낸 프로그램을 여러분이 완전히 이해하지 못했음을 말해주는 강력한 증거다. 만약 전체 팀원이 이 규칙을 따른다면 체크인을 더 자주하려는 경향이 생길 것이다. 왜냐하면 제일 먼저 체크인하는 사람은 작업을 날릴 위험이 없을 테니까. 체크인을 자주하는 것은 아마 좋은 일일 것이다.

이 방법보다 아주 약간 방탕해 보이는 접근은, 문제를 수정하고 테스트를 다시 실행해보는 것이다. 통합 자원[6]을 독차지하는 것을 피하기 위해, 아마도 몇 분 후에는 그냥 포기해버리고 다시 시작해야 할 것이다. 말할 필요도 없지만, 어쨌건 말하겠다. 테스트 슈트를 통과시키기 위해 주석 처

---

6) 역자 주: 통합용 머신 등.

리 하는 것은 엄격히 금지되는 것으로, 금요일 늦은 오후의 사외 계획 미팅에서 좀 거나하게 맥주를 사야 하는 여지를 제공할 수 있다.

28장. 초록 막대 패턴

깨진 테스트가 있다면 그걸 고쳐야 한다. 빨간 막대를 가능한 한 빨리 고쳐야 하는 조건으로 다룬다면 당신은 금세 초록 막대로 옮겨갈 수 있다는 것을 깨닫게 될 것이다. 코드가 테스트를 통과하게 만들기 위해 이 패턴들을 사용하라. (비록 그 결과 코드가 당신이 한 시간도 견뎌낼 수 없는 것이라고 해도.)

| 가짜로 구현하기(진짜로 만들기 전까지만) |

실패하는 테스트를 만든 후 첫 번째 구현은 어떻게 하는 게 좋을까? 상수를 반환하게 하라. 일단 테스트가 통과하면 단계적으로 상수를 변수를 사용하는 수식으로 변형한다.

간단한 예제는 전에 xUnit을 구현하는 과정에서 나왔다.

```
return "1 run, 0 failed"
```

이 코드가 다음과 같이 변하고

```
return "%d run, 0 failed" % self.runCount
```

이 코드가 다음과 같이 변한다.

```
return "%d run, %d failed" % (self.runCount , self failureCount)
```

가짜로 구현하기는 등산할 때 피톤(piton)[1]을 머리 위에 박아두는 것과 비슷하다. 아직 그곳에 도달하지는 못했다(테스트가 통과하긴 하지만 코드 구조가 잘못된 상태). 하지만 그곳에 일단 도달하면 안전할 것임을 안다(여전히 테스트가 통과할 것이다).

어떤 사람들은 가짜로 구현하기에 꽤나 화를 내기도 한다. 왜 들어낼 걸 알면서도 그걸 해야 하나? 왜냐하면 뭔가 돌아가는 걸 가진 게 그렇지 않은 것보다 좋기 때문이다. 특히 그걸 증명하기 위한 테스트가 있는 상황이라면. 피터 한슨(Peter Hansen)이 다음 이야기를 보내줬다.

> 바로 어제 저와 제 파트너, 이렇게 TDD 초보 둘이서 규칙을 글자 그대로 지키면서 테스트가 빨리 돌아가도록 죄를 짓고 있었습니다. 그때 무슨 일인가 일어났습니다. 그 와중에 테스트를 제대로 작성하지 못했다는 것을 깨닫고는 되돌아가서 그걸 고치고 코드가 다시 작동하게 만들었습니다. 첫 번째 작동했던 코드가 다시 돌아가게 되었을 때에는 그 코드의 원래 모습은 어디에서도 찾아볼 수 없었습니다. 우리는 서로 바라보면서 이렇게 말했습니다. "허, 이거 보게나!" 그 접근법이 우리가 몰랐던 뭔가를 가르쳐 줬기 때문이었습니다.

---

1) 역자 주: 등산용구의 하나로, 암벽·빙벽을 등반할 때 바위나 얼음에 박아서 밧줄을 거는 등 안전을 확보하는 데 쓰인다.

그들은 어떻게 가짜 구현을 통해 테스트가 잘못 작성되었다는 것을 배울 수 있었을까? 그들이 그 사실을 알아내기 위해 실제 구현에 시간을 투자하지 않아서 기뻐했을 거라고 장담한다.

가짜로 구현하기를 강력하게 만드는 두 가지 효과가 있다.

- 심리학적 – 초록 막대 상태에 있는 것은 빨간 막대 상태에 있는 것과 천지 차이다. 막대가 초록색일 때, 자신이 어디에 서 있는지 안다. 당신은 확신을 갖고 거기부터 리팩토링해 갈 수 있다.
- 범위(scope) 조절 – 프로그래머들은 모든 종류의 미래 문제를 상상하는 데에 탁월하다. 하나의 구체적인 예에서 시작해서 일반화하게 되면, 쓰잘데기 없는 고민으로 때 이르게 혼동하는 일을 예방할 수 있다. 다음 테스트 케이스를 구현할 때, 이전 테스트의 작동이 보장된다는 것을 알기 때문에 그 다음 테스트 케이스에도 집중할 수 있다.

필요 없는 코드는 조금도 작성하지 말라는 법칙에 가짜로 구현하기가 위배되는가? 그렇게 생각하진 않는다. 리팩토링 단계에서 테스트 케이스와 코드 간의 데이터 중복을 제거하기 때문이다. 내가 다음 코드를 작성할 때[2]

```
assertEquals(new MyDate("28.2.02"), new MyDate("1.3.02").yesterday());
```

MyDate
```
public MyDate yesterday() {
    return new MyDate("28.2.02");
}
```

2) 저자 주: 예제를 제공한 디어크 쾨니그(Dierk König)에게 고맙다.

테스트와 코드 간에 중복이 있다. 다음과 같이 작성해서 그 중복을 옮길 수 있다.

MyDate
```
public MyDate yesterday() {
    return new MyDate(new MyDate("1.3.02").days()³⁾-1);
}
```

하지만 여전히 중복이 있다. 그러나 데이터 중복을 다음과 같이 제거할 수 있다. (내 테스트의 목적상, this가 MyDate("1.3.02")와 같기 때문에).

MyDate
```
public MyDate yesterday() {
    return new MyDate(this.days()-1);
}
```

모두가 이런 궤변을 확신하지는 않는데, 그런 경우 최소한 질릴 때까지는 삼각측량을 사용하고, 가짜로 구현하기나 심지어는 명백한 구현을 사용하기 시작할 수 있다.

가짜로 구현하기를 사용하면, 아이들을 뒷좌석에 태우고 오랫동안 자가용 여행을 하던 기억이 난다. 나는 첫 번째 테스트를 작성하고, 좀 지저분한 방식으로 일단 작동하게 만들고는, "자동차를 멈추고 또 다른 테스트를 작성하게 하지 마라. 차를 갓길에 세우게 됐다가는 너희들 정말 혼날 줄 알아."

"알았어요, 알았어요, 아빠. 제가 코드를 청소할게요. 그렇게 화내지 마세요."

---

3) 역자 주: days 메서드는 여러 가지 방법이 있겠지만, 통상 1년 1월 1일 경우 1의 값을 반환하는 것이 가능하다. 2002년 3월 1일 경우 730910을 반환하고, 거기에서 1을 뺀 값으로 MyDate를 생성하면 2002년 2월 28일이 된다. 파이썬의 경우 해당 코드를 date.fromordinal(date('2002,3,1').toordinal( )-1)로 표현할 수 있다.

| 삼각측량 |

추상화 과정을 테스트로 주도할 때 어떻게 최대한 보수적으로 할 수 있겠는가? 오로지 예가 두 개 이상일 때에만 추상화를 하라.

그러한 상황이 여기에 있다. 두 정수의 합을 반환하는 함수를 작성하고 싶다고 가정하자. 다음과 같이 작성한다.

```
public void testSum() {
    assertEquals(4, plus(3, 1));
}

private int plus(int augend, int addend) {
    return 4;
}
```

삼각측량(triangulate)을 사용해서 바른 설계로 간다면 다음과 같이 작성해야 한다.

```
public void testSum() {
    assertEquals(4, plus(3, 1));
    assertEquals(7, plus(3,4));
}
```

우리가 두 번째 예를 얻었을 때 plus( )의 구현을 추상화할 수 있다.

```
private int plus(int augend, int addend) {
    return augend + addend;
}
```

삼각측량이 매력적인 이유는 그 규칙이 매우 명확하기 때문이다. 가짜로 구현하기를 위한 규칙들은, 추상을 끌어내기 위한 가짜 구현과 테스트 케이스 사이의 중복에 대한 우리 감각에 의존하는 것으로, 약간 모호해 보이고 달리 해석될 수 있다. 삼각측량의 법칙들이 비록 단순해 보이기는 하지만 그것은 무한 루프를 만들어 낸다. 두 단언이 있고 plus를 위한 바른 구현을 추상화했다면, 두 단언 중 하나를 삭제할 수 있는데, 그것이 다른 하나와 완전히 중복되기 때문이다. 하지만 그렇게 하면 우리는 plus( )의 구현을 단순히 상수를 반환하는 것으로 단순화할 수 있는데, 그렇게 되면 다시 단언을 하나 추가해야 한다.

나는 어떤 계산을 어떻게 해야 올바르게 추상화할 것인지에 대해 정말 감잡기 어려울 때만 삼각측량을 사용한다. 그 외의 경우, 명백한 구현이나 가짜로 구현하기에 의존한다.

| 명백한 구현 |

단순한 연산들을 어떻게 구현하는가? 그냥 구현해 버려라.

가짜로 구현하기와 삼각측량은 눈곱만큼 작은 발걸음이다. 때때로 어떤 연산을 어떻게 구현해야 할지 확신이 들기도 한다. 그럼 그렇게 하라. 예를 들어, plus( )만큼 간단한 것을 구현할 때 내가 정말 가짜로 구현하기를 사용할까? 보통은 그렇게 하지 않는다. 나는 그냥 명백한 구현을 입력할 것이다. 만약 빨간 막대를 보고 놀란다면 그제서야 좀더 작은 발걸음으로 옮겨갈 것이다.

가짜로 구현하기와 삼각측량의 어중간한 성질에 특별한 미덕이 있는 것은 아니다. 뭘 타이핑해야 할지 알고, 그걸 재빨리 할 수 있다면 그냥 해버려라. 하지만 오로지 명백한 구현만 사용하면 자신에게 완벽함을 요구하게 된다.[4] 이것은 사람을 망연자실케 할 수 있다. 만약 당신이 작성하는 것이 테스트를 통과시킬 수 있는 가장 단순한 변경이 아니라면 어떨까? 만약 파트너가 훨씬 단순한 변경을 보여준다면? 당신은 실패다! 당신 주

---

4) 저자 주: 이와 관련한 토론을 했던 로렌트 보사빗(Laurent Bossavit)에게 감사한다.

변의 세상이 무너져 버린다! 당신은 죽어 버린다. 완전히 얼어 버린다.

'제대로 동작하는'을 푸는 동시에 '깨끗한 코드'를 해결하려는 것은 한번에 하기에는 너무 많은 일일 수 있다. 그렇게 되면 우선 '제대로 동작하는'으로 되돌아 가서 그걸 해결하고, 그 후에 '깨끗한 코드'를 느긋하게 해결하도록 하라.

명백한 구현을 사용하는 중에 빨간 막대로 얼마나 자주 놀라는지 기록하도록 하라. 명백한 구현을 타이핑해 넣지만 그게 제대로 동작하지 않는 주기에 빠질 것이다. 하지만 지금은 뭘 타이핑해야 하는지 제대로 알고 있다는 확신이 든다. 그래서 그걸 타이핑한다. 제대로 작동하지 않는다. 그럼 이제는 어떻게 해야 한다…. 이런 것은 하나 차이의 오류(off-by-one error)[5]와 양수/음수 에러에서 특히 많이 일어난다.

당신은 빨강/초록/리팩토링의 리듬을 유지하길 원한다. 명백한 구현은 두 번째 기어다. 만약 손가락이 머리를 따라오지 못하기 시작하면 저속 기어로 전환할 준비를 하라.

| 하나에서 여럿으로 |

객체 컬렉션(collection)을 다루는 연산은 어떻게 구현하나? 일단은 컬렉션 없이 구현하고 그 다음에 컬렉션을 사용하게 한다.

예를 들어 숫자 배열의 합을 구하는 함수를 작성한다고 가정하자. 일단 하나로 시작할 수 있다.

```
public void testSum() {
    assertEquals(5, sum(5));
}
```

---

5) 역자 주: 프로그래밍에서 자주 발생하는 에러로, 예컨대 루프에서 N까지 돌아야 하는데 N-1까지 돌거나 N+1까지 도는 등, 하나 차이로 오류가 생기는 것.

```
private int sum(int value) {
    return value;
}
```

(나는 sum( )을 TestCase 클래스에 구현해서, 단지 한 메서드를 위해 새 클래스를 작성하는 걸 피하고 있다.)

다음에는 sum(new int[ ] {5, 7})을 테스트하고 싶다. 우선은 sum( )에 배열을 받아들이는 인자를 하나 추가한다.

```
public void testSum() {
    assertEquals(5, sum(5, new int[] {5}));
}

private int sum(int value, int[] values) {
    return value;
}
```

우리는 이 단계를 변화 격리하기의 예로 볼 수 있다. 테스트 케이스에 인자를 추가하면 테스트 케이스에 영향을 주지 않으면서 자유로이 구현을 변경할 수 있다.

이제 단일값 대신 컬렉션을 사용할 수 있다.

```
private int sum(int value, int[] values) {
    int sum= 0;
    for (int i= 0; i<values.length; i++)
        sum += values[i];
    return sum;
}
```

다음에는 사용하지 않는 단일 인자를 삭제할 수 있다.

```
public void testSum() {
    assertEquals(5, sum(new int[] {5}));
```

```
    }

    private int sum(int[] values) {
        int sum= 0;
        for (int i= 0; i<values.length; i++)
            sum += values[i];
        return sum;
    }
```

직전 단계 역시 변화 격리하기의 예로, 코드를 고쳐서 테스트 케이스를 바꿔도 코드에 영향이 없도록 했다. 이제 우리는 계획대로 테스트 케이스를 개선할 수 있다.

```
public void testSum() {
    assertEquals(12, sum(new int[] {5, 7}));
}
```

29장. xUnit 패턴

다음은 xUnit 계열 테스팅 프레임워크를 위한 패턴이다.

| 단언(assertion) |

테스트가 잘 작동하는지 어떻게 검사할 것인가? 불리언(boolean) 수식을 작성해서 여러분 대신 프로그램이 자동으로 코드가 동작하는지에 대한 판단을 수행하도록 하라.

테스트를 완전히 자동화하려면 결과를 평가하는 데 개입되는 인간의 판단을 모조리 끄집어내야 한다. 버튼을 누르면 컴퓨터가 실행하는 코드의 작동이 올바른지 검증하는 데 필요한 모든 판단이 되어야 하는 것이다. 이것은 다음 사항을 의미한다.

- 판단 결과가 불리언 값이어야 한다. 일반적으로 참 값은 모든 테스트가 통과했음을 의미하고, 거짓 값은 뭔가 예상치 못했던 일이 발생했

음을 의미한다.

- 이 불리언 값은 컴퓨터에 의해 검증되어야 한다. 보통 다양한 형태의 assert( ) 메서드를 호출하여 이 값을 얻어낸다.

예전에 assertTrue(rectangle.area( ) != 0)와 같은 형태의 단언을 본 적이 있다. 이 경우 0이 아닌 아무 값이나 반환하게 만들어도 조건을 만족하므로 이 단언은 별로 유용하지 않다. 단언은 구체적이어야 한다. 만약 면적(area)이 50이어야 하면, 다음과 같이 면적이 50이어야 한다고 적어주어야 한다. assertTrue(rectangle.area( ) == 50). 많은 xUnit 구현들이 동등성(equality) 검사를 위한 특별한 형태의 단언을 제공한다. 동등성 테스팅은 흔한데, 자신이 동등성을 테스팅한다는 것을 안다면 친절한 에러 메시지를 작성할 수 있다. 일반적으로 예상되는 값을 먼저 적어주면 JUnit에서는 이것을 assertEquals(50, rectangle.area( ))처럼 나타낼 수 있다.

객체를 블랙박스처럼 취급하기란 쉽지 않다. 청약됨(Offered) 혹은 시행 중(Running)이라는 상태(Status)를 가질 수 있는 계약(Contract)에 대한 테스트를 작성하려고 한다고 생각해보자. 나는 아마 내 머릿속에 떠오른 구현에 대한 가정을 바탕으로 다음과 같이 작성할 것이다:

```
Contract contract= new Contract(); // 디폴트로 Offered status
contract.begin(); // Running으로 status 변경
assertEquals(Running.class, contract.status.class);
```

하지만 이 테스트는 status에 대한 현재 구현에 너무 의존적이다. status가 불리언 값으로 표현되도록 구현이 바뀌더라도 테스트가 통과할 수 있어야 한다. 아마도 status가 Running으로 바뀐다면 시행일이 언제인지 알아낼 수 있을 것이다.

```
assertEquals(..., contract.startDate()); // status가 Offered라면 예외
```

내가 공용(public) 프로토콜만을 이용해서 모든 테스트를 작성해야 한다고 주장하는 것이 작금의 흐름에 거슬린다는 것을 안다. 변수의 값, 심지어 전용(private)으로 선언한 변수의 값까지도 테스트할 수 있도록 JUnit을 확장한 JXUnit이라는 패키지도 존재한다.

그러나 화이트박스 테스트를 바라는 것은 테스팅 문제가 아니라 설계 문제다. 코드가 제대로 작동하는지를 판단하기 위한 용도로 변수를 사용하길 원한다면 언제나 설계를 향상할 수 있는 기회가 있다. 하지만 두려움 때문에 포기하고 그냥 변수를 사용하기로 결정해 버리면 이 기회를 잃게 된다. 그렇게 말하긴 했지만 정말 설계 아이디어가 떠오르지 않으면 어쩌겠는가. 그냥 변수를 검사하게 만들고 눈물을 닦은 후, 머리가 좀더 잘 돌아갈 때 다시 시도해보기 위해 적어놓고서 다음 작업을 진행할 것이다.

원래의 SUnit(최초로 만들어진 스몰토크(Smalltalk) 버전의 테스팅 프레임워크)은 형태가 단순한 단언만을 가지고 있었다. 하나가 깨지면 디버거가 뜨고, 코드를 수정한 다음 하던 일을 계속 하는 거다. 하지만 자바 IDE는 정교하지 못하고, 자바 기반 소프트웨어 개발은 종종 배치(batch) 환경에서 수행되기 때문에, 단언이 실패할 경우 출력될 정보를 단언에 추가해줄 필요가 있을 때도 있다.

JUnit에서는 첫 번째 선택적 매개 변수(optional parameter)를 사용한다.[1] assertTrue("참이어야 한다", false)라고 작성한 후 실행하면 "Assertion failed: 참이어야 한다."라는 에러 메시지를 보게 될 것이다. 보통 이 정도면 여러분이 에러가 난 부분을 찾아낼 수 있는 충분한 정보다. 어떤 팀에서는 모든 단언에 이 선택적 매개 변수를 사용하게 하는 규칙을 정해놓기

---

1) 저자 주: 선택적 매개 변수는 보통 매개 변수 목록의 제일 마지막에 위치하지만, 설명을 위한 문자열이 앞 부분에 위치하면 테스트의 가독성을 높이는 데 도움이 될 것이므로 첫 번째 매개 변수를 사용하기로 결정되었다.

도 한다. 두 가지 방법을 모두 시도해보고, 에러 메시지가 여러분의 노력에 충분히 보상하는지 느껴보기 바란다.

| 픽스처 |

여러 테스트에서 공통으로 사용하는 객체들을 생성할 때 어떻게 하면 좋을까? 각 테스트 코드에 있는 지역 변수를 인스턴스 변수로 바꾸고 setUp( ) 메서드를 재정의하여 이 메서드에서 인스턴스 변수들을 초기화하도록 한다.

우리는 모델 코드[2]에서 중복을 제거하길 원한다. 그렇다면 테스트 코드에서도 중복을 없애야 할까? 아마도 그럴 것이다.

문제는 이렇다. 여러분은 종종 객체들을 원하는 상태로 세팅하는 코드를 작성하고 나서, 이 객체들을 조작하고 결과를 테스트하는 코드를 만든다. 그런데 객체들을 세팅하는 코드는 여러 테스트에 걸쳐 동일한 경우가 있다. (이러한 객체들은 테스트 픽스처(fixture, 정착물 혹은 고정물) 혹은 발판(scaffolding)이라 부른다.) 이와 같은 중복은 다음과 같은 이유로 좋지 않다.

- 복사해서 붙이기를 한다고 하더라도 이런 코드를 반복 작성하는 것엔 시간이 소요되는데, 우리는 테스트를 빨리 작성하길 원한다.
- 인터페이스를 수동으로 변경할 필요가 있을 경우, 여러 테스트를 고쳐주어야 한다(이는 중복에 대해 정확히 예상되는 결과다).

하지만 위에서 말한 중복에 좋은 점도 존재한다. 객체 세팅 코드들이 단언이 적힌 메서드에 포함되면 우리는 테스트 코드를 그냥 위에서 아래로 읽어내려 갈 수 있다. 하지만 객체 세팅 코드들이 별도의 메서드

---

2) 역자 주: 모델 코드(model code)는 테스트 코드가 아닌 테스트 대상이 되는, 실제로 애플리케이션에서 사용될 코드로 제품 코드(production code)라 하기도 한다.

(setUp)로 분리되면 우리는 테스트의 나머지 부분을 작성하기 전에, 그 메서드가 자동으로 호출된다는 점과 객체들이 어떻게 초기화되었는지를 기억해야 한다.

xUnit은 두 가지 스타일을 모두 지원한다. 픽스처 객체들을 쉽게 기억해내지 못하는 사람들을 위해 픽스처를 생성하는 코드를 테스트 메서드에 포함시킬 수 있다. 또는 공통의 픽스처 생성 코드를 setUp( ) 메서드로 옮겨 적을 수도 있다. setUp( ) 메서드에서는 테스트에서 쓰일 인스턴스 변수들에 적절한 객체들을 설정하도록 한다.

다음은 짧은 예다. 공통의 픽스처 생성 코드를 메서드로 분해하기 위한 동기를 얻기에는 너무 짧지만, 책에 담기엔 알맞은 크기다.

EmptyRectangleTest
```
public void testEmpty() {
    Rectangle empty= new Rectangle(0,0,0,0);
    assertTrue(empty.isEmpty());
}

public void testWidth() {
    Rectangle empty= new Rectangle(0,0,0,0);
    assertEquals(0.0, empty.getWidth(), 0.0);
}
```

(이 테스트는 부동소수점 버전의 assertEquals( )의 사용법도 보여준다. 부동소수점 버전의 assertEquals( )에는 허용 오차를 적어 넣을 수 있다.) 다음과 같이 중복을 제거할 수 있다.

EmptyRectangleTest
```
private Rectangle empty;

public void setUp() {
```

```
    empty= new Rectangle(0,0,0,0);
}

public void testEmpty() {
    assertTrue(empty.isEmpty());
}

public void testWidth() {
    assertEquals(0.0, empty.getWidth(), 0.0);
}
```

공통 코드를 다른 메서드로 추출했다. 이 메서드는 프레임워크에 의해
서 각각의 테스트 메서드가 호출되기 직전에 호출된다. 테스트 메서드들
은 더 간결해졌지만 이 메서드들을 이해하려면 setUp( )에 어떤 내용이 있
는지 기억해야 한다.

어떤 스타일을 사용해야 할까? 두 가지를 모두 시도해보기 바란다. 난
대부분 공통의 셋업 코드를 분리하는데, 항상 세부사항에 대해 정확히 기
억한다. 내 코드를 읽는 사람은 기억해야 할 것들이 너무 많다며 불평하기
도 한다. 좀 덜 분리하는 것이 좋을지도 모르겠다.

TestCase의 하위 클래스와 하위 클래스의 인스턴스 사이의 관계는 xUnit
에서 가장 혼란스러운 부분 중 하나다. 새로운 종류의 픽스처는 각각 Test-
Case의 새로운 하위 클래스여야 한다. 이 하위 클래스의 인스턴스 안에서
새로운 픽스처가 각각 생성되어 한 번 사용된 후 버려진다.

바로 앞 예제의 경우, 만약 비어 있지 않은 사각형에 대한 테스트를 작
성하고자 했다면 NormalRectangleTest 정도의 이름으로 새로운 클래스를
만들었을 것이다. 이 클래스의 setUp( )에서는 다른 사각형을 생성할 것이
다. 약간 다른 픽스처가 필요할 때면, 난 보통 새로운 TestCase 하위 클래
스를 만들어 낸다.

이 말은, 테스트 클래스와 모델 클래스 사이에 어떤 단순한 관계가 존재하지 않는다는 걸 의미한다. 한 픽스처가 여러 클래스를 테스트하는데 쓰이는 경우도 있고(물론 이런 경우는 흔치 않다), 한 모델 클래스를 테스트하는 데 두 세 개의 픽스처가 필요한 경우도 있다. 실제 업무에서 테스트 클래스와 모델 클래스의 수가 대충 비슷하게 유지되지만, 한 모델 클래스에 대해서 한 테스트 클래스가 대응되기 때문은 아니다.

| 외부 픽스처 |

픽스처 중 외부 자원이 있을 경우 이를 어떻게 해제(release)할 것인가? tearDown( ) 메서드를 재정의하여 이곳에서 자원을 해제하면 된다.

각 테스트의 목적 중 하나는 테스트가 실행되기 전과 실행된 후의 외부 세계가 동일하게 유지되도록 만드는 것임을 기억하기 바란다. 예를 들어 테스트 중에 파일을 열었다면 테스트가 끝나기 전에 이를 반드시 닫아야 한다. 다음과 같이 작성할 수 있을 것이다.

```
testMethod(self):
    file= File("foobar").open()
    try:
        ...run the test...
    finally:
        file.close()
```

그런데 만약 파일이 여러 테스트에서 사용되었다면 이를 공통 픽스처의 일부로 만들 수 있을 것이다.

```
setUp(self):
    self.file= File("foobar").open()
testMethod(self):
    try:
```

```
        ...run the test...
    finally:
        self.file.close()
```

하지만 일단 finally 절에 있는 귀찮은 중복은 우리가 설계에서 뭔가를 놓치고 있다는 점을 알려준다. 그 다음 이 메서드는 에러가 나기 쉬운데, 그 이유는 우리가 finally 절을 잊거나 파일을 닫아야 한다는 사실 자체를 잊을 수도 있기 때문이다. 마지막으로 테스트 안에 세 줄의 잡음(try, catch, finally)이 끼어 있는데, 이는 테스트를 실행하는 것과 큰 관련이 없다.

xUnit은 각각의 테스트가 끝난 후에 tearDown( )이 호출되는 것을 보장해 준다. tearDown( )은 테스트 메서드에서 무슨 일이 벌어졌건 간에 상관없이 호출될 것이다. (그러나 setUp( )이 실패한 경우엔 tearDown( )이 호출되지 않는다.) 따라서 위의 테스트를 다음과 같이 옮겨 적을 수 있다.

```
setUp(self):
    self.file= File("foobar").open()
testMethod(self):
    ...run the test...
tearDown(self):
    self.file.close()
```

| 테스트 메서드 |

테스트 케이스 하나를 어떻게 표현할 것인가? 'test'로 시작하는 이름의 메서드로 나타내면 된다.

여러분은 앞으로 테스트를 수백 수천 개 갖게 될 것이다. 이것들을 어떻게 다 관리할 것인가?

객체지향 프로그래밍 언어는 세 가지 범주의 구조 계층을 제공한다.

- 모듈(자바의 패키지)

- 클래스
- 메서드

만약 테스트를 일반적인 소스코드처럼 작성하길 원한다면, 테스트를 위의 구조에 끼워 맞출 방법을 찾아야만 한다. 만약 픽스처를 표현하기 위해 클래스를 사용하기로 결정한다면 각각의 테스트를 위한 장소는 자연스럽게 메서드로 결정된다. 동일한 픽스처를 공유하는 모든 테스트는 동일한 클래스의 메서드로 작성될 것이다. 다른 종류의 픽스처를 필요로 하는 테스트는 다른 클래스에 존재하게 된다.

관습에 의해 메서드 이름은 'test'로 시작한다. 툴[3]은 이 패턴을 자동으로 인식하고 주어진 클래스에 대한 테스트 슈트를 생성한다. 메서드 이름의 나머지 부분은 나중에 아무것도 모르는 사람이 이 코드를 읽더라도 왜 이 테스트가 작성되었는지 알 수 있도록 단서를 주어야 한다. 예를 들어 JUnit에는 'testAssertPosInfinityNotEqualsNegInfinity'라는 테스트가 있다. 테스트 작성 당시에 대해 기억이 나지는 않지만 이름으로 미루어보건대 과거 어느 순간에 JUnit의 부동소수점 관련 단언 코드에서 양의 무한대(positive infinity)와 음의 무한대(negative infinity)를 구분하지 못한 적이 있는 모양이다. 테스트 코드를 통해 JUnit에서 부동소수점을 비교하는 부분을 빠르게 찾아가서, 그 부분이 어떻게 작성되었는지 볼 수 있었다. (이 부분은 좀 지저분하다. 무한대를 다루기 위한 특별한 조건문이 있다.)

테스트 메서드는 의미가 그대로 드러나는 코드로, 읽기 쉬워야 한다. 테스트 코드가 점점 길어지고 복잡해진다면, 아기걸음 게임을 할 필요가 있다. 게임의 목적은 최종 목표에 좀더 다가갈 수 있게 해주는 가장 짧은 테스트를 작성하는 것이다. 일부러 코드를 꼬는 일이 없다면, 대략 세 줄이

---

3) 역자 주: xUnit 프레임워크를 말한다.

최소가 될 것이다. (컴퓨터나 자신을 위해서가 아니라, 후에 코드를 읽게 될 다른 사람을 위해 테스트를 작성한다는 사실을 기억하기 바란다.)

나는 패트릭 로간(Patrick Logan)이 제공한 아이디어를 실험해 보고자 한다. 맥코넬(McConnell)[4]이나 케인(Caine)과 고든(Gordon)[5] 역시 이 비슷한 것을 설명했다.

나는 몇몇 이유로 최근 모든 작업에 '아웃라인' 을 작성하기 시작했다. 테스팅 또한 마찬가지다. 테스트를 작성하기 전에 일단 원하는 테스트에 대한 짧은 아웃라인을 적는다. 예를 들어

/* 터플 공간(tuple space)에 추가하기. */
/* 터플 공간에서 갖고오기. */
/* 터플 공간에서 읽어들이기. */

이것들은 내가 각 카테고리 밑에 특정 테스트를 추가할 때까지 일종의 임시 자리 표시(place holders)가 된다. 내가 테스트를 추가할 때, 아웃라인에 또 다른 레벨의 코멘트를 추가한다.

/* 터플 공간(tuple space)에 추가하기. */
/* 터플 공간에서 갖고오기. */
/* 존재하지 않는 터플 가져오기. */
/* 존재하는 터플 가져오기. */
/* 복수 개의 터플 가져오기. */
/* 터플 공간에서 읽어들이기. */

---

4) 저자 주: McConnell, Steve. 1993. Code Complete, Chapter 4, Seattle, Washington, Microsoft Press. ISBN 1556154844.
5) 저자 주: Caine, S. H., Gordon, E. K. 1975. "PDL: A Tool for Software Design," AFIPS Proceedings of the 1075 National Computer Conference.

나는 아웃라인에 보통 두세 레벨만 넣는다. 그것보다 더 많이 단 경우는 생각나지 않는다. 하지만 아웃라인은 본질적으로 테스트하는 클래스의 계약 문서가 되는 것이다. 여기에 나온 예는 축약된 것이지만 계약적 언어[6]에서는 좀더 구체적이 될 것이다. (나는 Eiffel 같은 자동화를 위해 자바에 애드온을 사용하거나 하지는 않는다.)[7]

아웃라인에서 가장 낮은 레벨 바로 밑에는 테스트 케이스 코드가 오게 된다.

| 예외 테스트 |

예외가 발생하는 것이 정상인 경우에 대한 테스트는 어떻게 작성할 것인가? 예상되는 예외를 잡아서 무시하고, 예외가 발생하지 않은 경우에 한해서 테스트가 실패하게 만들면 된다.

어떤 값을 찾는 테스트를 작성한다고 치자. 값이 찾아지지 않으면 예외가 던져지길 원한다. 일단 값을 찾는 테스트는 간단하다.

```
public void testRate() {
exchange.addRate("USD", "GBP", 2);
int rate= exchange.findRate("USD", "GBP");
assertEquals(2, rate);
}
```

하지만 예외가 제대로 발생하는지에 대해 테스트할 방법이 쉽게 떠오르지 않는다. 다음과 같이 하면 된다.

```
public void testMissingRate() {
    try {
```

---

6) 역자 주: Eiffel 같이 언어 차원에서 계약에 의한 설계(design by contract)를 지원하는 언어를 말한다.

7) 역자 주: Eiffel 언어의 설계자인 버트런드 마이어(Bertrand Meyer)는 테스트 주도 개발과 계약에 의한 설계의 관계에 대한 견해를 밝힌 바 있다. 다음 사이트를 참고하기 바란다. http://www.artima.com/intv/contest.html

```
        exchange.findRate("USD", "GBP");
        fail();
    } catch (IllegalArgumentException expected) {
    }
}
```

findRate( )가 예외를 던지지 않는다면 fail( )이 호출될 것이다. fail( )은 테스트가 실패했음을 알려주기 위한 xUnit 메서드다. 우리가 원하는 정확한 종류의 예외만을 잡아내야 한다는 점에 유의하기 바란다. 그래야만 우리가 원하는 예외가 아닌, 다른 예외가 발생한 경우 테스트가 적절히 실패할 것이기 때문이다.

| 전체 테스트 |

모든 테스트를 한번에 실행하려면 어떻게 해야 할까? 모든 테스트 슈트에 대한 모음을 작성하면 된다(각각의 패키지에 대해 하나씩, 그리고 전체 애플리케이션의 패키지 테스트를 모아주는 테스트 슈트).

TestCase의 하위 클래스 하나를 패키지에 추가하고 나서 그 클래스에 테스트 메서드를 하나 추가한다고 가정하자. 다음에 테스트를 전부 돌릴 때 그 테스트 메서드도 실행되어야 한다. (여기에 테스트 주도적인 뭔가가 있다. 앞에 설명한 것은 내가 책을 쓰느라 바쁘지 않다면 주저하지 않고 구현해 버릴 테스트에 대한 아웃라인이다.) 대부분의 xUnit 구현과 IDE에서 이 기능이 지원되지 않기 때문에,[8] 각각의 패키지는 AllTests라는 이름의 클래스를 가지고 있어야 한다. 이 클래스는 TestSuite 인스턴스를 반환하는 suite( )라는 이름의 정적 메서드를 가지고 있어야 한다. 통화 예제에 대한 AllTests는 다음과 같다.

---

8) 역자 주: 이클립스 등의 최근 주요 IDE에서는 이 기능이 제공된다.

```
public class AllTests {
    public static void main(String[] args) {
        junit.swingui.TestRunner.run(AllTests.class);
    }

    public static Test suite() {
        TestSuite result= new TestSuite("TFD tests");
        result.addTestSuite(MoneyTest.class);
        result.addTestSuite(ExchangeTest.class);
        result.addTestSuite(IdentityRateTest.class);
        return result;
    }
}
```

AllTests에 main( ) 메서드를 구현하여 IDE 혹은 명령줄에서 직접 실행되게
할 수도 있다.

.

30장. 디자인 패턴

패턴의 주요한 통찰이 하나 있으니, 우리가 언제나 완전히 다른 문제들을 해결하는 것 같지만 우리가 푸는 문제 대다수는 사용하는 도구에 의해 생기는 것이지 직면한 외부의 문제 때문에 생기는 것이 아니라는 점이다.[1] 이런 이유로, 심지어 외부적 문제 해결 컨텍스트가 엄청나게 다양하더라도 공통의 해결책을 가진 공통의 문제를 발견할 것을 기대할 수 있다. (실제로 그렇기도 하다.)

객체를 적용해서 계산을 조직화하는 것은, 내부 생성된 공통적이고 부차적인 문제(subproblem)들을 역시 공통적이고 예측 가능한 방법들로 해결하는 가장 좋은 예 중 하나가 된다. 디자인 패턴의 엄청난 성공은 객체 프로그래머들이 보는 공통성에 대한 증거다.[2] 하지만 『Design Pattern』이라는 책의 성공은 이런 패턴들을 표현하는 어떠한 다양성도 모두 억압하

---

1) 저자 주: Alexander, Christopher. 1970. Notes on the synthesis of Form. Cambridge, MA: Harvard University Press. ISBN: 0674627512.

고 말았다. 이 책은 설계를 독립된 단계로 바라보는 성향을 어렴풋이 띤다. 이 책은 확실히 리팩토링을 설계의 일종으로 보는 것에 동의하지 않는다. TDD에서는 설계를 디자인 패턴과는 조금 다른 관점으로 본다.

여기서 디자인 패턴을 포괄적으로 다루고자 하는 것은 아니다. 예제를 이해할 수 있을 정도만 다룰 것이다. 다음은 이 책에서 다룰 패턴에 대한 요약이다.

- 커맨드 – 계산 작업에 대한 호출(invocation of a computation)을 메시지가 아닌 객체로 표현한다.
- 값 객체 – 객체가 생성된 이후 그 값이 절대로 변하지 않게 하여 별칭 문제가 발생하지 않게 한다.
- 널 객체 – 계산 작업의 기본 사례를 객체로 표현한다.
- 템플릿 메서드 – 계산 작업의 변하지 않는 순서를 여러 추상 메서드로 표현한다. 이 추상 메서드들은 상속을 통해 특별한 작업을 수행하게끔 구체화된다.
- 플러거블 객체 – 둘 이상의 구현을 객체를 호출함으로써 다양성을 표현한다.
- 플러거블 셀렉터 – 객체별로 서로 다른 메서드가 동적으로 호출되게 함으로써 필요 없는 하위 클래스의 생성을 피한다.
- 팩토리 메서드 – 생성자 대신 메서드를 호출함으로써 객체를 생성한다.
- 임포스터 – 현존하는 프로토콜을 갖는 다른 구현을 추가하여 시스템에 변이를 도입한다.
- 컴포지트 – 하나의 객체로 여러 객체의 행위 조합을 표현한다.

2) 저자 주: Gamma, Erich; Helm, Richard; Johnson, Ralph; Vlissides, John. 1995. Design Patterns: Elements of Reusable Object Oriented Sotware. Boston: Addison-Wesley. ISBN: 0201633612.

- 수집 매개 변수 – 여러 다른 객체에서 계산한 결과를 모으기 위해 매개 변수를 여러 곳으로 전달한다.

TDD의 어느 단계에서 사용되느냐에 따라 디자인 패턴을 분류할 수 있는데, 표 30.1에 보이는 바와 같다.

표 30.1　　　　　　　테스트 주도 개발에서 디자인 패턴의 쓰임새

패턴	테스트 작성	리팩토링
커맨드	X	
값 객체	X	
널 객체		X
템플릿 메서드		X
플러거블 객체		X
플러거블 셀렉터		X
팩토리 메서드	X	X
임포스터	X	X
컴포지트	X	X
수집 매개 변수	X	X

| 커맨드 |

간단한 메서드 호출보다 복잡한 형태의 계산 작업에 대한 호출이 필요하다면 어떻게 해야 할까? 계산 작업에 대한 객체를 생성하여 이를 호출하면 된다.

메시지 보내기는 참 훌륭한 기능이다.[3] 프로그래밍 언어는 문법적으로 쉽게 메시지를 보낼 수 있게 해준다. 또 프로그래밍 환경은 메시지를 쉽게

---

3) 역자 주: 메시지를 보낸다는 것은 쉽게 말해서 메서드를 호출한다는 의미와 비슷하다. OOP의 아버지 앨런 케이(Alan kay)는 객체지향 프로그램의 가장 중요한 아이디어는 클래스나 상속, 객체가 아니라 메시지 보내기라고 말한 적이 있다.

다룰 수 있도록 도와준다(예를 들어 메시지 이름을 변경하는 리팩토링을 자동으로 수행할 수 있다). 하지만, 가끔은 단순히 메시지를 보내는 것만으로는 충분하지 않을 때가 있다.

예를 들어 메시지를 보냈다는 사실을 로그로 남기길 원한다고 생각해 보자. 물론 언어에 새로운 특성(wrapper method)을 추가하는 방법도 있겠지만, 그러기엔 로깅 기능이 쓰이는 빈도가 매우 낮고, 이에 비해서 간결한 언어가 우리에게 주는 가치는 너무도 높기 때문에, 언어에 새로운 특성을 추가하지 않는 게 좋을 것이다. 또 다른 예를 들자면, 어떤 계산을 수행하고 싶긴 한데 나중에 하고 싶은 경우도 있다. 이 경우에 새로운 스레드를 생성하고 멈춘 후에 나중에 원하는 시점에서 다시 시작할 수 있겠지만, 이렇게 한다면 우린 온갖 동시성 문제를 고민해야 할 것이다.

복잡한 계산 작업 호출은 값비싼 메커니즘을 필요로 한다. 하지만 거의 대부분의 경우 이런 모든 복잡함이 요구되지는 않으며, 그런 비싼 값을 치르지 않는 게 좋을 것이다. 메시지 하나를 보내는 것보다 호출이 조금 더 구체적이고 또 조작하기 쉬워지려면, 바로 객체가 해답이 된다. 호출 자체를 나타내기 위한 객체를 만드는 것이다. 객체를 생성할 때 계산에 필요한 모든 매개 변수들을 초기화한다. 호출할 준비가 되면 run( )과 같은 프로토콜을 이용해서 계산을 호출한다.

자바의 Runnable 인터페이스가 훌륭한 예다.

Runnable
```
interface Runnable
    public abstract void run();
```

run( )의 구현으로는 여러분이 원하는 어떤 것을 넣어도 된다. 불행히도 자바는 Runnable을 생성하고 호출하기 위한, 문법적으로 간결한 방법을 제공하지 않기 때문에 이 인터페이스가 스몰토크/루비(Ruby) 혹은 리스프(LISP)의 블럭 혹은 람다(lambda)처럼 자주 쓰이지는 않는다.

| 값 객체 |

널리 공유해야 하지만 동일성(identity)은 중요하지 않을 때 객체를 어떤 식으로 설계할 수 있을까? 객체가 생성될 때 객체의 상태를 설정한 후 이 상태가 절대 변할 수 없도록 한다. 그리고 이 객체에 대해 수행되는 연산은 언제나 새로운 객체를 반환하게 만든다.

객체란 정말 멋진 것이다. 내가 여기서 이런 말을 해도 되지 않겠는가. 객체는 차후의 이해와 성장을 위해 로직을 정리하는 아주 좋은 방법이다. 그러나 작은 문제가 하나 있다. (물론 문제가 하나만 있는 건 아니겠지만, 여기서는 일단 이 얘기만 하도록 하자.)

'나'라는 어떤 객체가 있는데, '내'가 Rectangle 객체를 갖는다고 가정해 보자. 나는 Rectangle에 기반을 두고 이를테면 면적 같은 어떤 값을 계산한다. 나중에 누군가가[4] 공손하게 내가 가진 Rectangle 객체를 빌려 달라고 요청하고, 나는 비협조적으로 보이길 원치 않기 때문에 Rectangle을 그에게 빌려준다. 잠시 후 내가 모르는 사이에 내 Rectangle 객체의 상태가 변하게 된다. 따라서 내가 좀 전에 계산한 면적이 더는 쓸모가 없게 되지만, 내가 그 사실을 알 방법은 전혀 없다.

이게 바로 고전적인 별칭 문제다. 두 객체가 제삼의 다른 객체에 대한 참조를 공유하고 있는데, 한 객체가 공유되는 객체의 상태를 변화시키면 나머지 다른 객체는 공유 객체의 상태에 의존하지 않는 편이 차라리 나을 것이다.

---

4) 역자 주: '누군가' 또한 객체다. 켄트 벡은 지금 객체를 의인화해서 롤플레잉하는 중이다. CRC 카드 기법을 참조하라.

별칭 문제를 해결하기 위한 몇 가지 방법이 있다. 한 가지는 현재 의존하는 객체에 대한 참조를 결코 외부로 알리지 않는 방법이다. 그 대신 객체에 대한 복사본을 제공하는 것이다. 이 방법은 시간(수행 시간)이나 공간(메모리 공간) 측면에서 비싼 해결책일 수도 있고, 공유 객체의 상대 변화를 공유하고 싶은 경우에는 사용할 수 없다는 단점이 있다. 또 다른 방법은 옵저버 패턴을 사용하는 것이다. 의존하는 객체에 자기를 등록해 놓고, 객체의 상태가 변하면 통지를 받는 방법이다. 옵저버 패턴은 제어 흐름을 이해하기 어렵게 만들 수 있고, 의존성을 설정하고 제거하기 위한 로직이 지저분해질 수 있다.

또 다른 해법은 객체를 덜 객체답게 취급하는 법이다. 객체는 시간의 흐름에 따라 변할 수 있는 상태를 갖고 있다. 하지만 만약 우리가 원한다면 '시간의 흐름에 따라 변하는 상태'를 제거해버릴 수 있다. 내가 어떤 객체를 가지고 있는데 이 객체가 변하지 않을 것임을 안다면 이 객체에 대한 참조를 원하는 곳 어디로든 넘겨줄 수 있다. 별칭 문제가 발생하지 않을 것임을 알기 때문이다. 변화 자체가 불가능하다면 내가 모르는 곳에서 변화가 일어날 가능성 자체가 없게 되는 것이다.

내가 스몰토크를 처음 배울 때 정수 때문에 헷갈리던 것을 기억한다. 숫자 2의 2번 비트를 1로 변경했을 때 왜 모든 2가 6이 되지 않는 걸까?[5)]

```
a := 2.
b := a.
a := a bitAt: 2 put: 1.
a => 6
b => 2
```

---

5) 역자 주: 숫자 2는 이진수로 10이다. 2번 비트(비트는 0번부터 셈하기 때문에 세 번째 비트다)를 1로 설정하면 110이 되는데, 이는 십진수로 6이다.

정수는 사실 객체를 가장한 '값'일 뿐이다. 스몰토크의 경우 작은 크기의 정수에 대해서는 이 말이 문자 그대로 참이다. 기계의 워드(word) 크기를 벗어나는 정수의 경우에도 '값'처럼 행동하도록 시뮬레이션된다. 해당 비트를 설정했을 때 내가 돌려받은 것은 비트가 변경된 기존의 객체가 아니라 비트가 설정된 새로운 객체인 것이다.

이와 같이 값 객체를 구현할 때 모든 오퍼레이션은 기존 객체는 변하지 않은 채로 놔두고, 새로운 객체를 반환해야 한다. 사용자는 값 객체를 사용한다는 사실을 주지하고 (이전의 예처럼) 결과를 저장해야 한다. 이런 객체 할당(allocation)은 퍼포먼스 문제를 야기할 수 있는데, 이런 문제는 모든 퍼포먼스 문제와 동일하게 실질적인 자료 집합이 있고, 실질적 사용 패턴, 프로파일링 데이터, 퍼포먼스에 대한 불만 등이 실재로 존재하는 상황 하에서만 고민해야 한다.

나는 교차하고 합해지는 기하학적 모양들, 숫자와 함께 그 단위가 따라다니는 단위값, 기호대수학 등 대수학 같아 보이는 상황이라면 언제나 값 객체를 사용하려는 경향이 있다. 조금이라도 값 객체가 의미 있는 경우에는 그것을 시도해 보는데, 값 객체가 코드 읽기, 디버깅하기를 훨씬 쉽게 해주기 때문이다.

모든 값 객체는 동등성을 구현해야 한다(그리고 많은 언어에서 값 객체는 암묵적으로 해싱을 구현해야 한다). 만약 내가 계약 객체를 두 개 가지고 있는데, 둘이 서로 같은 객체가 아니라면 이 둘은 동등한 것이 아니라 다른 것이다. 하지만 내게 5프랑짜리 동전이 두 개 있다면 이것들이 동일한 동전인지는 중요하지 않다. 5프랑은 5프랑인 거다. 이것들은 서로 동등해야 한다.[6]

---

6) 역자 주: 동일성(identity)과 동등성(equality)은 서로 다르다. 5백원 동전 두 개가 서로 동등할지라도 동일하지는 않다.

| 널 객체 |

객체의 특별한 상황을 표현하고자 할 때 어떻게 해야 할까? 그 특별한 상황을 표현하는 새로운 객체를 만들면 된다. 그리고 이 객체에 다른 정상적인 상황을 나타내는 객체와 동일한 프로토콜[7]을 제공한다.

java.io.File에서 영감을 얻음

```
public boolean setReadOnly() {
    SecurityManager guard = System.getSecurityManager();
    if (guard != null) {
        guard.canWrite(path);
    }
    return fileSystem.setReadOnly(this);
}
```

java.io.File에는 guard != null이 18번이나 나온다. 비록 이러한 근면함 덕택에 세상의 파일들이 안전하게 지켜진다는 점을 인정하긴 하지만 한편으로 조금 신경질도 난다. getSecurityManager( )가 null을 반환하는지 항상 조심스럽게 검사해야만 하는 걸까?

다른 방법은 절대로 예외를 던지지 않는 새로운 클래스(LaxSecurity)를 만드는 것이다.

LaxSecurity

```
public void canWrite(String path) {
}
```

누군가가 SecurityManager를 요청했는데, 반환할 SecurityManager가 없다면 그 대신 LaxSecurity를 반환하면 된다.

---

7) 역자 주: 프로토콜이란 인터페이스와 비슷한 뜻이다. 자바와 같은 강한 타입 언어 (strong typed language)에서 같은 프로토콜을 제공한다는 말의 의미는 같은 인터페이스를 갖거나 해당 클래스의 하위 클래스가 되어야 한다는 뜻이다.

SecurityManager
```
public static SecurityManager getSecurityManager() {
    return security == null ? new LaxSecurity() : security;
}
```

이제 더는 누군가 널 검사를 하지 않았을까 하는 걱정은 하지 않아도 된다. 원래의 코드는 다음과 같이 무척 깔끔해진다.

File
```
public boolean setReadOnly() {
    SecurityManager security = System.getSecurityManager();
    security.canWrite(path);
    return fileSystem.setReadOnly(this);
}
```

에리히 감마와 OOPSLA의 튜토리얼 하나를 진행하다가 JHotDraw 어딘가에 널 객체가 적절한지 아닌지에 대한 논쟁을 한 적이 있다. 결국 조건문 하나를 제거하기 위해서 널 객체를 도입하는 데 드는 비용이 코드 열 줄이라고 에리히가 계산할 때까지 나는 논쟁에서 점수를 앞서고 있었다. 나는 후반부 라운드에 나오는 TKO(technical knock-out)[8]가 싫다. (우리는 또한 조직적이지 못하고 허술해 보인다고 청중에게 극도로 나쁜 점수를 받았다. 그들은 분명, 생산적인 설계 토론이 어렵긴 하지만 배울 수 있는 기술이라는 것을 알지 못했다.)

| 템플릿 메서드 |
작업 순서는 변하지 않지만 각 작업 단위에 대한 미래의 개선 가능성을 열어두고 싶은 경우 이를 어떻게 표현할 것인가? 다른 메서드들을 호출하는

---

8) 역사 주: 원래 권투 용어인데 t가 기술적(technical)이라는 단어의 첫 글자라서 프로그래머에게는 다른 의미로 다가올 수도 있는 점을 이용한 말장난이다.

내용으로만 이루어진 메서드를 만든다.

프로그래밍이란 고전적인 순서들로 가득하다.

- 입력/처리/출력
- 메시지 보내기/응답 받기
- 명령 읽기/결과 내보내기

이러한 순서들의 범용성에 대해서 명백하게 나타내는 동시에 각 단계의 구현에 대해서는 변화를 주고 싶은 경우가 있다.

객체지향 언어는 상속을 통해 범용적인 순서를 표현하기 위한 간단한 (제한된 경우에 한해서) 방법을 제공한다. 상위 클래스에는 다른 메서드를 호출하는 내용으로만 이루어진 메서드를 만들고, 하위 클래스에서는 이 각각의 메서드를 서로 다른 방식으로 구현한다. 예를 들어 JUnit에서는 테스트를 실행하기 위한 기본 순서를 다음과 같이 구현한다.

TestCase

```java
public void runBare() throws Throwable {
    setUp();
    try {
        runTest();
    }
    finally {
        tearDown();
    }
}
```

하위 클래스는 그들이 원하는 대로 setUp( ), runTest( ), tearDown( )을 구현하면 된다.

템플릿 메서드를 만들 때 한 가지 문제는 하위 클래스를 위한 기본 구현을 제공할 것인가 말 것인가 하는 것이다. TestCase.runBare( )에서는 세 개의 메서드가 모두 기본 구현을 가지고 있다.

- setUp( )과 tearDown( )은 아무 일도 하지 않는다.
- runTest( )는 테스트 메서드를 이름에 기반하여 동적으로 찾아서 호출한다.

하위 단계가 정의되지 않은 상태에서 연산을 구현하는 것이 의미가 없는 경우라면, 여러분이 사용하는 언어가 제공하는 어떠한 방법을 이용하건 간에 이를 나타내주어야 한다.

- 자바에서는 하위 메서드(submethod)를 추상 메서드로 선언한다.
- 스몰토크에서는 메서드가 SubclassResponsibility 에러를 던지게 만든다.

템플릿 메서드는 초기의 설계에 의해서 얻어지는 것보다는 경험에 의해 발견되는 것이 좋다. "아, 이 부분은 순서에 관한 내용이고, 이 부분이 상세한 구현에 대한 내용이로군." 하는 생각이 들 때면 늘 그 상세한 구현을 나중에 인라인시키고 진짜로 변하는 부분만 다시 추출한다.

두 하위 클래스에서 어떤 연산 순서의 두 가지 변주를 발견하면, 양자가 점차 가까워지도록 둘을 같이 움직여가야 한다. 나머지 메서드들과는 다른 부분을 추출해 내면 남는 것은 템플릿 메서드다. 그 다음 템플릿 메서드를 상위 클래스로 보내고 중복을 제거할 수 있다.

| 플러거블 객체 |

변이를 어떻게 표현할 것인가? 가장 간단한 방법은 명시적인 조건문을 사용하는 것이다.

```
if (circle) then {
. . . circley stuff. . .
} else {
. . . non circley stuff
}
```

하지만 이러한 명시적인 의사 결정 코드는 소스의 여러 곳으로 퍼져나
간다는 사실을 순식간에 알게 될 것이다. 원과 원이 아닌 것을 구분하기
위해 한 곳에서 명시적인 조건문을 사용하게 되면, 조건문은 조만간 퍼져
나갈 것이다.

TDD의 두 번째 수칙이 중복을 제거하는 것이기 때문에, 명시적인 조건
문이 전염되는 싹을 애초에 잘라버려야 한다. 조건문을 두 번째로 볼 때가
바로, 객체 설계시의 가장 기초인 플러거블 객체를 끄집어낼 때다.

단순히 중복을 제거하기 위해 얻은 플러거블 객체는 종종 반직관적이
다. 에리히 감마와 내가 발견한 예가 있는데, 내가 가장 좋아하는 예상 못
한 플러거블 객체의 예 중 하나다. 그래픽 편집기를 작성할 때 선택(selec-
tion)은 사실 좀 복잡하다. 마우스 버튼을 누를 때 어떤 도형 위에 있는 경
우, 마우스를 움직이면 해당 도형을 이동하게 되고 마우스 버튼을 놓으면
해당 도형이 선택된다. 도형 위에 있지 않은 경우, 마우스 버튼을 누르면
도형 집합을 선택하는 것이며 그 이후에 마우스를 움직이면, 일반적으로
여러 도형을 선택하는 데 사용된 사각형의 크기를 바꾸게 된다. 그리고 마
우스 버튼을 놓으면 사각형 안의 도형이 선택된다.

초기 코드는 아래와 비슷한 모양이었다.

SelectionTool
```
Figure selected;
public void mouseDown() {
    selected= findFigure();
```

```
    if (selected != null)
        select(selected);
}
public void mouseMove() {
    if (selected != null)
        move(selected);
    else
        moveSelectionRectangle();
}
public void mouseUp() {
    if (selected == null)
        selectAll();
}
```

이게 바로 지저분한 중복 조건문들이다(이것들은 질병처럼 번져나간
다). 이 경우에 대한 해법은 플러거블 객체인 SelectionMode를 만드는 것
이다. SelectionMode는 SingleSelection과 MultipleSelection이라는 두 가지
구현을 갖는다.

SelectionTool

```
SelectionMode mode;
public void mouseDown() {
    selected= findFigure();
    if (selected != null)
        mode= SingleSelection(selected);
    else
        mode= MultipleSelection();
}
public void mouseMove() {
    mode.mouseMove();
}
public void mouseUp() {
    mode.mouseUp();
}
```

명시적인 인터페이스를 사용하는 언어에서는 두 플러거블(혹은 그 이상의) 객체가 동일한 인터페이스를 구현하게 해야 한다.

| 플러거블 셀렉터[9] |

인스턴스별로 서로 다른 메서드가 동적으로 호출되게 하려면 어떻게 해야 할까? 메서드의 이름을 저장하고 있다가 그 이름에 해당하는 메서드를 동적으로 호출한다.

각각 단지 메서드 하나만 구현하는 하위 클래스가 열 개 있다면 어떻게 해야 할까? 상속은 이런 작은 변이를 다루기에는 너무 무거운 기법이다.

```
abstract class Report {
    abstract void print();
}
class HTMLReport extends Report {
    void print() { ...
    }
}
class XMLReport extends Report {
    void print() { ...
    }
}
```

한 가지 대안은 switch 문을 갖는 하나의 클래스를 만드는 것이다. 필드의 값에 따라 서로 다른 메서드를 호출하면 된다. 하지만 메서드의 이름이 세 곳에 나뉘어 존재하게 된다.

---

9) 저자 주: 자세한 내용을 알려면 다음 서적을 보라. Beck, K. 1997. The Smalltalk Best Practice Patterns, pp. 70-73. Englewood-Cliffs, NJ: Prentice-Hall. ISBN 013476904X. 자기 글을 참고자료로 쓰는 것은 나쁜 짓이지만, 철학자 필리스 딜러(Phyllis Diller)가 이런 말을 했다는 점을 기억하기 바란다. "물론 나는 내 농담에 웃기도 합니다. 낯선 사람은 믿을 수 없지요."

- 인스턴스 생성하는 곳

- switch문

- 메서드 자체

```
abstract class Report {
    String printMessage;
    Report(String printMessage) {
        this.printMessage= printMessage;
    }
    void print() {
        switch (printMessage) {
            case "printHTML" :
                printHTML();
                break;
            case "printXML" :
                printXML():
                break;
        }
    };
    void printHTML() {
    }
    void printXML() {
    }
}10)
```

새로운 종류의 출력을 추가할 때마다 출력 메서드를 추가하고 switch 문을 바꿔야 한다는 점을 기억해야 한다.

플러거블 셀렉터 해법은 리플랙션을 이용하여 동적으로 메서드를 호출하는 것이다.

---

10) 역자 주: 형태로 봐서 자바 문법인 것 같지만 case 문에 string 형이 있기 때문에 사실은 문법 오류다.

```
void print() {
    Method runMethod= getClass().getMethod(printMessage, null);
    runMethod.invoke(this, new Class[0]);
}
```

여전히 리포트를 생성하는 곳과 출력 메서드의 이름 사이에 지저분한 의존 관계가 남아 있긴 하지만 최소한 switch 문은 없다.

플러거블 셀렉터는 분명 과용될 수 있다. 가장 큰 문제는 메서드가 호출되었는지 보기 위해 코드를 추적하는 것이다. 메서드를 달랑 한 개만 가지는 하위 클래스들이 한 뭉치나 존재하는, 확실히 직관적인 상황에서 코드를 정리하기 위한 용도로만 플러거블 셀렉터를 사용해야 한다.

| 팩토리 메서드 |

새 객체를 만들 때 유연성을 원하는 경우 객체를 어떻게 생성하는가? 생성자를 쓰는 대신 일반 메서드에서 객체를 생성한다.

생성자는 자신을 잘 표현한다. 생성자를 사용하는 경우 분명히 객체 하나를 생성하고 있다는 것을 알 수 있다. 그러나 생성자는, 특히 자바에서 표현력과 유연함이 떨어진다.

우리가 통화 예제에서 필요로 한 유연함의 한 측면은 생성자에서 다른 클래스의 객체를 생성할 수 있게 하는 것이었다. 이전 예제에서 우리는 아래와 같은 테스트를 작성했다.

```
public void testMultiplication() {
    Dollar five= new Dollar(5);
    assertEquals(new Dollar(10), five.times(2));
    assertEquals(new Dollar(15), five.times(3));
}
```

우리는 Money 클래스를 도입하고 싶었지만, Dollar 객체를 생성하는 데

발이 묶여 있는 한 그렇게 할 수 없었다. 메서드라는 한 단계의 인디렉션 (indirection)을 추가함으로써 테스트를 변경하지 않고 다른 클래스의 인스턴스를 반환할 수 있는 유연함을 얻었다.

```
public void testMultiplication() {
    Dollar five = Money.dollar(5);
    assertEquals(new Dollar(10), five.times(2));
    assertEquals(new Dollar(15), five.times(3));
}
```

Money
```
static Dollar dollar(int amount) {
    return new Dollar(amount);
}
```

이 메서드를 팩토리(factory) 메서드라 부른다. 객체를 생성하기 때문이다. 팩토리 메서드의 단점은 인디렉션에 있다. 메서드가 생성자처럼 생기지는 않았지만 그 안에서 객체를 만든다는 사실을 기억해야만 한다. 유연함이 필요할 때에만 팩토리 메서드를 사용해야 한다. 그렇지 않다면 객체를 생성하는 데에는 생성자를 쓰는 것으로 충분하다.

| 사칭 사기꾼 |

기존의 코드에 새로운 변이를 도입하려면 어떻게 해야 할까? 기존의 객체와 같은 프로토콜을 갖지만 구현은 다른 새로운 객체를 추가한다.

절차적 프로그램에서는 변이를 도입하려면 조건문을 추가해야 했다. 플러거블 객체에서 살펴본 바와 같이 그런 로직은 증식하려는 경향이 있고, 이 중복을 치료하려면 다형성 메시지 처방을 1회분 복용해야 한다.

구조가 이미 존재한다고 가정해보자. 객체도 이미 존재한다. 이제 시스템이 뭔가 다른 일을 처리하도록 만들고 싶어졌다. if 문을 삽입할 명백한 장소가 있고, 다른 곳에 중복된 로직을 넣지 않을 수 있다면 그렇게 하면 된다. 그러나 이러한 변이를 도입할 때 여러 메서드를 수정해야 하는 경우가 종종 있다.

이런 결정의 순간은 TDD에서 두 군데 나타난다. 때때로 테스트 케이스 하나를 작성하는 데 새로운 시나리오를 표현해야 한다. 기존 객체 중 어느 것도 당신이 표현하고 싶어하는 것을 표현하지 못한다. 우리가 그래픽 에디터를 테스트하고 있고, 이미 사각형(rectangle)을 제대로 그린다고 가정하자.

```
testRectangle() {
    Drawing d= new Drawing();
    d.addFigure(new RectangleFigure(0, 10, 50, 100));
    RecordingMedium brush= new RecordingMedium();
    d.display(brush);
    assertEquals("rectangle 0 10 50 100\n", brush.log());
}
```

이제 타원을 표시하고 싶다. 이 경우, 사칭 사기꾼(imposter)을 발견하기는 쉽다. RectangleFigure를 OvalFigure로 바꾸면 된다.

```
testOval() {
    Drawing d= new Drawing();
    d.addFigure(new OvalFigure(0, 10, 50, 100));
    RecordingMedium brush= new RecordingMedium();
    d.display(brush);
    assertEquals("oval 0 10 50 100\n", brush.log());
}
```

일반적으로 사칭 사기꾼을 사용할 곳을 한번에 집어내는 데에는 통찰력이 필요하다. Money들의 벡터가 Money 하나인 것처럼 행동할 수 있다는 워드 커닝엄의 통찰이 꼭 그러한 예다. 서로 다르다고 생각한 것을 이제는 똑같이 볼 수 있다.

다음은 리팩토링 중에 나타나는 사칭 사기꾼의 두 가지 예다.

- 널 객체 – 데이터가 없는 상태를 데이터가 있는 상태와 동일하게 취급할 수 있다.
- 컴포지트 – 객체의 집합을 단일 객체처럼 취급할 수 있다.

리팩토링 중에 사칭 사기꾼을 찾아내는 것은 중복을 제거하는 작업을 통해 유도된다. 다른 모든 리팩토링 역시 중복을 제거하는 작업에 의해 유도된다.

| 컴포지트 |

하나의 객체가 다른 객체 목록의 행위를 조합한 것처럼 행동하게 만들려면 어떻게 해야 할까? 객체 집합을 나타내는 객체를 단일 객체에 대한 임포스터로 구현한다.

내가 제일 좋아하는 예는 Account와 Transaction의 예로 컴포지트의 반대에 대한 예가 되기도 한다. Transaction은 값의 증분을 저장한다(사실 훨씬 더 복잡하고 흥미롭지만 지금은 일단…).

Transaction
```
Transaction(Money value) {
    this.value= value;
}
```

Account는 Transaction들의 합을 계산함으로써 잔액을 얻어낸다.

Account
```
Transaction transactions[];
Money balance() {
```

```
Money sum= Money.zero();
for (int i= 0; i < transactions.length; i++)
    sum= sum.plus(transactions[i].value);
return sum;
}
```

이는 충분히 단순해 보인다.

- Transaction은 값을 갖는다.
- Account는 잔액을 갖는다.

이제부터 흥미로운 부분이다. 고객은 여러 계좌를 가지고 있고 전체 계좌의 잔액을 알고 싶어한다. 이를 구현하는 명백한 방법 한 가지는 새로운 클래스인 OverallAccount를 만드는 것이다. OverallAccount는 모든 Account의 잔액을 합친다. 중복! 중복!

Account와 Balance가 동일한 인터페이스를 갖게 만들면 어떨까? 일단 아직까지는 더 좋은 이름이 떠오르지 않으므로 이름을 Holding(소유 재산)이라고 해두자.

Holding
```
interface Holding
    Money balance();
```

Transaction에서는 balance( )가 value를 반환하게 만들면 된다.

Transaction
```
Money balance() {
    return value;
}
```

이제 Account는 Transaction이 아닌 Holding의 조합(composite)으로 만들 수 있다 .

Account
```
Holding holdings[];
Money balance() {
    Money sum= Money.zero();
    for (int i= 0; i < holdings.length; i++)
        sum= sum.plus(holdings[i].balance());
    return sum;
}
```

이제 OverallAccount에 대한 문제는 사라졌다. OverallAccount는 단지 Account를 담고 있는 Account일 뿐이다.

위를 보면 컴포지트의 냄새가 드러나 있다. 실세계에서는 거래(transaction)에 잔액(balance)이 존재하지 않는다. 컴포지트 패턴을 적용하는 것은 프로그래머의 트릭이지 세상 사람들에게 일반적으로 받아들여지는 것은 아니다. 그렇지만 프로그램 설계에서 얻는 이득은 엄청난 것이어서, 이러한 개념적 단절은 종종 그만한 가치가 있다. Folder는 Folder를 포함하고, TestSuite는 TestSuite를 포함하며, Drawing은 Drawing을 포함한다고 할 때 이런 것들이 모두 실세계와 잘 들어맞지는 않지만 전부 코드를 훨씬 더 단순하게 만든다.

나는 어디에 컴포지트를 쓰면 좋고, 또 어디에 쓰면 좋지 않은지 알기 훨씬 전부터 컴포지트를 사용했다. 이 논의에서 알 수 있는 바와 같이 난 아직도 어떤 경우에 객체의 컬렉션이 단순히 객체의 컬렉션이어야 하고, 어떤 경우에 컴포지트여야 하는지 잘 모르겠다. 한 가지 좋은 소식은, 여러분이 리팩토링에 점차 익숙해지고 있으므로, 중복이 나타나는 그 순간에 컴포지트를 도입해보고 이로 인해 프로그램의 복잡함이 사라지는지 관찰해볼 수 있다는 점이다.

| 수집 매개 변수 |

여러 객체에 걸쳐 존재하는 오퍼레이션의 결과를 수집하려면 어떻게 해야 할까? 결과가 수집될 객체를 각 오퍼레이션의 매개 변수로 추가한다.

간단한 예제는 java.io.Externalizable 인터페이스다. writeExternal 메서드는 객체와 그 객체가 참조하는 모든 객체를 기록한다. 모든 객체가 기록되기 위해서는 이것들이 모두 느슨하게 협력해야 하므로,[11] 메서드는 수집 매개 변수(collecting parameter)로서 ObjectOutput을 전달한다.

java.io.Externalizable

```
public interface Externalizable extends java.io.Serializable {
    void writeExternal(ObjectOutput out) throws IOException;
}
```

수집 매개 변수를 추가하는 것은 컴포지트의 일반적인 귀결이다. JUnit을 개발할 때, 테스트가 여러 개 되기 전까지는 여러 테스트의 결과를 대조하기 위해 TestResult가 필요하지 않았다.

기대하는 결과가 더 복잡해지면, 수집 매개 변수를 도입할 필요를 느낄 수도 있다. 예를 들어 Expression을 출력하려 한다고 가정해보자. 우리가 원하는 게 평범한 문자열이라면 단순한 문자열 결합으로 충분하다.

```
testSumPrinting() {
    Sum sum= new Sum(Money.dollar(5), Money.franc(7));
    assertEquals("5 USD + 7 CHF", sum.toString());
}

String toString() {
    return augend + " + " + addend;
}
```

---

11) 역자 주: 한 객체가 writeExternal되면 그 객체가 참조하는 다른 객체에 writeExternal 메시지를 전달한다.

하지만 수식을 트리 형태로 들여쓰기하길 원한다면 코드는 다음과 같아질 것이다.

```
testSumPrinting() {
    Sum sum= new Sum(Money.dollar(5), Money.franc(7));
    assertEquals("+\n\t5 USD\n\t7 CHF", sum.toString());
}
```

우린 다음과 같은 수집 매개 변수를 도입해야 할 것이다.

```
String toString() {
    IndentingStream writer= new IndentingStream();
    toString(writer);
    return writer.contents();
}

void toString(IndentingWriter writer) {
    writer.println("+");
    writer.indent();
    augend.toString(writer);
    writer.println();
    addend.toString(writer);
    writer.exdent();
}
```

| 싱글톤 |

전역 변수를 제공하지 않는 언어에서 전역 변수를 사용하려면 어떻게 해야 할까? 사용하지 마라. 프로그램은 당신이 전역 변수를 사용하는 대신 설계에 대해 고민하는 시간을 가졌던 점에 대해 감사할 것이다.

31장. 리팩토링

이 패턴들은 시스템의 설계를 작은 단계를 통해(아무리 큰 변화라도) 변화시키는 방법에 대해 설명한다.

TDD에서는 리팩토링[1]을 특이한 방법으로 사용한다. 일반적으로 리팩토링은 어떤 상황에서도 프로그램의 의미론을 변경해서는 안 된다. 하지만 TDD에서 우리가 신경 쓰는 부분은 현재 이미 통과한 테스트들뿐이다. 예를 들어 TDD에서는 상수를 변수로 바꾸고 양심에 거리낌 없이 이를 리팩토링이라고 부른다. 왜냐하면 이 행위가 통과하는 테스트의 집합에 아무 변화도 주지 않기 때문이다. 의미론이 유지되는 상황이란 사실 테스트 케이스 하나일 수도 있다. 그럴 때 이전에 통과한 다른 테스트 케이스들은 실패하게 될 것이다. 하지만 우린 아직 나머지 테스트를 만들지 않았기 때문에 이 테스트들에 대해서는 걱정할 필요가 없다.

---

1) 저자 주: Fowler, Martin. 1999. 『Refactoring: Improving the Design of Existing Code』. Boston: Addison-Wesley. ISBN 0201485672.

이 '관측상의 동치성'이 성립되려면 충분한 테스트를 가지고 있어야 한다. 여기에서 충분한 테스트란, 현재 가지고 있는 테스트들에 기반한 리팩토링이 추측 가능한 모든 테스트에 기반한 리팩토링과 동일한 것으로 여겨질 수 있는 상태를 말한다. "문제가 있다는 건 알지만 테스트는 모두 통과하니까 일단 CVS에 체크인 해야지."하고 말할 수는 없다. 만약 그런 생각이 든다면 테스트를 더 만들어야 한다.

| 차이점 일치시키기 |

비슷해 보이는 두 코드 조각을 합치려면 어떻게 해야 할까? 두 코드가 단계적으로 닮아가게끔 수정한다. 이 둘이 완전히 동일해지면 둘을 합친다.

리팩토링은 신경을 고문하는 경험이 될 수 있다. 리팩토링하기 쉬운 것들도 있다. 만약 내가 메서드를 기계적으로 정확히 추출해냈다면 시스템의 행위에 변화가 생길 가능성은 매우 희박하다. 하지만 어떤 리팩토링의 경우에는 제어 흐름(control flow)과 데이터 값을 세밀하게 검사해야 할 필요가 있기도 하다. 추론 과정이 길어지면 지금 고치려고 하는 부분이 결과에 영향을 주지 않을 거라고 믿어버리는 경향이 생긴다. 이게 바로 머리카락 빠지는 작업이다.

우리가 작은 단계와 명확한 피드백을 이용해서 피해가고자 하는 일이 바로, 불확실한 믿음에 의지하여 단계를 크게 건너뛰는 리팩토링이다. 물론 이런 크게 도약하는 리팩토링을 완전히 피할 수는 없겠지만, 발생 빈도를 줄일 수는 있다.

이 리팩토링은 모든 규모의 작업에서 발생한다.

- 두 반복문의 구조가 비슷하다. 이 둘을 동일하게 만들고 나서 하나로 합친다.

- 조건문에 의해 나눠지는 두 분기의 코드가 비슷하다. 이 둘을 동일하게 만들고 나서 조건문을 제거한다.
- 두 클래스가 비슷하다. 이 둘을 동일하게 만들고 나서 하나를 제거한다.

간혹 차이점 일치시키기를 거꾸로 수행해야 하는 경우도 있다. 이 말은, 변경 마지막 단계에 사소한 것만 처리하게 하려면 어떤 모양새가 되어야 할까 생각한 다음 거꾸로 거슬러 온다는 것이다. 예를 들어 여러 개의 하위 클래스를 제거하길 원한다고 치자. 하위 클래스의 내용이 비어 있다면 마지막 작업은 간단할 것이다. 그러면 단지 하위 클래스에 대한 참조를 상위 클래스로 바꿔주기만 하면 된다. 이 작업은 시스템의 행위를 변경하지 않을 것이다. 하위 클래스의 내용이 비어 있으려면 메서드의 내용이 상위 클래스의 메서드 내용과 동일하면 된다. 하나씩 하나씩 하위 클래스의 내용을 비우고, 모두 비게 되면 하위 클래스에 대한 참조를 상위 클래스로 바꾼다.

| 변화 격리하기 |

객체나 메서드의 일부만 바꾸려면 어떻게 해야 할까? 일단, 바꿔야 할 부분을 격리한다.

머릿속에 수술 장면이 떠오른다. 수술 부위만 빼고 환자의 온몸은 천으로 덮여있다. 그렇게 천으로 가리는 것은 어떤 고정된 변수 몇 가지만을 외과의사에게 노출시키는 것과 같다. 자, 한 사람을 좌 하단 복부로 추상화하는 것이 훌륭한 의료로 이어지는지에 대해 기나긴 논쟁을 할 수도 있겠지만, 나는 수술 시점에 그 외과의사가 집중할 수 있다는 점이 기쁘다.

일단 바꿀 부분을 격리하고 나서 바꾸는 작업을 수행하면 작업을 되돌리기도 매우 수월하다는 사실을 알게 될 것이다. 만약 findRate( )에서 인스턴스 변수를 반환하는 것이 우리가 해야 할 일의 전부라고 알게 되었다면 findRate( )가 사용되는 모든 곳에서 그걸 인라인시키고 삭제해 버리는 것을 고려해야 한다. 하지만 이걸 생각 없이 자동으로 변경하지는 마라. 코드에 메서드가 하나 더 명시되는 비용과 또 하나의 개념이 명시되는 가치, 이 양자 간의 균형을 잡도록 하라.

변화를 격리하기 위해 사용할 수 있는 몇 가지 방법에는 메서드 추출하기(가장 일반적이다), 객체 추출하기, 메서드 객체(Method Object) 등이 있다.

| 데이터 이주시키기 |

표현 양식을 변경하려면 어떻게 해야 할까? 일시적으로 데이터를 중복시킨다.

방법

내부에서 외부로 변화시키는 방법은 다음과 같다. 내부에서 외부로의 변화란 내부의 표현 양식을 변경한 후 외부 인터페이스를 변화시키는 방법을 말한다.

- 새로운 포맷의 인스턴스 변수를 추가한다.
- 기존 포맷의 인스턴스 변수를 세팅하는 모든 부분에서 새로운 인스턴스 변수도 세팅하게 만든다.
- 기존 변수를 사용하는 모든 곳에서 새 변수를 사용하게 만든다.
- 기존 포맷을 제거한다.
- 새 포맷에 맞게 외부 인터페이스를 변경한다.

때로는 API를 먼저 변화시키기를 원할 때도 있다. 그럴 땐 다음처럼 한다.

- 새 포맷으로 인자를 하나 추가한다.

- 새 포맷 인자에서 이전 포맷의 내부적 표현양식으로 번역한다.
- 이전 포맷 인자를 삭제한다.
- 이전 포맷을 사용하는 것들을 새 포맷으로 바꾼다.
- 이전 포맷을 지운다.

이유

'하나에서 여럿으로'는 항상 데이터 이주시키기 문제를 만들어낸다. TestSuite에 '하나에서 여럿으로'를 적용하려고 하는 상황을 가정해보자. 다음과 같이 시작할 수 있을 것이다.

```
def testSuite(self):
    suite= TestSuite()
    suite.add(WasRun("testMethod"))
    suite.run(self.result)
    assert("1 run, 0 failed" == self.result.summary())
```

이는 아래와 같이 구현될 수 있다('하나에서 여럿으로' 문제의 '하나에서'에 해당하는 부분이다).

```
class TestSuite:
    def add(self, test):
        self.test= test
    def run(self, result):
        self.test.run(result)
```

이제 데이터를 중복시킬 차례다. 일단 테스트 컬렉션을 초기화한다.

TestSuite
```
def __init__(self):
    self.tests= []
```

test 변수를 설정하는 모든 부분에서 컬렉션도 설정하게 만든다.

TestSuite
```
def add(self, test):
    self.test= test
    self.tests.append(test)
```

이제 단일 테스트 대신 테스트 목록을 사용할 수 있게 됐다. 현재 테스트 케이스의 입장에서 볼 때 이것은 리팩토링이다. 왜냐하면 현재 컬렉션 안에는 하나의 요소만 들어갈 수 있기 때문이다.

TestSuite
```
def run(self, result):
    for test in self.tests:
        test.run(result)
```

이제 쓰이지 않는 인스턴스 변수인 test를 제거한다.

TestSuite
```
def add(self, test):
    self.tests.append(test)
```

자바의 Vector/Enumerator에서 Collection/Iterator로 옮기는 작업 같이, 서로 다른 프로토콜을 갖는 동등한 포맷의 데이터에 대해서도 위와 같은 단계적인 데이터 이주시키기를 적용할 수 있다.

| 메서드 추출하기 |

긴고 복잡한 메서드를 읽기 쉽게 만들려면 어떻게 할까? 긴 메서드의 일부분을 별도의 메서드로 분리해내고 이를 호출하게 한다.

방법

메서드 추출하기는 사실 좀더 복잡한 원자적(atomic) 리팩토링의 한 가지다. 전형적인 예를 설명하겠다. 다행히도 자동으로 메서드 추출하기 리팩토링을 수행해주는 기능은 가장 널리 구현되어 있는 기능 중 하나이므로, 이 순서를 수동으로 따라해볼 일은 별로 없을 것이다.

1. 기존의 메서드에서 별도의 메서드로 분리할 수 있을 만한 부분을 찾아낸다. 반복문 내부의 코드나 반복문 전체, 혹은 조건문의 가지들이 일반적인 후보다.
2. 추출할 영역의 외부에서 선언된 임시 변수에 대해 할당하는 문장이 없는지 확인한다.
3. 추출할 코드를 복사해서 새 코드에 붙인다.
4. 원래 메서드에 있던 각각의 임시 변수와 매개 변수 중 새 메서드에서도 쓰이는 게 있으면, 이들을 새 메서드의 매개 변수로 추가한다.
5. 기존의 메서드에서 새 메서드를 호출한다.

이유

나는 복잡한 코드를 이해하고자 할 때 메서드 추출하기를 사용한다. "여기이 부분이 어떤 일을 수행하는데… 이걸 뭐라고 부르면 좋을까?" 30분 쯤후, 코드가 좀더 보기 좋아지고, 여러분의 파트너는 여러분이 정말 자신을도와주고자 한다는 사실을 알게 된다. 그리고 여러분은 코드를 더 잘 이해할 수 있게 된다.

또한 나는 일부 서로 비슷한 내용이 있는 두 메서드에서 중복을 제거하기 위해 메서드 추출하기를 사용하기도 한다. 두 메서드의 비슷한 부분을하나의 메서드로 추출해낸다(스몰토크 리팩토링 브라우저는 심지어 새로 추출해낸 메서드가 이미 존재하는 다른 메서드와 동일한지 검사하고, 새로운 메서드를 만들어내는 대신 기존의 메서드를 쓸 것인지 여부를 제안하기까지 한다).

메서드를 작은 조각으로 나누는 것은 때때로 그 정도가 지나칠 수도 있다. 더 나아갈 방법이 보이지 않을 때엔, 새로운 방식으로 메서드 추출하기를 하기 위해 일단 모든 코드를 한 자리에 모아놓고 메서드 인라인(마침 바로 다음 단락에서 설명한다) 리팩토링을 자주 사용한다.

| 메서드 인라인 |

너무 꼬여있거나 산재한 제어 흐름을 단순화하려면 어떻게 할까? 메서드를 호출하는 부분을 호출될 메서드의 본문으로 교체한다.

방법

1. 메서드를 복사한다.
2. 메서드 호출하는 부분을 지우고 복사한 코드를 붙인다.
3. 모든 형식(formal) 매개 변수를 실제(actual) 매개 변수로 변경한다. 예를 들어 만약 reader.getNext( ) 같은 매개 변수를 전달했다면, 이를 지역 변수에 할당해주어야 할 것이다(위의 표현 식은 reader의 내부 상태를 바꾸기 때문에).

이유

초벌 원고의 검토자 중 한 사람은 1부에서 Bank가 Expression을 하나의 Money로 축약할 수 있게 한 부분이 너무 복잡한 게 아니냐는 지적을 했다.

```java
public void testSimpleAddition() {
    Money five= Money.dollar(5);
```

```
    Expression sum= five.plus(five);
    Bank bank= new Bank();
    Money reduced= bank.reduce(sum, "USD");
    assertEquals(Money.dollar(10), reduced);
}
```

"이건 너무 복잡하네요. 그냥 Money가 스스로를 축약하게 만들지 그래요?" 이걸 어떻게 실험해볼까? Bank.reduce( )의 구현을 합쳐놓고 코드가 어떻게 바뀌는지 보면 된다.

```
public void testSimpleAddition() {
    Money five= Money.dollar(5);
    Expression sum= five.plus(five);
    Bank bank= new Bank();
    Money reduced=sum.reduce(bank, "USD");
    assertEquals(Money.dollar(10), reduced);
}
```

두 번째 코드가 더 좋아 보일 수도 있고, 아닐 수도 있다. 여기서 중요한 건 제어 흐름을 이리저리 바꿔가며 실험해보기 위해서 메서드를 인라인할 수 있다는 점이다. 나는 리팩토링을 할 때, 로직과 제어 흐름의 조각들이 객체 사이를 돌아다니는 시스템의 그림을 머리 속에 그린다. 뭔가 가망이 있는 걸 봤다는 생각이 들면, 리팩토링을 사용해서 그걸 실험하고 결과를 본다.

때로는 이런 열기 속에서 자신의 꾀에 빠져버리는 수가 있다. (나에게 얼마나 자주 이런 일이 일어나는지는 말하지 않겠다) 그럴 때면, 메서드 합치기는 필름을 되감을 수 있도록 해주는 방법이 된다 "이놈은 저놈에게 메시지를 보내고, 그럼 그놈은 다시…. 우와, 모르겠다. 도대체 무슨 일이 벌어지는 거지?" 이렇게 되면 나는 여러 추상화 계층을 인라인시켜 놓고 뭔가 어떻게 돌아가는지 제대로 이해한 다음, 예상이 아닌 실제적인 필요성에 기반하여 다시 추상화를 수행한다.

| 인터페이스 추출하기 |

자바 오퍼레이션에 대한 두 번째 구현을 추가하려면 어떻게 해야 할까? 공통되는 오퍼레이션을 담고 있는 인터페이스를 만들면 된다.

방법

1. 인터페이스를 선언한다. 때론 새로 추가될 인터페이스의 이름으로 기존 클래스의 이름을 사용해야 하는 경우가 있는데, 그런 경우라면 인터페이스를 추가하기 전에 기존 클래스의 이름을 변경해주어야 한다.
2. 기존 클래스가 인터페이스를 구현하도록 만든다.
3. 필요한 메서드를 인터페이스에 추가한다. 필요하다면 클래스에 존재하는 메서드들의 가시성을 높여준다.
4. 가능한 모든 곳의 타입 선언부에서 클래스 이름 대신 인터페이스 이름을 사용하게 바꾼다.

이유

인터페이스를 추출할 필요가 있을 경우, 때때로. 사실 첫 번째 구현에서 두 번째 구현으로 이동하고 있는 것이다. 사각형(Rectangle) 클래스가 있고 타원(Oval)을 추가하고 싶으면 모양(Shape)이라는 인터페이스를 만든다. 이 경우 인터페이스 이름을 찾는 것은 어느 정도 쉬운 편이지만, 어떤 경우 딱 맞는 메타포를 찾기 위해 고생하기도 한다.

인터페이스를 추출할 필요가 있을 때면 때때로, 크래시 테스트 더미(Cra-sh Test Dummy)나 기타 모의 객체(Mock Object)를 도입하기도 한다. 이런 경우에는 이름 짓기가 더 힘들 수 있는데, 그 이유는 여전히 진짜 구현 사례는 단 한가지 밖에 존재하지 않기 때문이다. 이럴 때면 신경을 끄고 인터페이스 이름을 IFile이라고 하고 클래스 이름을 그냥 File로 남겨두고 싶어진다. 나는 이럴 경우 잠시 멈추고 무슨 일이 벌어지고 있는가에 대해 좀더 심오한 것을 이해하지 못한 건 아닌지 확인하도록 자신을 단련했다. 아마도 인터페이스 이름을 File로 하고 클래스 이름을 DiskFile로 하는 것이 맞을지도 모르겠다. 왜냐하면 클래스는 비트가 디스크상에 있다는 걸 가정하고 있기 때문이다.

| 메서드 옮기기 |

메서드를 원래 있어야 할 장소로 옮기려면 어떻게 해야 할까? 어울리는 클래스에 메서드를 추가해주고, 그것을 호출하게 하라.

방법

1. 메서드를 복사한다.
2. 원하는 클래스에 붙이고 이름을 적절히 지어준 다음 컴파일한다.
3. 원래 객체가 메서드 내부에서 참조된다면, 원래 객체를 새 메서드의 매개 변수로 추가한다. 원래 객체의 필드들이 참조되고 있다면 그것들도 매개 변수로 추가한다. 만약 원래 객체의 필드들이 갱신된다면 포기해야 한다.
4. 원래 메서드의 본체를 지우고, 그곳에 새 메서드를 호출하는 코드를 넣는다.

이유

이것은 내가 가장 좋아하는 컨설팅 리팩토링 중 하나인데, 보증 안 되는 예상을 발견하는 데에 탁월한 방법이기 때문이다. 면적을 계산하는 것은

Shape의 책임이다.

Shape
```
...
int width= bounds.right() - bounds.left();
int height= bounds.bottom() - bounds.top();
int area= width * height;
...
```

한 메서드에서 다른 객체에 하나 이상의 메시지를 보내는 것을 보면 나는 언제나 의심하게 된다. 이 경우 bounds(Rectangle 인스턴스)로 네 개의 메시지가 보내지고 있다. 이 부분을 옮겨야 한다.

Rectangle
```
public int area() {
    int width= this.right() - this.left();
    int height= this.bottom() - this.top();
    return width * height;
}
```

Shape
```
...
int area= bounds.area();
...
```

메서드 옮기기의 훌륭한 세 가지 속성은 다음과 같다.

- 코드에 대한 깊은 이해가 없더라도 언제 이 리팩토링이 필요한지 쉽게 알아낼 수 있다. 다른 객체에 대한 두 개 이상의 메시지를 보내는 코드를 볼 때마다 메서드 옮기기를 해주면 된다.
- 리팩토링 절차가 빠르고 안전하다.
- 리팩토링 결과가 종종 새로운 사실을 알려준다. "이렇게 되면

Rectangle이 아무 계산도 하지 않게 되잖아? 아하, 알았다. 이렇게 하
는 게 더 좋군."

　때론 메서드의 일부분만 옮기고 싶을 때가 있다. 그럴 때는 일단 메서드
추출하기를 한 후에, 메서드를 옮기고, 원래 클래스에 있던 추출된 부분을
다시 합치면 된다(옮겨진 메서드를 호출하는 코드만 들어갈 것이므로 합
칠 때엔 한 줄이 될 것이다). 또는 이 작업을 한번에 끝내줄 기계적인 절차
를 찾아낼 수도 있다.

｜메서드 객체｜
여러 개의 매개 변수와 지역 변수를 갖는 복잡한 메서드를 어떻게 표현할
까? 메서드를 꺼내서 객체로 만든다.

방법
- 메서드와 같은 매개 변수를 갖는 객체를 만든다.
- 메서드의 지역 변수를 객체의 인스턴스 변수로 만든다.
- 원래 메서드와 동일한 내용을 갖는 run( )이라는 이름의 메서드를 만
  든다.
- 원래 메서드에서는 새로 만들어진 클래스의 인스턴스를 생성하고
  run( )을 호출한다.

이유
메서드 객체는 시스템에 완전히 새로운 로직을 추가하고자 할 때 유용하
다. 예를 들어 개별 현금 흐름으로부터 전체 현금 흐름을 계산하기 위해
쓰이는 몇몇 메서드가 있다고 가정해보자. 전체 현금 흐름에 대한 총 현재

가를 계산하고자 한다면, 첫 번째 스타일의 계산으로부터 우선 메서드 객체를 생성할 수 있다. 그러고 나서 새로운 스타일의 계산을 작성할 수 있다. 그것만을 위한 좀더 작은 규모의 테스트와 함께. 그렇게 되면 새 스타일을 끼워 넣는 것은 단일 단계가 될 것이다.

메서드 객체는 메서드 추출하기를 적용할 수 없는 코드를 간결하게 만들기 위한 용도로도 적합하다. 종종 한 단위의 코드가 여러 임시 변수들과 매개 변수들로 얽혀 있어서, 이 부분을 추출하려고 할 때마다 대여섯 개의 임시 변수와 매개 변수를 끌고 다녀야 할 때가 있다. 이런 경우는, 메서드 서명부가 너무 길기 때문에 추출된 메서드도 원래의 코드보다 별로 좋아 보이지 않는다. 메서드 객체를 생성하면 아무 것도 전달할 필요가 없는 새로운 이름공간을 얻게 된다.

| 매개 변수 추가 |

메서드에 매개 변수를 추가하려면?

방법

1. 메서드가 인터페이스에 선언되어 있다면 일단 인터페이스에 매개 변수를 추가한다.
2. 매개 변수를 추가한다.
3. 컴파일 에러가 여러분에게 어딜 고쳐야 하는지 알려줄 것이다. 이것을 이용하라.

이유

매개 변수를 추가하는 것은 종종 확장 단계다. 매개 변수 없이 첫 번째 테스트를 통과할 수 있었으나, 다음 테스트가 제시하는 새로운 상황을 제대로 완수하려면 더 많은 정보를 제공해야 하는 경우가 있다.

매개 변수 추가하기는 또한 하나의 데이터 표현을 다른 표현으로 변경하는 작업의 일부로 쓰이기도 한다. 일단 매개 변수를 추가하고, 그 다음에 기존 매개 변수를 사용하는 모든 부분을 삭제한 후에 기존 매개 변수를 제거하는 식이다.

| 메서드 매개 변수를 생성자 매개 변수로 바꾸기 |

하나 이상의 메서드의 매개 변수를 생성자로 옮기려면 어떻게 할까?

방법

1. 생성자에 매개 변수를 추가한다.
2. 매개 변수와 같은 이름을 갖는 인스턴스 변수를 추가한다.
3. 생성자에서 인스턴스 변수의 값을 설정한다.
4. 'parameter'를 'this.parameter'로 하나씩 찾아 바꾼다.
5. 매개 변수에 대한 참조가 더 이상 존재하지 않으면 해당 매개 변수를 메서드와 모든 호출자에서 제거한다.
6. 이제 필요 없어진 'this.'를 제거한다.
7. 변수명을 적절히 변경한다.

이유

동일한 매개 변수를 같은 객체의 서로 다른 몇몇 메서드로 전달하는 경우라면, 매개 변수를 한 번만 전달하게끔 API를 단순화할 수 있다(중복 제거). 만약 인스턴스 변수가 오직 하나의 메서드에서만 쓰이는 경우라면 이 리팩토링을 반대로 수행할 수도 있다.

32장. TDD 마스터하기

TDD를 여러분 각자의 습관에 통합시켜 나가는 과정에서 숙고해볼 수 있는 몇 가지 질문을 던지고자 한다. 몇몇 질문은 작은 내용을 다루고, 또 다른 질문들은 이보다 큰 내용을 다룬다. 여기서는 질문에 대한 답이나 힌트를 제시하기도 하고, 여러분이 직접 탐험해볼 수 있도록 답을 남기지 않기도 했다.

단계가 얼마나 커야 하나?

사실 여기에는 두 가지 질문이 숨어 있다.

- 각 테스트가 다뤄야 할 범위는 얼마나 넓은가?
- 리팩토링을 하면서 얼마나 많은 중간 단계를 거쳐야 하는가?

여러분은 한 줄의 로직을 추가하고 약간의 리팩토링을 할 수 있을 정도 크기의 테스트를 만들 수 있는가 하면, 수백 줄의 로직과 수시간 분량의 리팩토링을 할 만큼의 크기를 갖는 테스트를 만들 수도 있다. 이중 어떤 것이 옳은가?

답변의 일부는 다음과 같다. 여러분은 둘 다 할 수 있어야 한다. 시간이 지남에 따라 테스트 주도 개발자(Test-Driven Developer)의 경향은 분명히 나타난다. 단계가 점점 작아지는 것이다. 하지만 몇몇 부류는 애플리케이션 수준의 TDD를 실험하기도 한다. 이들 중 일부는 애플리케이션 수준의 테스트만을 작성하기도 하고, 또 다른 일부는 우리가 지금껏 작성해온 프로그래머 수준의 테스트와 병행하기도 한다.

리팩토링 초기에는 아주 작은 단계로 작업할 준비가 되어 있어야 한다. 수작업 리팩토링은 에러가 발생하기 쉬운데, 그렇게 해서 더 많은 실수를 하고 그걸 나중에야 잡게 된다면 결국 당신은 리팩토링을 점점 덜 하게 될 것이다. 매우 작은 단계로 수작업 리팩토링을 20번 하고 나면, 몇 단계 건너 뛰는 실험을 해보라.

자동화된 리팩토링 툴은 리팩토링을 엄청나게 가속화시킨다. 20번의 단계를 통해 해야 할 일이 메뉴 아이템 하나로 간단히 해결된다. 양에 있어서 수십 배의 변화는 보통 질적인 변화를 일으키고, 이것은 자동화된 리팩토링에도 해당한다. 훌륭한 툴의 지원이 있다는 걸 알고 있다면 코드가 어떤 구조를 갖추길 원하는지 보기 위해 여러 가지 실험을 시도하면서 리팩토링에 훨씬 적극적이게 될 것이다.

스몰토크용 리팩토링 브라우저는 내가 이 글을 쓰는 시점에도 여전히 현존하는 최고의 리팩토링 도구다. 자바 리팩토링 지원도 여러 IDE에 추가되기 시작했고, 다른 언어와 개발 환경에도 리팩토링 지원이 빠르게 퍼질 것임이 확실하다.

테스트할 필요가 없는 것은 무엇인가?

플립(Phlip)이 알려준 간단한 대답은 이렇다. "두려움이 지루함으로 변할 때까지 테스트를 만들어라." 하지만 이것은 피드백 루프이고 스스로 대답을 찾아야만 한다. 당신은 질문이 아니라 해답을 얻으려고(이미 이 섹션을 잘못 읽고 있지만(이 섹션은 질문으로 되어 있다), 자기 지시적인 글의 재귀성에 진저리가 나있는 경우) 이 책을 찾았기 때문에 다음 목록을 시도해 보라. 다음 것들을 테스트해야 한다.

- 조건문
- 반복문
- 연산자
- 다형성

하지만 당신이 작성하는 것들에 대해서만 테스트해라. 불신할 이유가 없다면 다른 사람이 만든 코드를 테스트하지 마라. 때때로 외부 코드의 정확한 스펙[1] 때문에 자신만의 로직을 더 작성해야 하는 경우가 있다. 그걸 테스트해야 하는지 아닌지는 위의 목록을 참고하라. 나는 때로는 특별히 조심하기 위해 외부 코드에, 그러니까 뭐냐… 어…, 별난 행동이 존재한다는 것을 문서화하는데, 그 버그가 수정되면, 아니 내 말은, 그 행동이 정제되면 실패할 테스트[2]를 통해 문서화할 것이다.

좋은 테스트를 갖췄는지의 여부를 어떻게 알 수 있는가?

테스트란 탄광 속에서 자신의 고통을 통해 고약한 설계 가스의 존재를 드러

---

1) 역자 주: 여기서 저자는 '버그'를 비꼬아 말한다.
2) 역자 주: 버그가 있다는 것을 테스트하기 때문에 해당 버그가 사라지면 실패한다.

내는 카나리아다. 다음은 설계 문제가 있음을 알려주는 테스트의 속성이다.

- 긴 셋업 코드: 하나의 단순한 단언을 수행하기 위해 수백 줄의 객체 생성 코드가 필요하다면 뭔가 문제가 있는 거다. 객체가 너무 크다는 뜻이므로 나눌 필요가 있다.
- 셋업 중복: 공통의 셋업 코드를 넣어 둘 공통의 장소를 찾기 힘들다면, 서로 밀접하게 엉킨 객체들이 너무 많다는 뜻이다.
- 실행 시간이 오래 걸리는 테스트: 실행하는 데 오래 걸리면 테스트를 자주 실행하지 않게 되고, 한동안 실행이 안 된 채로 남게 되는 경우가 종종 있고, 이렇게 되면 테스트가 아예 동작하지 않을 수도 있다. 이보다 더 나쁜 점은, 테스트의 실행 시간이 길다는 것이 애플리케이션의 작은 부분만 따로 테스트하기가 힘들다는 것을 의미한다는 것이다. 작은 부분만 테스트할 수 없다는 것은 설계 문제를 의미하고 설계를 적절히 변경해줄 필요가 있다. (중력가속도 9.8 m/s²에 해당하는 것이 10분 테스트 슈트다. 10분 이상 걸리는 슈트는 종국에는 가지치기를 당하거나 애플리케이션이 튜닝되어서, 10분을 소요하게 된다.)
- 깨지기 쉬운 테스트: 예상치 못하게 실패하는 테스트가 있다면 이는 애플리케이션의 특정 부분이 다른 부분에 이상한 방법으로 영향을 끼친다는 뜻이다. 연결을 끊거나 두 부분을 합하는 것을 통해 멀리 떨어진 것의 영향력이 없어지도록 설계해야 한다.

TDD로 프레임워크를 만들려면 어떻게 해야 하나?

모순: 코드의 미래에 대해 고려하지 않음으로 인해, 코드가 더 뛰어난 적응성을 가질 수 있게 한다.

난 책에서 정확히 반대로 배웠다. "오늘을 위해 코딩하고, 내일을 위해 설계하라." TDD는 이것을 뒤집은 것처럼 보인다. "내일을 위해 코딩하고, 오늘을 위해 설계하라." 그래서 실제로 벌어지는 일은 어떤가?

- 첫 번째 기능을 구현한다. 이 첫 번째 기능은 단순하고 직관적으로 구현되고, 따라서 짧은 시간 안에 결함도 적은 상태로 완성된다.
- 첫 번째 기능에 대한 변주가 되는 두 번째 기능을 구현한다. 두 기능 사이의 중복이 한 곳으로 모이고, 서로 다른 부분은 다른 곳(다른 메서드나 심지어는 다른 클래스)으로 옮겨진다.
- 앞의 두 기능에 대한 변주로 세 번째 기능을 구현한다. 공통의 로직은 약간의 수정만을 통해 재활용 가능한 상태로 만들어질 수 있을 것이다. 그리고 공통적이지 않은 로직들은 다른 메서드 혹은 클래스 등 명확하게 로직이 있어야 할 곳에 있게 되는 경향이 있다.

개방-폐쇄 원칙(객체는 사용에 대해서는 열려 있어야 하고 향후 수정에 대해서는 닫혀 있어야 한다)[3]은 서서히 지켜져 가는데, 실제로 발생하는 변주들에 대해서 특히 더 그렇다. 테스트 주도 개발은 비록 발생하지 않은 (혹은 아직 발생하지 않은) 변주 종류는 잘 표현하지 못할지라도. 발생하는 변주 종류들, 바로 그것들을 잘 표현하는 프레임워크를 만들게 해 준다.

그래서 3년 후에 일반적이지 않은 변화가 발생하면 어떻게 될까? 그 변화를 수용하기 위해 정확히 필요한 지점에서 설계가 급격한 진화를 거치게 된다. 개방-폐쇄 원칙을 잠시 위배하게 되지만, 이에 따른 비용은 크지 않다. 왜냐하면 여러분이 뭔가를 잘못하지 않았다는 확신을 줄 수 있는 수많은 테스트들이 존재하기 때문이다.

---

3) 역자 주: Open/Closed Principle. 로버트 마틴의 책 『UML, 실전에서는 이것만쓴다!』 혹은 『소프트웨어 개발의 지혜』를 참고하기 바란다. 버트란드 마이어(Bertrand Meyer)가 쓴 『Object Oriented Software Construction』에서 처음 소개되었다. OOSC에서 좀더 상세한 설명을 볼 수 있다.

변화를 매우 빨리 연달아 도입하는 극한적 상황에서 TDD는 미리 설계하고 개발하는 것처럼 보인다. 나는 리포팅 프레임워크를 몇 시간 동안 키워본 적이 있는데, 관찰자들은 그것이 트릭이었다고 절대적으로 확신했다. 내가 최종 결과로 나올 프레임워크를 미리 염두에 두고 시작했다는 것이다. 미안하지만 그렇지 않다. 나는 테스트 주도 개발을 꽤 오래 해왔기 때문에 대부분의 실수를 당신이 알아채기도 전에 재빨리 고칠 수 있다.

피드백이 얼마나 필요한가?

테스트를 얼마나 작성해야 하나? 작은 예제를 풀어보자. 삼각형의 각 변의 길이를 나타내는 세 개의 정수를 받아서 다음 값을 반환하는 문제다.

- 정삼각형이면 1
- 이등변삼각형이면 2
- 부등변삼각형이면 3

그리고 제대로 된 삼각형이 아니면 예외를 던진다.

직접 풀어보기 바란다(내 스몰토크 코드는 이 질문의 끝부분에 나온다). 나는 여섯 개의 테스트를 작성했다("이게 무슨 곡일까요."와 비슷하다: "난 그 문제를 네 개의 테스트 만에 코딩할 수 있어요."[4], "그 문제를 코딩해봐."[5]) 밥 바인더(Bob Binder)는 자신의 포괄적인 책 『(Testing Object-Oriented Systems』[6]에서 똑같은 문제를 위해 65개의 테스트를 작성했다.

---

4) 역자 주: "나는 그 곡을 네 개의 음표만 듣고 맞출 수 있어요."라는 영어의 관용적 표현을 가지고 말을 장난한 것.
5) 역자 주: "그 곡을 맞춰봐."라는 말에 대한 장난.
6) 저자 주: Binder, Bob. 1999. 『Testing Object-Oriented Systems; Model, Patterns, and Tools』. Boston; Addison-Wesley. ISBN 0201809389. 이 책은 테스팅에 대한 포괄적인 참고 도서다

당신은 자신의 경험과 숙고를 통해, 얼마나 많은 테스트를 작성할지 결정해야 할 것이다.

나는 테스트를 얼마나 작성할지 고려할 때, 실패간 평균시간(MTBF, Mean Time Between Failures)[7]을 생각한다. 예를 들어 스몰토크 정수형은 32비트 카운터가 아닌, 진짜 정수처럼 행동한다. 따라서 MAXINT[8] 같은 걸 테스트하는 것은 의미가 없다. 물론 스몰토크 정수형에도 최대 크기가 있긴 하지만 이는 메모리 용량에 의해 정해진다. 엄청나게 큰 정수로 메모리를 가득 채우는 테스트를 해야만 할까? 이 테스트가 내 프로그램의 MTBF에 어떤 영향을 미칠 것인가? 만약 내가 그렇게 큰 삼각형을 만들 일이 없다면, 이 테스트가 있으나 없으나 내 프로그램의 견고성에 영향을 주지 않을 것이다.

어떤 테스트를 작성할 필요가 있을지 없을지는 당신이 MTBF를 얼마나 조심스럽게 측정하는지에 달렸다. 만약 당신이 자신의 심장 박동 조절 장치의 MTBF를 10년에서 100년으로 바꾸고 싶다면, 정말 일어날 것 같지 않은 조건과 그런 조건의 결합을 테스트하는 것은, 그런 조건이 아예 발생하지 않을 거라고 증명할 수 있는 경우를 빼고는, 나름대로 의미가 있다.

TDD의 테스트에 대한 관점은 실용적이다. TDD에서 테스트는 어떤 목적을 위한 하나의 수단이다(여기서 목적은 우리가 깊이 신뢰할 수 있는 코드가 되겠다). 만약 어떤 구현에 대한 지식이 신뢰할 만 하다면 그에 대한 테스트는 작성하지 않을 것이다. 의도적으로 구현을 무시하는 블랙 박스 테스팅은 몇 가지 이점이 있다. 블랙 박스 테스팅은 코드를 무시함으로써

---

7) 역자 주: 어떤 시스템이 결함으로 인해 실패할 때 실패하는 시점 간의 평균 시간차. 예를 들어 어떤 웹 사이트가 평균적으로 하루에 한 번 오작동(다운된다든지)한다면 그 사이트의 MTBF는 24시간이다.

8) 역자 주: INT형이 미리 고정된 유한 바이트를 차지하는 경우 해당 형이 가질 수 있는 최대 수를 말한다.

하나의 다른 가치 체계를 드러낸다(그 테스트들은 그것만으로도 가치가 있다. 몇몇 상황에서는 적절한 태도이긴 하나 TDD와는 다르다).

TriangleTest

```
testEquilateral
    self assert: (self evaluate: 2 side: 2 side: 2) = 1
testIsosceles
    self assert: (self evaluate: 1 side: 2 side: 2) = 2

testScalene
    self assert: (self evaluate: 2 side: 3 side: 4) = 3

testIrrational
    [self evaluate: 1 side: 2 side: 3]
        on: Exception
        do: [:ex | ^self].
    self fail

testNegative
    [self evaluate: -1 side: 2 side: 2]
        on: Exception
        do: [:ex | ^self].
    self fail

testStrings
    [self evaluate: 'a' side: 'b' side: 'c' ]
        on: Exception
        do: [:ex | ^self].
    self fail

evaluate: aNumber1 side: aNumber2 side: aNumber3
    | sides |
    sides := SortedCollection
        with: aNumber1
        with: aNumber2
        with: aNumber3.
```

```
sides first <= 0 ifTrue: [self fail].
(sides at: 1) + (sides at: 2) <= (sides at: 3) ifTrue: [self fail].
^sides asSet size
```

테스트를 지워야 할 때는 언제인가?

테스트가 많으면 좋기야 하지만, 서로 겹치는 두 개의 테스트가 있어도 이들을 남겨두어야 하는가? 대답은 두 가지 기준에 의해 결정된다.

- 첫째 기준은 자신감이다. 테스트를 삭제할 경우 자신감이 줄어들 것 같으면 절대 테스트를 지우지 말아야 한다.
- 둘째 기준은 커뮤니케이션이다. 두 개의 테스트가 코드의 동일한 부분을 실행하더라도, 이 둘이 서로 다른 시나리오를 말한다면 그대로 남겨두어야 한다.

이렇게 말하긴 했지만, 자신감이나 커뮤니케이션 면에서 별 부가적인 이득이 없는 중복된 테스트가 두 개 있다면, 덜 유용한 것을 삭제하라.

프로그래밍 언어나 환경이 TDD에 어떤 영향을 주는가?

스몰토크와 리팩토링 브라우저를 사용하여 TDD를 해보라. 그리고 이번에는 C++와 vi를 사용해서 해보자. 어떤 차이가 있는가?

TDD 주기(테스트/컴파일/실행/리팩토링)를 수행하기가 힘든 언어나 환경에서 작업하게 되면 단계가 커지는 경향이 있다.

- 각 테스트가 더 많은 부분을 포함하게 만든다.
- 중간 단계를 덜 거치고 리팩토링을 한다.

이렇게 하면 개발 속도가 더 빨라질까, 느려질까?

TDD 주기를 더 잘 지원하는 언어와 환경에서 작업하게 되면 더 많은 실험을 해보려고 할 것이다. 이것이 당신이 더 빨리 진행하도록 혹은 더 나은 해법에 도달하도록 도와주는가, 아니면 순수한 숙고(리뷰나 문학적 프로그램[9])을 위해 일정 시간을 제도화하는 것이 더 나을까?

거대한 시스템을 개발할 때에도 TDD를 할 수 있는가?

극단적으로 큰 시스템에도 TDD를 적용할 수 있는가? 어떤 새로운 종류의 테스트를 만들어야 하는가? 어떤 새로운 종류의 리팩토링이 필요한가?

내가 관여한 시스템 중 완전히 TDD로 개발된 가장 큰 시스템은 LifeWare(www.lifeware.ch)에서 개발한 것이다. 4년간 40인/년(person/years)이 투입되었고, 스몰토크로 총 250,000줄의 제품 코드와 250,000줄의 테스트 코드 분량의 프로젝트였다. 총 4,000개의 테스트가 20분 이내에 실행됐다. 하루에 몇 번씩 전체 테스트를 실행했다. 시스템에 있는 기능의 양은 TDD의 효율에 영향을 미치지 않는 것 같다. 중복을 제거함에 따라 더 작은 객체들이 만들어지게 되고, 이 작은 객체들은 애플리케이션의 크기와 무관하게 독립적으로 테스트될 수 있다.

애플리케이션 수준의 테스트로도 개발을 주도할 수 있는가?

작은 규모의 테스트(나는 단위 테스트라고 부르지만 단위 테스트의 정의에는 그리 잘 부합하지 않는다)로 개발을 주도하는 것의 문제는 실제로 사용자가 원하지 않는데 그들이 원할 거라 생각하고 구현할 수도 있는 위험을 끌고 간다는 점에 있다. 애플리케이션 수준에서 테스트를 작성한다면 어떨까? 그렇게 된다면 프로그래머에게 약간의 도움을 받아서 사용자가

---

9) 역자 주: 문학적 프로그램(literate program)은 도널드 크누스가 제창한 개념으로 프로그램과 문서를 엮어서 하나가 되게 하는 것을 말한다.

직접 원하는 바를 테스트로 작성할 수 있을 것이다.[10)]

하지만 여기에는 기술적인 문제가 있다. 바로 고정물을 만드는 것 (fixturing)이다. 아직 만들지 않은 기능에 대한 테스트를 어떻게 작성하고 실행할 것인가? 이 문제에서 탈출하는 방법이 어떻게든 있는 것 같다. 전형적인 방법은, 아직 어떻게 해석해야 할지 모르는 테스트를 만났을 때 우아하게 에러를 뱉어내는 해석기(interpreter)를 도입하는 것이다.

또한 애플리케이션 테스트 주도 개발(ATDD, Application Test-Driven Development)에는 사회적인 문제도 존재한다. 테스트를 작성하는 것은 사용자(여기서 사용자란 사용자들을 포함하는 팀을 말한다)에게는 기존에 없던 새로운 책임이 되는 것이다. 게다가 이 책임은 '구현하기 전'이라는 기존에 존재하지 않던 단계에서 수행되어야 한다. 조직은 이런 종류의 책임 이동에 저항한다. 애플리케이션 테스트를 우선적으로 작성하기 위해서는 협조 노력(콘서트에서 많은 사람이 호흡을 맞춰(team working)하는 것과 같은 노력)[11)]이 필요하다.

이 책에서 설명한 TDD를 적용할지 말지는 완전히 여러분에게 달렸다. 원한다면 오늘 당장이라도 적용할 수 있다. 빨강/초록/리팩토링의 리듬을 뒤섞고 있으면서, 애플리케이션 고정물 만들기의 기술적 문제나 사용자 작성 테스트 주변의 조직 변화 이슈들을 다루는 것은 성공과는 거리가 있다. 단일 단계 테스트 규칙이 적용된다. 일단 일을 할 때 빨강/초록/리팩토링 주기가 제대로 돌아가게 하고, 그 후에 그 메시지를 퍼뜨리도록 하라.

ATDD의 또 다른 문제는 테스트와 피드백 사이의 길이다. 만약 고객이

---

10) 역자 주: 워드 커닝엄의 FIT(Framework for Integrated Test)가 이것을 가능하게 해준다. http://fit.c2.com
11) 역자 주: 영어로 '협조하다'라는 뜻의 to concert는 음악 콘서트의 콘서트와 같은 단어인데, 콘서트를 하는 구성원들이 서로 협력하기 위해 노력하는 것처럼 여기서도 협조가 필요하다는 뜻이다.

테스트를 만들고 그 테스트가 통과하길 기다리는 동안 열흘이 걸린다면 거의 대부분의 시간을 빨간 막대를 보며 지내게 될 것이다. 내 생각에 난 앞으로도 프로그래머 수준의 TDD를 원할 것 같다. 그래서

- 즉시 초록 막대를 볼 수 있고
- 내부 설계를 단순화할 수 있도록 할 수 있길 원한다.

프로젝트 중반에 TDD를 도입하려면 어떻게 해야 할까?

어느 정도 작동하는 코드가 상당량 있다. 새 코드는 TDD로 작업하길 원한다. 어떻게 해야 할까?

많은 양의 코드가 있을 때 TDD로 바꾸는 것에 대해서는 책 한 권(혹은 여러 권) 분량이 쓰여야 할 것이다. 다음에 나오는 내용은 예고편일 뿐이다.

가장 큰 문제는 이렇다. 테스트를 염두에 두지 않고 만든 코드는 테스트하기가 그리 쉽지 않다는 점이다. 일부분만을 격리해서 실행하고 결과를 검사할 수 있게끔 인터페이스가 설계되어 있지 않다.

"고치면 되잖아."하고 말할 수도 있을 것이다. 맞다. 하지만 리팩토링 과정에 에러를 만들 수도 있는데, 아직 테스트가 없기 때문에 에러가 생겼다는 점을 알아낼 수 없을 것이다. 닭과 달걀 문제. 딜레마. 상호 확증 파괴(MAD, Mutually Assured Destruction).[12] 어떻게 해야 할까?

확실히 하지 말아야 할 일이 있는데, 그것은 코드 전체를 위한 테스트를 한꺼번에 다 만들고, 코드 전체를 한번에 리팩토링하는 일이다. 이런 작업은 몇 달이나 걸릴 텐데, 그 몇 달 동안 아무런 새로운 기능도 추가로 구현하지 못할 것이다. 수입 없는 지출은 일반적으로 지속 가능한 프로세스가 아니다.

---

12) 역자 주: 어느 한쪽의 핵무기 사용은 결국 공격자와 방어자 모두를 파괴한다는 것.

따라서 우선 해야 할 일은 변경의 범위를 제한하는 것이다. 시스템에서 극적으로 단순화될 수 있지만 지금 당장 변할 필요가 없는 부분을 봤다면, 그냥 그대로 놔둘 것이다. 과거의 잘못에 대해 눈물을 흘릴지도 모르지만 일단 그대로 놔둔다.

다음으로 해야 할 일은 테스트와 리팩토링 사이에 존재하는 교착상태 (deadlock)를 풀어주는 것이다. 테스트가 아닌 다른 방법으로도 피드백을 얻을 수 있는데, 아주 조심스럽게 작업하는 방법이나 파트너와 함께 작업하는 방법 등이 그런 것들이다. 우리는 전체적인 레벨에서 피드백을 얻을 수 있는데, 이것은 충분하지는 않지만 어느 정도의 확신을 주는 시스템 레벨의 테스트와 비슷하다. 이 피드백을 이용해, 우리가 바꾸어야 하는 부분이 변화에 좀더 수용적이 되도록 할 수 있다.

시간이 지나면서, 시스템에서 늘 변화하는 부분들은 테스트 주도로 된 것처럼 보이게 될 것이다. 때때로 어두운 뒷골목을 방황하다 강도를 당하면서, 과거에는 속도가 얼마나 느렸는지 회상하게 될 것이다. 그러면 속도를 낮추고 교착상태를 푼 다음, 다시 나아가기 시작할 것이다.

TDD는 누구를 위한 것인가?

모든 프로그래밍 방법은 명시적이건 암묵적이건 간에 어떤 가치 체계를 내포한다. TDD 역시 다르지 않다. 만약 당신이 어느 정도는 작동하는 코드를 왕창 입력해 넣는 것에 행복해 하고, 그 결과를 두 번 다시 쳐다보지 않는 것에 행복해 한다면, TDD는 당신을 위한 것이 아니다. TDD는 더 나은 코드를 작성한다면 좀더 성공할 것이라는, 매력적일 정도로 나이브하며 해커적인(geekoid) 가정에 근거한다. TDD는 더 깔끔한 설계를 할 수 있도록, 그리고 더 많은 것을 배워감에 따라 설계를 더 개선할 수 있도록, 적절한 때 적절한 문제에 집중할 수 있게끔 도와준다.

내가 '나이브'라고 말했는데, 그건 과장일 것이다. 정말 나이브한 것은 성공의 유일한 길은 깔끔한 코드라는 가정이다. 훌륭한 엔지니어링은 아마도 프로젝트 성공의 20%에 지나지 않을 것이다. 형편없는 엔지니어링은 분명 프로젝트를 가라앉게 할 것이지만, 나머지 80%가 어느 정도 제대로 되는 한에 있어서는 적당한 수준의 엔지니어링만으로도 프로젝트가 성공하게 할 수 있다. 이 시각에서 보면 TDD는 오버액션이다. TDD는 현재 업계에서 통용하는 수준보다 훨씬 더 적은 수의 결함과 훨씬 더 깨끗한 설계의 코드를 작성하게 해준다. 그렇지만 우아함에서 영혼의 안식을 찾는 이들은 선(善)을 실행하면서 잘 사는 방법을 TDD에서 찾을 수 있다.

TDD는 코드에 감정적 애착을 형성하는 해커들에게도 좋다. 젊은 시절 나의 가장 큰 불만은 이런 것이었다. 엄청난 흥미를 가지고 새 프로젝트를 시작해서는 시간이 지남에 따라 서서히 코드가 썩어가는 걸 보게 된다. 일 년쯤 지나면 하루라도 빨리 냄새 나는 코드를 던져버리고 다음 프로젝트가 시작되기만을 기다리는 것이다. TDD는 시간이 지남에 따라 코드에 대한 자신감을 점점 더 쌓아갈 수 있게 해준다. 테스트가 쌓여감에 따라(그리고 여러분의 테스팅 기술이 늘어감에 따라) 시스템의 행위에 대한 자신감을 더 많이 얻게 된다. 설계를 개선해 나감에 따라 점점 더 많은 설계 변경이 가능해진다. 나의 목적은 처음 반짝이는 눈빛으로 프로젝트를 시작할 때보다 프로젝트를 시작하고 1년이 지난 후에 더 좋은 느낌을 갖게 되는 것인데, TDD가 이 목적을 달성할 수 있도록 도와준다.

TDD는 초기 조건에 민감한가?

테스트를 취할 때 특정한 순서로 하면 매우 매끄럽게 잘 넘어가는 것 같다. 빨강/초록/리팩토링/빨강/초록/리팩토링. 똑같은 테스트를 다른 순서로 구현해보면 작은 단계로 나아갈 수 있는 방법이 전혀 없는 것처럼 보이기도 한다. 테스트를 특정 순서로 구현하는 것이 다른 순서에 비해 수십 배 더 빠르다/쉽다는 것이 정말 사실인가? 단지 내 구현 기술이 부족해서 그런 것은 아닐까? 혹 테스트를 특정 순서로 공략해야 한다는 것을 넌지시 알려주는 무언가가 테스트 속에 있는 건 아닐까? 만약 TDD가 작은 차원에서 초기 조건에 민감하다면, 큰 차원에서는 예측 가능할까? (미시시피강의 작은 소용돌이들은 예측 불가능하지만, 강 어귀에서 대략 초당 2,000,000세제곱 피트(feet) 정도의 물이 흐른다는 것은 믿을 수 있다.)

TDD와 패턴의 관계는?

내가 지금까지 써온 기술적인 글은 모두 전문가의 행동과 비슷한 행동을 생성해내는 근본적 규칙을 찾으려는 노력에 대한 것이었다. 내가 그런 식으로 배워왔다는 것이 한 이유가 될 것이다. 나는 비슷하게 흉내낼 전문가를 한 명 찾고는 무슨 일이 벌어지는지 점차 알아낸다. 기계적으로 따라야 할 규칙을 찾는 것은 결단코 아니다. 비록 기계적 사고를 가진 사람들은 전문가들을 그런 식으로 해석하지만.

　내 첫째 딸(안녕 베싸니(Bethany)! 내가 여기서 너랑 만날 거라고 말해 줬지? 그렇게 창피하지 않지?)은 곱하기를 빠르게 하는 방법을 배우기 위해 몇 년을 보냈다. 우리 부부는 모두 곱셈을 빨리 한다는 것을 매우 자랑스러워 했고, 또 그걸 순식간에 배웠다. 무슨 일이 벌어지고 있었나? 베싸니는 6×9를 할 때면 언제나 6을 9번(혹은 짐작하건대, 9를 6번) 더했다. 곱셈을 느리게 하는 사람과는 거리가 있었고, 내 딸은 정말로 덧셈을 빨리 하는 사람이었다.

　내가 알아챈, 그리고 다른 이들도 알아채길 바라는 것은, 반복적 행동을 규칙으로 환원함으로써 규칙을 적용하는 것은 기계적이며 단순 암기가 된다는 점이다. 이것은 언제나 최초 원리에서 시작해서 모든 것을 다시 논구

하는 것보다 더 빠르다. 예외 혹은 규칙의 어느 것도 들어맞지 않는 문제가 있을 경우, 새로운 것을 창조하고 적용할 더 많은 시간과 에너지를 갖게 된다.

이 경험은 『Smalltalk Best Practice Patterns』[13]를 쓸 때 겪은 것이다. 어떤 시점에 나는 내가 집필하고 있는 규칙들을 그냥 그대로 따라보기로 결정했다. 처음에는 규칙을 찾아보거나 새로운 규칙을 기록하기 위해 다른 일을 멈추느라 훨씬 속도가 느렸다. 하지만 일주일 후, 전 같으면 잠시 생각하려고 쉬어야 했을 때에도 코드가 내 손가락 끝에서 뿜어져 나오는 걸 발견했다. 이 덕분에 설계와 분석에 관해 좀더 넓게 생각해볼 시간과 주의력을 얻었다.

TDD와 패턴의 또 다른 관계는 패턴 주도 설계(pattern-driven design)에 대한 구현 방법으로써의 TDD다. 어떤 작업을 수행하기 위해 스트래티지(Strategy) 패턴을 사용하기로 결정했다고 치자. 첫 번째 변화를 위한 테스트를 작성하고 이를 메서드로 구현한다. 그 다음 리팩토링 단계에서 자연스럽게 스트래티지 패턴이 나타날 수 있도록 하기 위해 의식적으로 두 번째 테스트를 작성한다. 로버트 마틴과 나는 이런 스타일의 TDD에 대해 약간의 연구를 한 적이 있다. 문제는 설계가 항상 우리를 놀라게 만든다는 점이다. 완벽하게 사리에 맞는 설계 아이디어가 결국은 틀린 것으로 판명난다. 그냥 시스템이 무슨 일을 할지 생각하고 나중에 설계가 알아서 정해지도록 하는 것이 더 낫다.

---

13) 역자주: 『Smalltalk Best Practice Patterns』은 스몰토크 언어에서 자주 사용되는 패턴 모음집이다. 기존에 널리 알려진 패턴이 명사와 동사라면 이 책에서 소개하는 패턴은 관사와 전치사, 조동사다. 패턴에 대한 독자의 생각을 바꿔놓을 탁월한 책이다. 적극 추천한다.

어째서 TDD가 잘 작동하는가?

은하계를 떠날 준비를 하라. TDD가 장애율 낮고 유지보수 비용이 적으며, 결합력이 낮고 응집력이 강한 시스템을 높은 생산성으로 만들어낼 수 있게 해준다고 잠시 동안만 가정해보자(물론 난 보통 이런 일은 있을 수 없다고 말해왔지만, 여러분이 불가능한 일도 상상해낼 수 있을 것임을 믿는다). 어떻게 이런 일이 가능할까?

이 결과의 일부는 분명 결함 감소에서 온다. 결함을 빨리 발견해 고칠수록 비용은 낮아진다. 가끔은 엄청나게 낮아지기도 한다(마스 랜더(Mars Lander)에 대해서 찾아보기 바란다). 결함 감소에서 오는 이차적인 심리학적, 사회적 효과가 무척 많다. 나는 TDD를 시작한 이후로 스트레스를 훨씬 적게 받게 됐다. 모든 것에 대해 한꺼번에 걱정할 필요가 없게 됐다. 나는 직면한 테스트 하나를 실행하게 할 수 있고, 그 뒤엔 나머지를 전부 실행할 수도 있다. 팀원들과의 관계도 더 긍정적으로 변했다. 나는 더 이상 빌드를 망가뜨리지 않았고 사람들은 내 소프트웨어로 작업하는 것을 신뢰할 수 있었다. 내 시스템의 고객들도 더욱 긍정적으로 변했다. 새로 릴리즈한 시스템은 이제 더 이상 새로운 버그의 근원지가 아니고, 단지 새로운 기능만을 더 제공하게 되었다.

줄어든 결함율. 내가 어디서 그런 주장을 할 수 있냐고? 과학적인 증거라도 있냐고?

없다. TDD와 다른 방법들 사이의 품질, 생산성, 재미 등의 차이를 보여주는 어떠한 연구도 없다.[14] 하지만 그러한 일화들은 넘쳐나고, 부차적 효

---

[14] 역자 주: 저자가 이 책을 집필할 당시에는 그랬을지 모른다. 하지만 현재 인터넷을 검색해 보면 이에 대한 연구를 꽤 찾을 수 있다. 한 가지 예를 들자면 다음과 같다. E. Michael Maximilien, "Assessing Test-Driven Development at IBM", Proceedings of the 25th international conference on Software engineering. 이 자료를 포함, 더 많은 자료를 찾고 싶으면 다음을 참고하길 바란다. https://bit.ly/3jWhI6P

과는 명백하다. 프로그래머는 정말 긴장을 풀게 되고, 팀은 신뢰를 구축하며, 고객은 새 릴리즈를 기대하는 것을 익히게 된다. 비록 그 반대 효과를 본적은 없지만, 나는 "전반적으로 그렇다."고 말하겠다. 당신의 경우는 조금 다를 수도 있지만 정말 어떤지 알려면 한번 시도해 보아야 한다.

TDD의 또 다른 효과는 설계 결정에 대한 피드백 고리를 단축시킨다는 점이다. 하루에도 수십에서 수백 번씩 테스트하면서 구현에 대한 피드백 고리는 확실히 짧아졌다. 고작 수 초에서 수 분 사이일 뿐이다. 설계 결정에 대한 피드백 루프의 길이는 설계에 대한 생각(API가 이런 식으로 생기면 좋겠다, 혹은 메타포가 이래야 할 것이다 등)과 그에 대한 첫 번째 예제(그 생각을 담고 있는 테스트 작성) 사이의 간격이다. 설계에 대한 결정을 내리고 기쁨이나 고통을 맛보기까지 몇 주에서 몇 달을 기다리는 대신, 설계 아이디어를 몇 초에서 몇 분 사이에 그럴듯한 인터페이스로 전환하기만 하면 피드백을 받을 수 있게 된 것이다.

"왜 TDD가 잘 작동하나?"에 대한 약간 더 기묘한 대답은 복잡계 시스템의 상상력에서 온다. 플립(Phlip)은 독특하게도 다음과 같이 말한다.

> 올바른 코드를 절대치가 아니라 극한 함수로서 '끌어들이는' 프로그래밍 실행법을 도입하라. 모든 기능에 대해 단위 테스트를 작성한다면, 각 단계 사이에서 코드 단순화를 위해 리팩토링한다면, 한 번에 하나씩 기능을 추가하고 모든 단위 테스트가 통과한 후에만 추가한다면, 당신은 수학자들이 '끌개(attractor)'라고 부르는 것을 만들어 내게 될 것이다. 이 끌개라는 것은 모든 흐름이 그곳으로 수렴하는 상태 공간의 점이다. 이것은 코드가 시간이 지남에 따라 더 나빠지기보다 더 좋아지도록 하는 경향이 있다(그 끌개는 코드의 옳음이라는 상태에 극한 함수로서 접근한다).
>
> 이것은 거의 모든 프로그래머들이 그럭저럭 지낼 수 있는 '옳음'이다(당연

히 의료 및 항공 소프트웨어는 제외하고). 하지만 끝개 개념을 명시적으로 이해하는 것이 그것을 부인하거나 그 중요성을 소홀히 하는 것보다 낫다.

이름을 테스트 주도 개발이라고 한 이유는?

- 개발: 의사결정에 시차가 있으면 그 사이에 피드백이 어렵기 때문에, 소프트웨어 개발을 어떤 단계(phase)에 따라 나누는 과거의 사고 방식은 약화되었다. 여기에서 '개발(development)'이란 분석, 논리적 설계, 물리적 설계, 구현, 테스팅, 검토, 통합, 배포를 아우르는 복잡한 춤을 말한다.

- 주도: 나는 예전에 TDD를 '테스트 우선 프로그래밍(test-first programming)'이라고 불렀다. 하지만 '우선'의 반대말은 '마지막(last)'이고, 많은 사람들이 프로그래밍을 한 후에 테스트를 한다. 어떤 이름의 반대는 최소한 모호하게라도 불만족스러워야 한다는 명명 법칙이 있다. (구조적 프로그래밍의 매력 가운데 하나는 아무도 비구조적인 걸 원하지 않는다는 것이다.) 만약 개발을 테스트로 주도하지 않는다면, 무엇으로 주도할 것인가? 추측(speculation)으로? 아니면 명세(specification)로? (이 두 단어가 동일한 어원을 갖는다는 사실을 아는가?)

- 테스트: 자동화되고 구체적이며 명확한 테스트를 말한다. 버튼을 누르면 테스트가 실행된다. TDD의 아이러니 중 하나는 TDD가 테스트 기술이 아니라는 점이다(워드 커닝엄의 선문답이다). TDD는 분석 기술이며, 설계 기술이기도 하다. 사실은 개발의 모든 활동을 구조화하는 기술이다.

TDD와 익스트림 프로그래밍의 실천법 사이에 어떤 관련이 있는가?

이 책을 리뷰한 사람 중 몇몇은 내가 TDD에 대한 내용만 다루는 책을 집필했다는 것 때문에 사람들이 XP에 있는 나머지 실천법을 무시할 변명을 갖게 되지 않을까 걱정 했다. 예들 들어 TDD를 할 때에도 짝 프로그래밍 할 필요가 있는가? 다음은 XP의 나머지 부분이 TDD를 어떻게 향상시키는지, 그리고 TDD가 XP의 나머지 부분을 어떻게 향상시키는지에 대한 간략한 요약이다.

- 짝 프로그래밍: TDD를 하면서 작성하게 되는 테스트는 짝 프로그래밍 과정에서 뛰어난 의사소통 수단이 된다. 짝 프로그래밍을 할 때 풀고 있는 문제에 대해 파트너가 여러분 의견에 동의하지 않는 경우가 있는데, 이는 반드시 피해야 할 문제다. 말도 안 되는 소리 같지만 항상 벌어지는 일이다. 특히 짝 프로그래밍을 처음 배우는 경우엔 더욱 빈번하다. 짝으로 일하는 것은 TDD를 강화하는데, 당신이 지칠 때 머릿속에 활기를 되찾게 해주기 때문이다. TDD의 리듬 때문에 완전히 몰입할 수 있는데, 그렇게 되면 지친 상태에서도 계속 프로그래밍하기도 한다. 하지만 짝 프로그래밍을 한다면 여러분이 지칠 때 파트너가 키보드를 받아줄 것이다.

- 활기차게 일하기: XP에서는 기운이 있을 때 일을 시작해서 지치면 그만할 것을 권유한다. 다음 테스트를 통과시키지 못하겠거나, 어떤 테스트 두 개를 동시에 통과하도록 만들 방법을 모르겠다면, 잠시 쉴 시간이다. 전에 엉클 밥[15]과 함께 줄 바꿈 알고리즘을 개발한 적이 있는데, 그걸 제대로 돌아가게 하지 못했다. 우린 몇 분 동안 좌절감에 몸부림쳤지만, 어떠한 진전도 없는 게 분명했고, 그래서 거기서 멈췄다.

- 지속적인 통합: 테스트는 좀더 자주 통합할 수 있게 해주기 때문에 아주 훌륭한 자원이 된다. 새로운 테스트를 통과시킨 후 중복을 제거했

---

15) 역자 주: 로버트 C. 마틴(Robert Cecil Martin)을 말한다.

다면 체크인한다. 그렇게 되면 체크인 간격이 1~2시간에서 내가 보통 노리는 15~30분 정도로 단축된다. 이 방법이야말로 많은 프로그래머들로 구성된 큰 팀에서 동일한 코드 베이스를 사용할 수 있게 하는 핵심 중 하나다. 빌 웨이크(Bill Wake)가 말한 바와 같이, "n이 항상 1이면, n^2 문제는 더 이상 문제가 아니다."

- 단순 설계: 테스트를 통과하기 위해 필요한 만큼만 코딩하고 모든 중복을 제거한다면, 여러분은 자동으로 현재까지의 요구사항에 딱 들어맞는 설계를 얻게 될 것이고, 이 설계는 앞으로의 어떠한 사용자 스토리(user story)에 대해서도 동등하게 준비된 상태일 것이다. 현재 시스템에 대한 완벽한 아키텍처를 위해 더도 덜도 말고 딱 맞는 설계를 찾는 사고방식으로 테스트 작성은 더 쉬워진다.

- 리팩토링: '중복 제거 규칙'은 리팩토링의 또 다른 이름이다. 하지만 그뿐 아니라, 테스트가 있다면 더 큰 리팩토링을 수행하더라도 시스템의 행위가 변하지 않았다는 자신감을 얻을 수 있게 된다. 자신감이 커질수록 더 큰 리팩토링을 공격적으로 수행할 수 있게 될 것이고, 결과적으로 시스템의 수명은 더 길어질 것이다. 리팩토링을 통해 다음 단계의 테스트를 더 쉽게 작성할 수 있을 것이다.

- 지속적인 전달: TDD 테스트들이 정말 당신 시스템의 MTBF를 개선한다면, 고객을 혼란시키지 않으면서도 훨씬 더 자주 코드를 출시할 수 있을 것이다. 가레스 리브스(Gareth Reeves)는 일일거래(day trading)에 비유를 한다. 일일거래에서는, 매일 밤 자신이 가진 것들을 팔아 치우는데, 그것은 자신이 관리할 수 없는 데서 오는 위험을 부담하려고 하지 않기 때문이다. 프로그래밍에서는, 출시상품에서 자신이 바꾼 모든 것을 좋아하는데, 이는 구체적인 피드백을 얻지 못하는 코드는 원치 않기 때문이다.

다락의 도전

다락 에네스(Darach Ennis)는 TDD의 범위를 넓히기 위해 칼을 뽑았다. 그가 말하길

여러 엔지니어링 단체와 엔지니어 사이에 나도는 많은 오류가 있는데, 이 책은 그걸 몰아내는 데 도움이 될 것이다. 그 중 몇 가지는 다음과 같다.

- GUI에 대한 자동화 테스트는 만들 수 없다. (예를 들어 스윙(Swing), CGI, JSP/서블릿(Servlets)/스트러츠(Struts))
- 분산 객체에 대한 자동화 테스트는 만들 수 없다.(예를 들어 RPC와 메시징 스타일, 혹은 코바(CORBA)/EJB와 JMS)
- 데이터베이스 스키마를 개발할 땐 TDD를 적용할 수 없다. (예를 들어 JDBC)
- 외부 도구가 생성한 코드나 서드파티 코드를 테스트할 필요는 없다.
- BNF에서부터 상용화 가능한 수준의 구현에 이르기까지, 언어 컴파일러나 인터프리터 등은 TDD로 만들어낼 수 없다.

그가 옳은지는 확실치 않다. 하지만 그가 틀렸을 거라는 점도 확신이 서지 않는다. 나는 그에게서 TDD를 어디까지 밀고 나가야 할지에 대해 계속 생각해볼 거리를 얻었다.

부록 A. 영향도

이 책에는 영향도(influence diagram)의 예가 많이 있다. 영향도의 아이디어는 제랄드 와인버그의 Quality Software Management라는 탁월한 시리즈, 특히 제 1권 『Systems Thinking』[1]에서 왔다. 영향도의 목적은 한 시스템의 요소들이 서로 어떻게 영향을 끼치는지 보는 것이다.

영향도에는 세 가지 요소가 있다.

- 활동: 한 단어나 짧은 문구로 표기한다.
- 양적(陽的) 연결: 두 활동 사이의 화살표 선으로 표기한다. 시점 활동의 증가가 종점 활동의 증가를 야기하고, 시점 활동의 감소가 종점 활동의 감소를 야기하는 경향이 있다는 걸 뜻한다.
- 음적(陰的) 연결: 두 활동 사이의 화살표 선으로 표기하는데, 선 위에 원을 그린다. 시점 활동의 증가가 종점 활동의 감소를 야기하고, 시점 활

---

1) 저자 주: Weinberg, Gerald. 1992. 『Systems Thinking. Quality Software Management』. New York: Dorset House. ISBN: 0932633226.

동의 감소가 종점 활동의 증가를 야기하는 경향이 있다는 걸 뜻한다.

단순한 개념을 설명하는데 말이 길었다. 그림 A.1에서 A.3까지가 몇 가지 예가 된다.

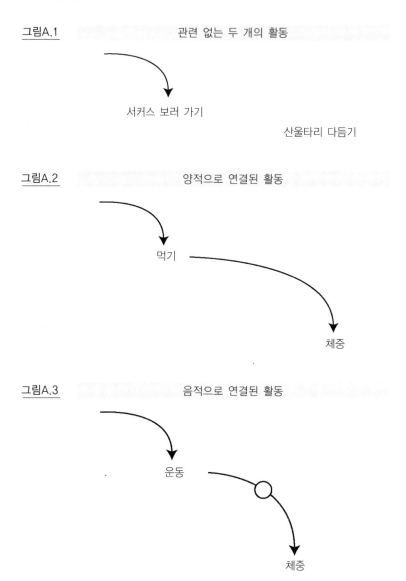

그림A.1   관련 없는 두 개의 활동

서커스 보러 가기

산울타리 다듬기

그림A.2   양적으로 연결된 활동

먹기

체중

그림A.3   음적으로 연결된 활동

운동

체중

많이 먹으면 몸무게는 불어난다. 더 적게 먹으면 더 적게 나가게 된다. 물론 개인의 체중은 이것보다 훨씬 더 복잡한 시스템이다. 영향도는 시스템의 어떤 측면을 이해하는 데 도움을 주는 모델이지, 완벽히 이해하고 마음대로 조정하도록 도와주는 모델은 아니다.

| 피드백 |

영향이 한 방향으로만 작용하지는 않는다. 그림 A.4에서 보는 바와 같이 특정 활동의 결과가 거꾸로 그 활동 자체에 양적, 혹은 음적으로 영향을 미치는 경우가 자주 있다.

내 체중이 올라가면 나의 자기평가는 떨어지며, 그러면 나는 더 먹게 되고, 내 체중 역시 더 늘게 되는 식으로 반복한다. 영향도에서 주기는 피드백과 같다.

피드백에는 양적, 음적 두 가지 종류가 있다. 양적 피드백은 시스템에서 어떤 활동을 점점 더 많이 격려하도록 한다. 주기 내에 몇 개의 음적 연결이 있는가를 세어봄으로써 양적 피드백 루프를 찾을 수 있다. 짝수 개의 음적 연결이 있으면 양적 피드백 루프가 존재하는 것이다. 그림 A.4에 있

그림A.4　　　　　　　　　　　　피드백

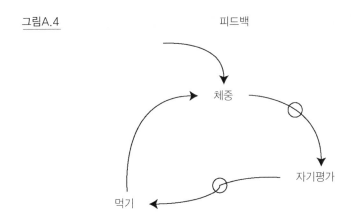

는 피드백 루프는 양적 피드백 루프다. 다른 활동이 개입하기 전까지 당신은 계속 체중이 늘게 된다.

음적 피드백은 활동을 감소시킨다. 홀수 개의 음적 연결이 있는 주기가 음적 피드백 루프다.

시스템 설계의 핵심은 다음과 같다.

- 양적 피드백 루프가 좋은 활동의 성장을 촉진하는 선(善)순환 만들기.
- 양적 피드백 루프가 비생산적이거나 파괴적인 활동의 성장을 촉진하는 죽음의 나선 피하기.
- 좋은 활동의 과용을 예방하는 음적 피드백 주기 만들기.

시스템 조정

소프트웨어 개발 실행법(software development practice) 시스템을 고를 때는, 각 실행법이 서로를 보조해서 심지어는 스트레스 하에서도 모든 활동을 적절한 만큼 수행하도록 해주는 걸 고르기 원할 것이다. 그림 A.5는 불충분한 테스팅으로 이르게 하는 실행법 시스템의 한 예다.

그림A.5   테스트하기에 시간이 충분치 않으면 가용 시간이 줄어든다

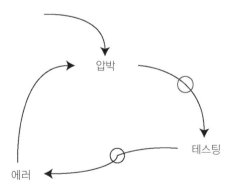

시간의 압박 하에서, 테스팅의 양을 줄이게 되고, 그러면 에러의 개수가 늘어나며, 이에 따라 시간 압박이 증가하게 된다. 결국은 소프트웨어를 어떻게든 선적하기 위해 어떤 외부 활동('현금 흐름 공황(Cash Flow Panic)' 같은)이 개입하게 된다.

테스트하기에 시간이 충분치 못한 것은 가용시간을 감소시킨다

제대로 작용하지 않는 시스템이 있을 때, 다음과 같은 옵션이 있다.

- 반대 방향으로 양적 피드백 루프가 돌게 하라. 테스트와 자신감 사이에 루프가 있고 테스트가 죽 실패해서 자신감이 줄고 있다면, 더 많은 테스트가 작동하도록 만들어서 더 많은 테스트를 작동시킬 수 있다는 본인의 능력에 대한 자신감을 증가시킬 수 있다.
- 음적 피드백 루프를 도입해서 지나치게 거대해져버린 활동을 컨트롤할 수 있다.
- 연결을 더 맺거나 혹은 끊거나 해서 도움이 안 되는 루프를 제거해 버릴 수 있다.

부록 B. 피보나치

이 책의 검토자 중 한 명의 질문에 대한 답으로 나는 피보니치 수열을 테스트 주도로 개발해 올렸다. 몇 명의 검토자들이 이 예를 보고 TDD가 어떻게 작동하는지 이해하는 데 큰 도움이 되었다고 했다. 하지만 이 책에 사용된 예제를 피보나치 예제로 바꾸기에는 피보나치 예제가 너무 짧고, 다양한 TDD 기술을 충분히 보여주지도 못한다. 이 책의 주 예제를 읽은 후에도 여전히 번쩍이는 깨달음을 얻지 못했다면 여기를 잠깐 들여다보고 머릿속 전등이 켜지는지 살펴보자.

첫 번째 테스트는 fib(0) = 0이라는 걸 보여준다. 구현은 상수를 반환한다.

```
public void testFibonacci() {
    assertEquals(0, fib(0));
}

int fib(int n) {
    return 0;
}
```

(함수 하나밖에 안되기 때문에 나는 TestCase 클래스에 직접 해당 코드를
박아 넣고 있다)

두 번째 테스트는 fib(1) = 1이라는 걸 보여준다.

```
public void testFibonacci() {
    assertEquals(0, fib(0));
    assertEquals(1, fib(1));
}
```

testFibonacciOfOneIsOne이라는 테스트 메서드를 따로 작성하는 것에 큰
커뮤니케이션 가치가 있어 보이지 않아서, 두 번째 단언을 같은 메서드 내
에 집어 넣어 버렸다.

이게 돌아가도록 하는 덴 몇 가지 방법이 있다. 나는 0을 특별한 경우로
다루는 방법을 쓰겠다.

```
int fib(int n) {
    if (n == 0) return 0;
    return 1;
}
```

테스트 케이스에 있는 중복이 점점 성가시게 느껴지기 시작하는데, 새
케이스를 추가하면 더 악화되기만 할 것이다. 입력과 예상값으로 구성된
테이블을 통해 테스트가 돌아가게 하면 단언의 공통 구조를 추출할 수
있겠다.

```
public void testFibonacci() {
    int cases[][]= {{0,0},{1,1}};
    for (int i= 0; i < cases.length; i++)
        assertEquals(cases[i][1], fib(cases[i][0]));
}
```

이제 다음 케이스를 추가하려면 키보드를 여섯 번만 치면 되고, 줄을 새로 추가할 필요는 없다.

```
public void testFibonacci() {
    int cases[][]= {{0,0},{1,1},{2,1}};
    for (int i= 0; i < cases.length; i++)
        assertEquals(cases[i][1], fib(cases[i][0]));
}
```

당황스럽게도 테스트가 제대로 돌아간다. 우리가 고른 상수 1이 이 케이스에도 들어맞는 값이기 때문에 그런 일이 벌어졌다. 다음 테스트로 넘어가면

```
public void testFibonacci() {
    int cases[][]= {{0,0},{1,1},{2,1},{3,2}};
    for (int i= 0; i < cases.length; i++)
        assertEquals(cases[i][1], fib(cases[i][0]));
}
```

야호, 이제 실패한다. 이전의 전략(더 작은 입력값을 특별한 경우로 다루는 것)을 똑같이 적용해서 다음과 같이 작성한다.

```
int fib(int n) {
    if (n == 0) return 0;
    if (n <= 2) return 1;
    return 2;
}
```

이제 일반화할 준비가 되었다. 우리가 2라고 쓰긴 했지만 정말 2를 뜻한 것은 아니고, 1+1을 의미한다.

```
int fib(int n) {
    if (n == 0) return 0;
    if (n <= 2) return 1;
```

```
    return 1 + 1;
  }
```

첫 번째 1은 fib(n-1)로 볼 수 있다.

```
int fib(int n) {
if (n == 0) return 0;
if (n <= 2) return 1;
return fib(n-1)+ 1;
}
```

두 번째 1은 fib(n-2)로 볼 수 있다.

```
int fib(int n) {
if (n == 0) return 0;
if (n <= 2) return 1;
return fib(n-1) +fib(n-2);
}
```

이제 좀 정리를 하면, 동일한 구조가 fib(2)에서도 작동하기 때문에 결국 두 번째 조건을 강화할 수 있다.

```
int fib(int n) {
    if (n == 0) return 0;
    if (n == 1) return 1;
    return fib(n-1) + fib(n-2);
}
```

이렇게 해서 우리는 완전히 테스트로부터 유도된 피보나치를 완성하게 되었다.

마치는 글

마틴 파울러

테스트 주도 개발에 대해 설명하기 어려운 것 중 하나는 TDD를 하면 돌입하게 되는 정신상태다. C3 프로젝트에서 랄프 베티(Ralph Beattie)와 함께했던 세션을 기억한다. 우리는 복잡한 지불 조건을 구현해야만 했다. 랄프는 그걸 여러 개의 테스트 케이스로 쪼갰고, 우리는 그것들이 작동하도록 하나씩 접근했다. 꾸준히 서두르지 않으면서 진행했다. 서두르지 않았기 때문에 느린 것처럼 보였지만, 얼마나 많은 일을 했는지 뒤돌아 보면, 작업시의 느긋한 느낌에도 불구하고 진행 속도는 매우 빨랐다.

우리가 가진 화려한 도구들에도 불구하고, 프로그래밍은 여전히 어렵다. 동시에 여러 개의 공을 공중에 띄워놓고 저글링할 때처럼, 프로그래밍할 때도 잠시만 집중을 놓치면 모든 게 무너져 버릴 것 같은 느낌을 받은적이 많다. 테스트 주도 개발은 이런 느낌을 감소시키는 데 도움이 되고, 그 결과로 신속한 느긋함을 얻게 된다.

그렇게 생각하는 이유는, 테스트 주도 개발 스타일로 작업하면 한 번에 딱 하나의 공만 공중에 띄우는 느낌이 들고, 그렇기 때문에 그 공에 충분히 집중할 수 있고 그 일을 정말 훌륭히 해낼 수 있다는 것이다. 나는 새로운 기능을 추가하려고 할 때, 이 함수에는 정말 어떤 설계가 좋을지 고민하지 않고, 할 수 있는 한 가장 쉽게 테스트를 통과시키려고만 노력한다. 리팩토링 모드로 바뀌면 새로운 기능을 추가하는 것에 신경 쓰지 않고, 올바른 설계를 얻는 데만 신경 쓴다. 이 양자를 통해 한 번에 딱 하나에만 집중하게 되고, 그 결과 그 한 가지에 대해 더 잘 집중할 수 있다.

테스트 우선으로 기능을 추가하는 것과 리팩토링은 프로그래밍의 두 가지 단일사고적[1] 특색이다. 최근 키보드를 두드리다가 또 다른 하나를 경험하게 됐다. 그것은 패턴 복사하기다. 데이터베이스에서 어떤 데이터를 가져오는 작은 루비 스크립트를 작성하고 있었다. 이 일을 하면서 데이터베이스 테이블을 감싸는(wrap) 클래스에 대해 작업을 시작했다. 그때 데이터베이스 패턴 책을 한 권 끝냈기 때문에 패턴을 하나 사용해야 한다는 생각이 들었다. 예제 코드는 자바였지만, 그걸 루비에 적용하는 건 어렵지 않았다. 프로그래밍하면서 문제에 대해서는 별로 생각하지 않고, 그 패턴을 현재 언어와 내가 다루던 특정 자료에 어떻게 멋지게 적용할까에 대해 생각했다.

패턴 복사하기 자체는 훌륭한 프로그래밍이 아니다. 이 사실은 내가 패턴에 대해 이야기 할 때면 늘 강조한다. 패턴은 언제나 반숙 상태며, 자신의 프로젝트 오븐 속에서 적응시켜야 한다. 하지만 이렇게 하기 위한 좋은 방법 중 하나는 일단 무턱대고 패턴을 복사하고 나서, 리팩토링과 테스트 우선을 섞어 사용해서 그 적응과정을 수행하는 것이다. 패턴 복사를 할 때 이렇게 하면 해당 패턴에 대해서만 집중할 수 있게 된다(한 번에 하나씩).

---

1) 역자 주: 단일사고적(monological)이란 단어는 마틴 파울러가 만든 말로, 한 번에 한 가지 스타일의 사고를 하거나, 한 번에 한 가지 종류의 로직만 사용하는 것을 일컫는다.

XP 커뮤니티는 전체 그림에서 패턴이 어디에 위치해야 하는지 고심해 왔다. XP 주창자와 패턴 주창자들 사이에는 상당히 큰 일치점이 있기 때문에(워드와 켄트는 두 분야 모두 리더다) XP 커뮤니티는 분명 패턴을 좋아한다고 볼 수 있다. 테스트 우선과 리팩토링이 그 자체로는 위험하지만 함께 하면 강력한 것처럼, 패턴 복사는 그 둘과 함께 가야 할 세 번째 단일사고적 모드일지도 모르겠다.

핵심 작업을 분간하고 한 번에 딱 하나만 집중하도록 하는 것이 어떤 활동을 체계화하는 데 주요한 역할을 한다. 조립 라인은 이런 예 중 정신을 멍하게 하는 예가 된다. 언제나 정해진 한 가지만 하기 때문이다. 아마 테스트 주도 개발이 제안하는 것은 프로그래밍의 행위를 여러 기본적 모드로 나누되, 그런 모드를 재빨리 전환해 가면서 단조로움을 피하는 것이지 않을까. 단일사고적 모드들과 전환의 조합을 통해 집중의 이득을 얻을 수 있고, 조립 라인의 단조로움 없이 뇌에 가해지는 스트레스를 낮출 수 있다.

이 생각들이 다소 미숙하다는 것을 인정한다. 이 글을 쓰면서도 여전히 내가 하는 말을 스스로 믿는지 확신하지 못하고, 이 생각들을 몇 개월, 아니 꽤 오랫동안 고민할 것이라는 걸 안다. 하지만 어쨌거나, 테스트 우선 개발이 속하는 더 큰 그림에 대한 생각을 자극하기 때문에 독자가 내 아이디어를 좋아하지 않을까 하는 생각을 했다. 아직 우리가 분명히 볼 수 있는 그림은 아니지만 서서히 자신을 드러내고 있는 그림이라고 생각한다.

김창준, 강석천

이 글은 김창준과 강석천*이 월간 『마이크로소프트웨어』에 2002년 10월부터 12월까지 3개월 간 연재한 TDD 기사의 마지막 회, 「실전 TDD」를 옮겨 실은 것이다. 몇 군데 소소한 오류를 고친 것 외에는 원문을 그대로 옮겼다. 실전에서 테스트 주도 개발을 적용하고 싶지만 전혀 감이 오지 않는 분들은 이 글에서 힌트를 얻을 수 있을 것이다. 이 글을 읽은 후에도 갈증이 나는 분들은 한국 XP 사용자 모임(http://xper.org)에 방문하기를 권한다. 구체적인 질문에 대한 답변은 물론, 본 기사를 연재한 후에 새로이 얻은 교훈이나 바뀐 생각도 엿볼 수 있을 것이다.

| 열기 |

「실전 TDD」에서는 TDD 초보자들이 실제 업무에서 부딪힐 어려움과 그

---

* 강석천은 중앙대학교 컴퓨터 공학과 4학년이다. 김창준과 함께 익스트림 프로그래밍으로 소프트웨어를 개발한 경험이 있으며, 워크샵을 통해 익스트림 프로그래밍을 가르치기도 했다.

해결책을 제시하겠다. 하지만 TDD를 충실히 수련하다보면 지금부터 소개하는 방법을 쓸 일이 그렇게 많지는 않을 것이다.

TDD를 처음 접한 사람들은 "TDD는 실용적이지 못해. 이런 경우는 TDD가 불가능하지."라고 말하며 TDD에 대해 회의적으로 생각한다. 하지만 우리는 지금까지 TDD가 불가능한 경우를 거의 접하지 못했다. 혹자는 TDD가 가능하더라도 비용이 많이 들어 비실용적이지 않냐고 할 수도 있다. 물론 TDD를 하기에는 어려운 것, 비용이 많이 드는 것이 있다. 하지만 우리는 그런 어려움에서 많은 교훈과 지혜를 얻었을 뿐만 아니라, 유사한 문제를 거듭 TDD하다보니 거기서 발생한 학습 덕택에 점점 비용이 떨어졌다.

이제부터 초보자들이 TDD하기 어렵다고 말하는 대표적 영역을 GUI 프로그래밍, 네트워크, 데이터베이스의 세 부분으로 나누어 보고, 이에 대한 접근법을 이야기하겠다.

| GUI 프로그래밍 TDD |

GUI 프로그래밍을 TDD로 진행할 때는 다음 항목을 숙지하자.

- GUI 개발에서도 TDD의 리듬을 유지하며 점진적으로 개발하자.
- 모델(또는 도메인 모델. 로직에 해당되는 코드)과 뷰를 분리하자. 이는 테스트 가능성(testability)을 높이기 위해서도 중요하다.
- 뷰는 가능한 한 얇게 만든다(충분히 얇다고 생각할 때도 더 얇게 만들 수 있다).

하지만 뷰가 너무 자주 바뀌는 경우에 대해서는 생각해볼 필요가 있다. JBuilder 같은 GUI 디자이너 툴이 있는 IDE의 경우에는 이를 이용하는 것이 코드를 더 빠르게 작성할 수 있기 때문이다. 단, 제대로 작동하며 알아보기 쉬운 깨끗한 코드를 작성하는 것과는 거리가 멀다. 그리고 처음부터 UI 디자이너를 이용, GUI 코드를 작성, 프로그램을 만들면 모델과 뷰가 뒤섞인 코드를 작성할 수 있기 때문에 모델 부분을 미리 작성하는 것이 좋다.

여기서는 자바를 예로 들었지만 MFC에서도 CppUnit을 이용해서 비슷한 방법으로 할 수 있다. CppUnit이 JUnit에 비해 불편하긴 하지만 C++ 프로그래머들도 같은 방법으로 시도하면 기존의 방법에 비해 더 많은 것을 배울 수 있을 것이다.

언제나 늘 모델부터

예를 들어 〈리스트 1〉을 보자. C나 C++ 연습용 프로그램으로 짜볼만한 간단한 자동판매기 프로그램이다.

〈리스트 1〉 간단한 자동판매기 프로그램

```java
public class VendingMachine {
    ...
    //손님이 돈을 자판기에 넣는다
    void getMoney() {
        out.println("돈을 넣으세요. 10, 50, 100, 500, 1000만 가능 :");
        int money = readInt();

        if (money == 10 || money == 50 || money == 100 ||
            money == 500 || money == 1000)
            _money = _money + money;
        else
            out.println("10, 50, 100, 500, 1000만 가능합니다.
                다시 시작해주세요");
        out.println(_money + "원을 넣었습니다");
    }
    //손님이 물건을 산다
    void buy() {
        out.println("음료수\t\t가격\t수량");
        out.println("--------------------------------");
```

```
for (int i = 0; i < max_num; i++)
    out.println((i + 1) + "." + s_drink[i].name + "\t\t"
        + s_drink[i].price + "\t" + s_drink[i].amount);

out.println("\n현재 " + _money + "원이 있어요");
out.println("원하는 음료수를 선택하세요 :");

int selectDrink = readInt();

if ((_money - s_drink[selectDrink-1].price) >= 0 &&
    s_drink[selectDrink-1].amount >= 1) {
    s_drink[selectDrink-1].amount--;
    _money = _money - s_drink[selectDrink-1].price;
} else
    out.println("잔액이 부족하거나 수량이 부족해요");

out.println(_money + "원이 남았어요");
}
//손님에게 거스름돈을 내어준다
void takeBack_money
    () {
    out.println("거스름돈" + _money + "원을 돌려드립니다");
    _money = 0;
}
...
```

전형적인 뷰 코드와 모델 코드가 합쳐진 코드다. 이는 몇몇 비주얼 C++
프로그램 책에 나오는 CView 관련 클래스에 모든 프로그램 로직을 몰아넣
는 코드도 마찬가지다. (물론 그 책들의 목적이 디자인이나 OOP를 가르치
는 것이 아니라 MFC 프레임워크와 VC++ 툴을 가르치는 것이긴 하다.) 이
러한 코드들은 테스트를 작성하기 상당히 어렵다.

개인적으로는 리팩토링으로 유명한 마틴 파울러가 『IEEE Software』에
기고했던 글인 「Separating User Interface Code」의 내용에 동의한다.

만일 WIMP(Windows, Icon, Mouse, Pointer) GUI로 응용 프로그램을 작성한다면, WIMP 쪽 코드에서 어떠한 코드도 복사하지 않고 WIMP 인터페이스를 통해 할 수 있는 모든 일에 대해 명령줄 인터페이스로 응용 프로그램을 작성할 수 있어야 한다.

모델 코드와 뷰의 코드가 완전히 분리되면 이 말은 바로 성립한다. 이는 테스트 가능성에서도 중요한데, TDD를 하면서 주기를 짧게 하기 위해 '할 수 있는 가장 단순한 일은 무엇인가?'라고 질문하며 작성하다 보면 적절하게 유도된다. TDD에서의 리듬을 잘 유지하자.

〈리스트 2〉는 〈리스트 1〉의 코드에 대해 테스트 코드를 작성한 뒤 리팩토링하여 추출한 도메인 로직 코드의 일부다. 이러한 방법으로 도메인 로직 코드를 확실하게 분리해 놓으면 재사용하기에도 훨씬 쉽고 테스트 가능성도 높아진다.

〈리스트 2〉 도메인 로직 코드

```java
import java.util.Iterator;

public class VendingMachine {
    private Counter counter;
    private DrinkContainer drinkContainer;

    public VendingMachine() {
        drinkContainer = new DrinkContainer();
        counter = new Counter();
    }

    public boolean isBuyable(String selectedDrink) {
        return drinkContainer.isBuyable(counter.getCurrentMoney(),
            selectedDrink);
    }

    private void decDrink(String drinkType) {
```

```
        drinkContainer.decDrink(drinkType);
    }

    public void chargeDrink(String selectedDrink, int amount) {
        drinkContainer.chargeDrink(selectedDrink, amount);
    }

    public void insertMoney(int money) {
        counter.insertMoney(money);
    }

    public int takeBackMoney() {
        return counter.takeBackMoney();
    }

    public int getCurrentMoney() {
        return counter.getCurrentMoney();
    }

    public boolean isValidMoneyType(int moneyType) {
        return counter.isValidMoneyType(moneyType);
    }
    ...
}
```

뷰를 위한 컨트롤들을 진열하기

〈리스트 2〉의 도메인 모델 코드를 근거로 실제 뷰 부분과 관련한 컨트롤들
을 붙여보자. 여러 가지 표현할 부분이 있겠지만 일단 여기서는 돈을 넣고
이를 반환하는 부분에 대해 간단한 시나리오를 생각해 보자. 대강의 시나
리오는 다음과 같다.

1. 금액 입력 필드에 액수를 쓴다. 그리고 버튼을 누르면 돈이 들어간다.
2. 반환 버튼을 누르면 반환금액 표시 필드에 반환되는 돈의 액수가 표
   시된다.

반환 부분과 관련된 계산 부분은 이미 VendingMachine 객체가 구현해
놓았다. 작성할 부분은 뷰에 해당하는 부분으로 도메인 코드가 뷰와 연결
만 되면 기능을 구현할 수 있다. 일단 금액 입력 필드와 반환 버튼, 반환금
액 표시 필드가 필요하다. 테스트로 요청해보자.

```java
import junit.framework.TestCase;
public class VendingGuiTest extends TestCase {
    public void testPresentation() {
        VendingMachinePanel vmp;
        vmp = new VendingMachinePanel();

        assertNotNull(vmp.moneyPanel);
        assertNotNull(vmp.takebackPanel);
        assertNotNull(vmp.buttonTakeBack);
        assertNotNull(vmp.buttonInsertMoney);
    }
}
```

TDD의 리듬에 맞게 하나씩 구현하자.

```java
public class VendingMachinePanel extends JFrame {

    public JTextField moneyPanel = new JTextField();
    public JTextField takebackPanel = new JTextField();
    public JButton buttonTakeBack = new JButton();
    public JButton buttonInsertMoney = new JButton();

}
```

처음 기본값은 전부 0이어야 한다. 이에 대해서도 테스트로서 요구하고
하나하나 구현해 보자.

```java
public void testPresentationText() {
    assertEquals("0", vmp.moneyPanel.getText());
    assertEquals("0", vmp.takebackPanel.getText());
```

```
        assertEquals("takeback", vmp.buttonTakeBack.getText());
        assertEquals("insertmoney", vmp.buttonInsertMoney.getText());
    }
```

구현은 간단하다. 기본값만 넣으면 된다.

```
public class VendingMachinePanel extends JFrame {

    public JTextField moneyPanel = new JTextField("0");
    public JTextField takebackPanel = new JTextField("0");
    public JButton buttonTakeBack = new JButton("takeback");
    public JButton buttonInsertMoney = new JButton("insertmoney");
}
```

여기서 잠시 생각해보자.

- 우리는 테스트 코드를 작성하면서 각각의 컨트롤이 '있다' 까지만 정의했다. 처음부터 컨트롤의 위치까지 하나하나 생각하진 않았다.
- 테스트를 작성하고 실행하는 동안 실제 GUI 부분은 여전히 화면에 보이지 않는다.

GUI의 컨트롤 배열이나 크기 등에 대해서는 자주 바뀌는 부분이므로 임의로 잡아주거나 테스트 코드를 추가하는 방법으로 진행할 수 있다(여기서는 세세한 부분은 생략한다).

도메인 객체와 연결

뷰 객체와 도메인 객체가 서로 연결되어야 한다. 이는 간단한 setter/getter다. 뷰가 도메인 객체와 대화할 때는 인터페이스를 정의한 후 대화해도 좋겠지만 일단은 간단하게 해보자.

```
    private VendingMachinePanel vmp;
    private VendingMachine vm;
```

```
protected void setUp() throws Exception {
    super.setUp();
    vmp = new VendingMachinePanel();
    vm = new VendingMachine();
}
...
public void testSetVendingMachine() {
    vmp.setVendingMachine(vm);
    assertNotNull (vmp.getVendingMachine());
}
```

구현은 간단하다.

```
private VendingMachine vendingMachine;

public void setVendingMachine(VendingMachine vendingMachine) {
    this.vendingMachine = vendingMachine;
}
public VendingMachine getVendingMachine() {
    return this.vendingMachine;
}
```

뷰-모델 간의 상호작용

자, 이제 시나리오대로 가보자. 일단 돈을 넣었을 때를 생각해보자. 역시
작은 단계를 밟을 수 있다. 자바 스윙(Swing)의 경우 컨트롤에 값을 입력
할 때는 setText를, 버튼 클릭에는 doClick 등을 이용할 수 있다. MFC라면
버튼에 doClick이 없지만 버튼의 메시지 핸들러로 연결한 onClick 류의 메
서드를 호출함으로써 비슷한 일을 할 수 있다.

```
public void testInsertMoney() {
    vmp.setVendingMachine(vm);
    int money = 500;
    vmp.moneyPanel.setText(new Integer(money).toString());
```

```
        vmp.buttonInsertMoney.doClick();
        assertEquals (money, vm.getCurrentMoney());
    }
```

자, 그리고 구현해보자. 버튼의 ActionListener를 구현하면 된다.

```
    public VendingMachinePanel () {
        buttonInsertMoney.addActionListener (new ActionListener() {
            public void actionPerformed(ActionEvent e) {
                vendingMachine.insertMoney(
                    Integer.parseInt (moneyPanel.getText()));
            }
        });
    }

        private void insertMoney(int money) {
            vmp.moneyPanel.setText(
                new Integer(money).toString());
            vmp.buttonInsertMoney.doClick();
        }
        public void testTakeBackMoney() {
            vmp.setVendingMachine(vm);
            insertMoney(500);
            vmp.buttonTakeBack.doClick();
            assertEquals(0, vm.getCurrentMoney());
            assertEquals("500", vmp.takebackPanel.getText());
        }
```

이에 대해 구현할 수 있다. 역시 ActionListener를 추가하자.

```
        buttonTakeBack.addActionListener(new ActionListener() {
            public void actionPerformed(ActionEvent e) {
                int takebackMoney = vendingMachine.takeBackMoney();
                takebackPanel.setText (new Integer(takebackMoney).toString());
            }
        });
```

이러한 리듬으로 계속 진행할 수 있다. 하나하나 테스트를 작성하며 컨트롤을 붙여나가고, 컨트롤 간의 상호 작용에 대해서 역시 테스트를 작성하고 구현하며 리팩토링하는 리듬을 계속 유지할 수 있다.

실제로 돌아가는 프로그램을 확인하려면 각각의 컨트롤을 JFrame의 ContentPane에 등록한 후 VendingMachinePanel의 show 함수를 호출하는 등의 부수적인 작업을 해야 할 것이다. 실제 VendingMachinePanel을 보여주고 각각 컨트롤의 크기 등을 배열하는 부분에 대해서는 생략하겠다(역시 앞의 방법들을 응용하면 TDD로 충분히 진행할 수 있으리라 생각한다). 이에 대해서는 『eXtreme Programming Installed』의 「A Java Perspective」(한글판에서는 「자바의 관점」)에서 언급하니 참조하기 바란다.

| 네트워크 프로그래밍 TDD |

XP에서 주문처럼 불리는 'Do The Simplest Thing That Could Possibly Work(제대로 돌아가는 가장 간단한 것을 하라)'를 생각해볼 때(개인적으로는 DTSTTCPW의 질문 형태를 더 좋아한다) 만들어야 하는 프로그램도 여러 가지 간단한 작업 묶음으로 나눌 수 있다.

제대로 돌아가는 가장 간단한 것은 무엇일까?

여기서는 간단하게 클라이언트에서 보낸 영문자를 대문자로 바꾸어 보내는 서버를 생각해 보자(이하 upper 서버). upper 서버는 대략 다음과 같은 순서로 돌아간다.

1. 서버 소켓을 리슨(listen) 상태로 둔다.
2. 클라이언트에서 접속한다.
3. 리슨 상태에서 접속하고 accept하여 서버 쪽에선 클라이언트와 송신할 소켓을 얻는다.

4. 클라이언트로부터 데이터를 얻는다.

5. 데이터를 영문으로 바꾼다.

6. 데이터를 다시 보낸다.

7. 클라이언트 접속을 끊는다.

가장 간단한 부분부터 보자면 데이터를 영문으로 바꾸는 부분을 생각할
수 있다.

```java
import junit.framework.TestCase;
import java.io.IOException;

public class UpperServerTest extends TestCase {
    public void testUpper() throws IOException {
        UpperServer us = new UpperServer();

        assertEquals ("TESTING", us.toUpper("testing"));
        }
    }
```

이전에도 그랬듯 테스트를 통과해보자.

```java
class UpperServer {
    public String toUpper (String aString) {
        return "TESTING";
    }
}
```

역시 리팩토링하자. 이에 대해 우리는 명확한 구현법을 알고 있다.

```java
class UpperServer {
    public String toUpper (String aString) {
        return aString.toUpperCase();
    }
}
```

여기서는 서버 프로그래밍을 하고 있지만, 처음 작성한 코드에 우선적으로 서버를 리슨하거나 사용자 접속 처리 등의 기능을 작성하지 않고, 실제 그 서버가 하는 일, 즉 로직 부분을 먼저 작성했다. 보통 개발할 때 네트워크 프레임워크부터 작성한 후 로직을 작성하는데, TDD로 접근할 때는 로직에 해당하는 부분에 먼저 접근하는 것이 좋다. 네트워크나 GUI 부분을 먼저 작성하면 다른 라이브러리에 대해 의존성이 발생하고, 테스트-구현-리팩토링의 리듬이 길어지기 쉽기 때문이다. DTSTTCPW를 상기해 보자.

모의 객체 이용

계속해서 클라이언트로부터 데이터를 얻어 보자. 이 경우 꼭 클라이언트 소켓이 서버에 접속할 필요는 없다. 일종의 가짜 접속을 만드는 방법을 생각해보자. 더 좋은 방법으로는 Socket 객체를 감싸는 UserConnection이라는 클래스를 만들어내는 것이다. 이를 이용하면 UpperServer가 Socket 객체의 스트림 객체를 직접 얻어서 대화할 필요가 없다. 즉, 외부에서 사용하기에는 더 간단한 인터페이스가 된다.

```
public void testReceive() {
    MockConnection s = new MockConnection();
    String str = "testing";
    s.setReceiveData(str);
    us.receive(s);
    assertEquals(str, us.getReceived());
}
```

그리고 모의 객체를 만든다.

```
class MockConnection extends UserConnection {
    private String setupReceived;
```

```
    public String receive() {
        return this.setupReceived;
    }

    public void setReceiveData(String str) {
        this.setupReceived = str;
    }
}
```

MockConnection 때 생각한 디자인을 떠올리며 UserConnection을 구현한다.

```
class UserConnection {
    public String receive() {
        return null;
    }
}

class UpperServer {
    private String receivedStr;

    public String toUpper(String aString) {
        return aString.toUpperCase();
    }

    public void receive(UserConnection s) {
        this.receivedStr = s.receive();
    }

    public String getReceived() {
        return receivedStr;
    }
}
```

이렇게 모의 객체를 만든 후 TDD를 해 나가면 매번 서버에 접속해서 제대로 작동하는지 확인하는 것보다 더 빠르게 작업할 수 있고, 디자인도 원하는 대로 자유롭게 할 수 있다. 하지만 단점이 있다. 모의 객체를 이용할 때는 테스트가 잘 돌아가는데, 실제 작동은 제대로 되지 않을 수 있다. 그러므로 TDD를 처음에 진행할 때는 모의 객체를 이용하되, 어느 정도 코드 구현이 진행되면 실제 객체를 이용한 테스트도 같이 실행하자.

다음은 단계를 계속 밟아 나가며 작성한 코드의 예다. 여기서는 실제 소켓을 이용, 클라이언트가 접속할 경우에 대해서도 TDD로 진행했다. 그리고 그에 따른 구현을 하나하나 할 수 있다. 먼저 테스트를 작성한다.

```
public void testConnect() throws IOException, UnknownHostException,
    InterruptedException {
    int port = 50000;
    us.serve(port);
    Socket s = new Socket("localhost", port);
    Thread.sleep(100);
    us.close();
    assertEquals (1, us.getConnectionCount());
}
```

이에 따른 서버 쪽을 구현한다. 구현하면서 단계별로 테스트를 돌리도록 하자.

```
public class UpperServer {
    ...
    class ListenThread extends Thread {
        public void run() {
            try {
                Socket s = socketListen.accept();
                incConnectionCount();
                socketUser.close();
            } catch (IOException e) {
                e.printStackTrace();
            }
        }
```

```
        private void incConnectionCount() {
            connectionCount++;
        }
    }
    public void serve(int port) throws IOException {
        socketListen = new ServerSocket(port);
        new ListenThread().start();
    }
    public int getConnectionCount() {
        return connectionCount;
    }
    public void close() throws IOException {
        socketListen.close();
    }
}
```

이는 실제로 우리가 원하는 부분인 upper가 소켓을 통해 오고 가는 부분에 대해서도 똑같이 적용할 수 있다. 중간에 다음 단계를 밟을 수도 있다. MockConnection을 이용하면 된다. 그러면 서버 쪽에서 클라이언트에 보내는 데이터에 대해 중간 확인이 가능하다.

```
public void testUpperRespond() throws IOException {
    MockConnection s = new MockConnection();
    String teststr = "testing";
    s.setReceiveData(teststr);
    us.upperRespond(s);
    assertEquals (teststr.toUpperCase(), s.sentStr());
}
```

MockConnection은 미리 준비한 스트링을 그대로 반환한다.

```
public String receive() {
    return this.setupReceived;
}
public void setReceiveData(String str) {
```

```
    this.setupReceived = str;
}
```

그리고 서버에서 보내는 데이터를 확인하기 위해 send를 다음과 같이 구현할 수 있다.

```
private String sent;
public void send(String s) {
    sent = s;
}

public String sentStr() {
    return this.sent;
}
```

upper 서버 쪽에서는 upperRespond를 구현하자.

```
public void upperRespond(UserConnection s) throws IOException {
    s.send(toUpper(s.receive()));
}
```

이렇게 함으로써 소켓을 바로 이용하지 않아도 테스트 코드에서 upper 서버의 upperRespond 메서드가 제대로 기능하는지 확인할 수 있다. 테스트를 돌리고 확인해보자. 제대로 작동하는 것을 테스트를 통해 확인했으면 실제 소켓 객체를 이용해서 계속 TDD를 진행하자.

```
public void testServe() throws IOException, InterruptedException {
    int port = 50000;
    us.serve(port);
    Socket s = new Socket("localhost", port);

    BufferedReader br = new BufferedReader(
        new InputStreamReader(s.getInputStream()));
    BufferedWriter bw = new BufferedWriter(
        new OutputStreamWriter(s.getOutputStream()));
```

```
bw.write("iwanttoupper");
bw.newLine();
bw.flush();
String actual = br.readLine();
String expected= "IWANTTOUPPER";

Thread.sleep(100);
us.close();
assertEquals (expected, actual);
    }
}
```

UserConnection에 대해서도 실제로 구현(〈리스트 3〉)하자(인터페이스에 대해서는 MockConnection을 통해 이미 정립됐다).

〈리스트 3〉 UserConnection 실제 구현

```
import java.net.Socket;
import java.io.*;

public class UserConnection {
    private Socket socket;
    private BufferedReader reader;
    private BufferedWriter writer;

    public String receive() throws IOException {
        String received = reader.readLine();
        return received;
    }

    public void send(String s) throws IOException {
        writer.write(s);
        writer.newLine();
        writer.flush();
    }
```

```java
    public void setSocket(Socket s) throws IOException {
        this.socket = s;
        reader = new BufferedReader(
            new InputStreamReader (s.getInputStream()));
        writer = new BufferedWriter(
            new OutputStreamWriter (s.getOutputStream()));
    }

    public void close() throws IOException {
        this.socket.close();
    }
}
```

서버 쪽도 마저 구현하자.

```java
public class UpperServer {
    ...
    class ListenThread extends Thread {
        public void run() {
            try {
                Socket s = socketListen.accept();
                incConnectionCount();
                socketUser.setSocket(s);
                upperRespond(socketUser);
                socketUser.close();
            } catch (IOException e) {
                e.printStackTrace();
            }
        }
    ...
}
```

그리고 마지막으로 main 함수를 구현, 콘솔에서 돌아가는지 간단히 확인할 수 있다.

정보은닉: 셀프 션트(Self-Shunt) 패턴의 이용

파이썬으로 http로 접속, 모 사이트의 게시판 데이터를 읽어오는 일종의 스파이더 프로그램을 TDD로 작성한 적이 있었다. 이 프로그램을 처음 TDD로 작성하려고 할 때 좀 막막했다. http와 쿠키 관련 처리 라이브러리는 있었지만 어떻게 테스트로 시작할지 막막했다.

그때 프로그램이 해야 할 일에 어떤 것이 있는지 문제를 나눠봤다. 대강 다음과 같은 일들을 해야 할 것이다.

- 해당 사이트에 접속할 수 있다. 이때 http로 해당 웹 서버에 접속해 데이터를 GET 또는 POST로 보낸 후 그 결과물을 받는다.
- 결과물에는 HTML 문서 파일이 있거나 이미지 파일이 있을 수 있다.
- 로그인을 할 수 있어야 한다. 이에 대해서는 일종의 쿠키 관련 처리가 필요하다.
- 얻어온 HTML 파일에 대해 실제 이용하려는 데이터로 문서를 분석한다.
- 분석해 만들어진 데이터를 파일에 저장한다.

처음 볼 때는 각각의 일을 전부 순차적으로 개발해야 할 것 같다. 일단은 http로 웹 서버에 접속하는 부분부터 만들어야 할 것 같지만 실제로는 어떠한 부분이 먼저 작성되건 상관없다. 즉 중간 중간 의존성을 가지는 부분에 대해 임의의 데이터를 이용하면 된다. 각각의 일은 독립적으로 구현할 수 있다.

- 분석해야 할 HTML 파일을 일단 웹 브라우저를 이용, 소스를 얻어 파일로 저장한 후 이를 분석하는 모듈을 TDD로 시작할 수 있다.
- 분석해 만들어지는 데이터를 파일에 저장하는 부분을 만들 때도 데이터가 이미 분석됐다고 가정하고 이를 파일에 저장하도록 할 수 있다.

- http 접근을 통해 문서나 이미지를 얻어온 후 제대로 얻어왔는지에 대해 TDD로 접근할 수 있다.
- 전체를 통합할 때 제대로 돌아가는지에 대해서 TDD로 작성하며 통합할 수 있다.

여기서 기본적인 간단한 아이디어는 각 단계 사이사이에 대해서 '이 부분을 작성하기 위해 필요한 부분을 누군가가 잘 만들어 놓았다'고 가정하는 것이다. 그리고 그 부분에 대해 앞에서 언급한 모의 객체를 이용하면 된다. 모의 객체는 테스트를 작성할 때 어려운 상황에 대해 다양한 아이디어를 제공한다.

당시 테스트 진행은 다음과 같았다.

```
class HtmlFileTest(unittest.TestCase):
    def getTextFromFile(self, aFile):
        return getTextFromFile("testdatas/"+ aFile)


class AlbumPageExtractLocalTest(HtmlFileTest):
    def setUp(self):
        page=self.getTextFromFile("albumpage2.html")
        # HTML 페이지는 본래 웹에서 얻어와야 하지만,
                          미리 저장해놓은 파일에서 직접 얻어오게끔 했다.
        self.albumpage = AlbumPageExtractor(page).AlbumPage()

    def testExtractTotalPage(self):
        self.assertEquals(1, self.albumpage.getTotalPage())

    def testExtactCellNum(self):
        expected = ['9','8','7','6','5','4','3','2','1']
        self.assertEquals(expected, self.albumpage.cellNums())
    ...
```

지금 생각하면, 이에 대한 여러 가지 진행방법을 생각해볼 수 있을 것 같다. 예를 든다면 앞의 코드에서는 page를 스트링 그대로 이용했는데 이를 TDD로 할 때 모의 객체로 생각할 수 있다.

```
class AlbumPageExtractLocalTest(HtmlFileTest):
    def testExtract(self):
        class MockPage:
            def asString(self):
                return getTextFromFile("testdatas/albumpage2.html")
        albumpage = AlbumPageExtractor(MockPage()).AlbumPage()
        self.assertEquals(1, albumpage.getTotalPage())
```

이를 작성하면서 Page라는 클래스가 디자인된다. 이의 이점은 추후 Page 내의 HTML 문서 데이터가 필요할 때 이를 어디서 얻어오는지, 어떠한 방법으로 얻어오는지 클래스의 이용자(클래스에도 일종의 서비스 제공자와 서비스 이용자의 개념이 적용된다)가 신경 쓰지 않아도 된다. 즉 일종의 정보 은닉(information hiding)이 된다. 이는 디자인을 더욱 유연하게 하는데, 이 경우 어느 시점에 해당 URL의 문서 데이터를 긁어오는지는 중요하지 않고 필요할 때 데이터가 들어오면 된다. 즉 AlbumPageExtractor는 Page 클래스에서는 단지 필요할 때 HTML 문서 데이터를 제대로 보내준다는 것만 알면 되며, 그 외의 데이터가 어디에서 어떠한 방법으로 오는지에 대해서는 신경 쓸 필요가 없게 된다.

다음과 같이 구현할 수도 있다. MockPage 위치에 아예 테스트 자신의 레퍼런스를 넣는 것이다. 이를 이용해 TDD를 할 때 다른 모듈에 구애 받지 않고 독립적으로 테스트를 진행할 수 있다.

```
class AlbumPageExtractLocalTest(HtmlFileTest):
    def testExtract(self):
        albumpage = AlbumPageExtractor(self).AlbumPage()
        self.assertEquals(1, albumpage.getTotalPage())

    def asString(self):
```

```
        return getTextFromFile("testdatas/albumpage2.html")
```

자바에서는 이를 다음과 같이 구현할 것이다.

```
interface Page {
    public String asString();
}

class AlbumPageExtractLocalTest extends
    HtmlFileTest implements Page {
    public void testExtract() {
        AlbumPage albumpage = AlbumPageExtractor(this).AlbumPage();
        assertEquals(1, albumpage.getTotalPage());
    }
    public String asString() {
        return getTextFromFile("testdatas/albumpage2.html");
    }
    ...
```

이를 Self-Shunt 패턴이라고 한다. TDD하는 중 입력-결과 테스트(블랙박스 테스트)가 어려울 때 모의 객체나 Self-Shunt 패턴을 이용하면 객체 내부의 상태 변화 과정에 대한 테스트(화이트박스 테스트)가 가능해진다. 이에 대해서는 각 모듈의 내부 상태에 대해 로그를 작성하기 위한 객체를 만들 수도 있다.

| 데이터베이스 프로그래밍 TDD |

데이터베이스(DB) 프로그래밍을 할 때도 전반적인 접근 방법은 앞의 방법과 비슷하다. 여기서는 간단한 책 관리 프로그램을 생각해 봤다. 책에는 책 번호, ISBN, 책 제목 등의 정보가 있으며, 이를 DB 등의 저장소에 보관하고 검색이나 해당 책의 정보를 보는 기능을 한다.

이에 대해 다음과 같이 할일을 생각해볼 수 있다.

- 책 정보를 서가(저장소에 해당)에 저장하기.
- 책 정보를 서가에서 가져오기.
- 책 정보 목록을 서가에서 가져오기.
- 책 정보를 서가에서 검색하기.

이에 대해서도 역시 로직부터 TDD로 작성할 수 있다. 책 정보를 DB에 저장한다고 구체적으로 표현하지 않았다. 서가가 '메모리 저장소'면 된다. 글을 가져온 곳이 메모리건 파일이건 데이터베이스건 결국은 저장소인 것이다(물론 저장소마다 성격이 약간씩 다르다. 메모리에 저장하면 프로그램을 종료하는 순간 지워지니까). 앞서 설명한 네트워크 프로그램에서의 Page 객체와 마찬가지로 저장소에 대해서도 정보 은닉의 개념을 적용할 수 있다.

메모리 저장소의 개념을 두고 TDD를 적용한다면, 평소 TDD를 하던 대로 TDD를 진행할 수 있을 것이다. 역시 이 경우에도 모의 객체의 개념을 이용할 수 있다.

데이터베이스에 대한 모의 객체

DB에 대해 TDD를 진행할 경우 DB 세팅이 필요하다. DB 세팅은 시간이 걸리고 임시 데이터를 채워 넣어야 하므로 준비할 작업이 많다. DB 세팅 없이도 바로 TDD를 할 수 있는 방법으로는 간단하게 모의 DB 커넥션 객체를 만드는 방법이 있다.

자바의 경우 http://mockobjects.com에 있는 프레임워크를 이용할 수 있다. 다음은 http://mockobjects.com에 있는 모의 객체 프레임워크를 이용해 TDD를 진행한 간단한 예다. 역시 책 관리 프로그램인데, BookShelf 클래스를 만든 뒤, BookShelf 클래스에서 Book 클래스를 put하면 DB에 저장된다. BookShelf는 DB 접근이 필요하므로 Connection 객체가 필요하다.

다음과 같이 아주 간단하게 시작할 수도 있다. 아래의 TestCaseMo는 모의 객체 프레임워크에서 제공하는데, JUnit을 쓸 때와 같은 방법으로 이용하면 된다.

```java
public class BookShelfMockTest extends TestCaseMo {

    public BookShelfMockTest(String s) {
        super(s);
    }

    public void testBookShelfClass() {
        MockConnection conn= new MockConnection(); // 가짜 DB
            Connection
        BookShelf bookShelf= new BookShelf(conn);

        assertTrue (bookShelf != null);
    }
}
```

그리고 이를 구현한다.

```java
public class BookShelf {
    private Connection conn;

    public BookShelf (Connection conn) {
        this.conn = conn;
    }
}
```

이 클래스에서 실제로 SQL 질의문을 실행하는 부분에 대해 다음과 같이 접근할 수 있다. 여기서는 DB 구현 부분에 대해서만 TDD로 진행해 조금 복잡한데, 실제로 도메인 모델부터 TDD로 접근해서 DB 부분까지 차근차근 진행했다면 앞의 GUI에서의 방법과 마찬가지로 더 단순한 방법이 보일 것이다.

```
public void testPut () throws SQLException {
    conn.addExpectedPreparedStatementString(
        "insert into book (num, isbn, title) values(?,?,?)");
    MockPreparedStatement statement = new MockPreparedStatement();
    conn.addExpectedPreparedStatement(
        statement); // 가짜 PreparedStatement를 세팅한다.
    int num = 1;
    String isbn = "0321146530";
    String title = "TestDrivenDevelopmentByExample";

    Book book = new Book(num, isbn, title);
    bookShelf.put(book);
    conn.verify();
}
```

이를 통과하는 가장 간단한 방법은 BookShelf 클래스에서 PreparedState-
ment를 이용하는 것이다.

```
public void put(Book book) throws SQLException {
    PreparedStatement pstmt = conn.prepareStatement(PUT_SQL);
}
```

계속 testPut을 진행해보자. 이번에는 PreparedStatement가 반드시 한 번
실행되어야 함을 표현한다.

```
public void testPut () throws SQLException {
    ...
    statement.setExpectedExecuteCalls(1);

    int num = 1;
    String isbn = "0321146530";
    String title = "TestDrivenDevelopmentByExample";

    Book book = new Book(num, isbn, title);
    bookShelf.put(book);
    conn.verify();
```

```
        statement.verify();
    }
```

역시 테스트를 통과해보자.

```
public static String PUT_SQL = "insert into book (
    num, isbn) values(?,?,?)";

public void put(Book book) throws SQLException {
    PreparedStatement pstmt = conn.prepareStatement(PUT_SQL);
    pstmt.executeUpdate();
}
```

다음은 PreparedStatement의 매개 변수가 정상으로 세팅함을 표현할 수 있다.

```
public void testPut () throws SQLException {
    ...
    int num = 1;
    String isbn = "0321146530";
    String title = "TestDrivenDevelopmentByExample";

    statement.addExpectedSetParameter(1, num);
    statement.addExpectedSetParameter(2, isbn);
    statement.addExpectedSetParameter(3, title);

    Book book = new Book(num, isbn, title);
    bookShelf.put(book);
    conn.verify();
    statement.verify();
}
```

이러한 방법으로 실패하는 테스트-코드-테스트 성공-리팩토링 주기를 계속 진행할 수 있다.

```
public void put(Book book) throws SQLException {
```

```
        PreparedStatement pstmt = conn.prepareStatement(PUT_SQL);
        pstmt.setInt(1, book.getNum());
        pstmt.setString(2,  book.getIsbn());
        pstmt.setString(3, book.getTitle());
        pstmt.executeUpdate();
    }
```

모의 객체를 이용할 때는 두 가지 테스트가 같이 필요하다. 모의 객체는 말 그대로 모의 객체기 때문이다. 모의 객체에서는 테스트를 잘 통과하는데, 실제 객체를 이용했을 때는 테스트를 통과하지 않을 수도 있다.

모의 객체를 이용한 테스트에 대해서는 다음과 같은 평가를 생각할 수 있다.

- 둘 다 성공: 잘된 상태.
- 모의 객체 테스트시 성공, 실제 객체 테스트시 실패: 이에 대해선 실제 객체의 이용 상태를 확인해야 한다. 테스트 실행, 완료 후 데이터베이스의 상태가 제대로 복구되지 않는 등의 문제 상황일 수 있다.
- 모의 객체 테스트시 실패, 실제 객체 테스트시 성공: 모의 객체가 완전히 구현되지 않은 것이다. 하지만 모의 객체는 어디까지나 보조 도구이므로 구현하는 데 해야 하는 일이 너무 많다면 무시해도 무방하다.
- 둘 다 실패: 제대로 구현되지 않은 상황이다. 일단은 실제 객체에 대한 테스트에 대해 주석 처리를 하여 테스트 실행을 막은 후 모의 객체일 때부터 실패한 테스트들을 차근차근 통과시키자.

실제 DB 데이터를 이용하기

어느 정도 모의 객체를 이용해서 작업한 후 실제 DB를 이용한 테스트도 같이 돌려야 한다. 만일 디자인이 잘 됐다면 모의 객체에서의 테스트를 상속받고, setUp에서 모의 객체로 이용했던 객체만 교환하면 앞의 테스트들을 거의 그대로 돌릴 수 있을 것이다.

실제 DB 데이터를 이용할 때는 테스트를 위한 DB를 미리 준비하는 것이 좋다. TDD로 DB 프로그래밍을 한다면 DB를 세 단계로 나누는 것이 좋다. 하나는 전체 실제 DB(실제 자료가 들어간다), 하나는 전체 통합 테스트용 DB, 하나는 작업용 컴퓨터에서 개발자들 개개인이 돌리는 로컬 DB다.

테스트를 작성하다 보면, DB 환경을 잡기 위해 임시 테이블을 만들고 가짜 데이터들을 추가한 후 작성한 테스트를 돌리게 된다. 테스트를 작성하다 보면 반복 작업이 크다. 이럴 때는 역시 TDD로 접근할 수 있다. 바로 '중복 제거'다.

〈리스트 4, 5〉는 지인과 같이 프로그래밍을 하던 중 중복 부분을 리팩토링하며 그 사람이 만들어낸 코드인데, 텍스트 코드 내의 query 문을 순서에 맞게 실행한다. 이를 이용해서 setUp과 tearDown시에 미리 만들어놓은 데이터를 세팅할 수 있다(MySQL DB 관리자를 이용했지만 적절하게 Connection을 얻어오는 부분만 수정하면 된다). 이는 테스트 코드를 리팩토링해 나가며 필요할 때 작성할 수 있다.

〈리스트 4〉 테스트 작성 setUp, tearDown의 예

```
import java.io.IOException;
import java.lang.reflect.Array;
import java.sql.Connection;
import java.sql.SQLException;
import java.util.Arrays;

import junit.framework.TestCase;

public class RecommenderTestCase extends TestCase {
    DBInitializer dbInit;
    Connection con;
```

```
        DBConnectionManager dbConnectionMng;
        ...
        public RecommenderTestCase(String name) {
            super(name);
        }

        protected void setUp() throws Exception {
            dbConnectionMng = DBConnectionManager.getInstance();
            con = dbConnectionMng.getConnection("testPrj");
            dbInit = new DBInitializer();
            dbInit.initDBProperty("testPrj");
            dbInit.setCon(con);
            ...
        }
        protected void tearDown() throws Exception {
            dbConnectionMng.freeConnection("testPrj", con);
        }
}
```

〈리스트 5〉 DB setUp/tearDown을 위한 DBInitializer

```
import java.io.FileNotFoundException;
import java.io.IOException;
import java.sql.*;

public class DBInitializer {
    public DBInitializer() {
        dbConnectionMng = DBConnectionManager.getInstance();
    }

    Connection con;
    DBConnectionManager dbConnectionMng;
    Statement stmt;
    String query;
    String[] querys = null;
    String dbProperty = "";

    public void close() {
```

```
    dbConnectionMng.freeConnection(dbProperty, con);
}
public void executeQuerys(String[] querys)
    throws SQLException {
    stmt = con.createStatement();
    for (int i = 0; i < querys.length; ++i) {
        query = querys[i];
        if (querys[i] != null)stmt.executeQuery (query);
    }
    stmt.close();
}


public void excuteScript(String filepath)
    throws SQLException{
        try {
            querys = Text.getTextSplit(";", filepath);
        } catch (FileNotFoundException e) {
            e.printStackTrace();
        } catch (IOException e) {
            e.printStackTrace();
        }
            executeQuerys(querys);
        }

    public void initDataSet(String aSettingGroup){
        try {
            String directory = "./dbScript/" + aSettingGroup + "/";
            excuteScript(directory + "db_dropQuery.txt");
            excuteScript(directory + "db_createQuery.txt");
            excuteScript(directory + "db_insertQuery.txt");
        } catch (SQLException e) {
            e.printStackTrace();
        }
    }

    public void initDBProperty(String aDBProperty) {
        dbProperty = aDBProperty;
```

```
        }
    public void setCon(Connection con) {
        this.con = con;
    }
}
```

실제 DB를 이용한 테스트가 많으면 많을수록 테스트 실행 속도가 많이 느려진다. 테스트는 TDD가 진행될 때마다 실행되므로 느려지면 상당히 피곤해진다. 이 경우 모의 객체를 같이 섞어서 프로그래밍하는 것이 좋겠다. 그리고 실수하기 쉬운 것 중 하나가 DB 테스트 후 DB 환경을 원상 복구하지 않고 TDD를 진행하기도 하는데, 이 경우 처음 테스트를 통과하는 코드를 작성할 때는 잘 돌아가다가 테스트가 두 번, 세 번 돌아갈 때는 실패하기도 한다. 테스트 코드에서 setUp/tearDown 부분 등에서 DB의 상태를 원상 복구해야 한다.

｜ 꾸준한 수련이 중요 ｜

앞에서의 테크닉은 다양하게 응용할 수 있으며 웹 프로그래밍을 할 때도 역시 비슷한 방법으로 적용할 수 있다. 지금까지 강조한 이야기(도메인 모델 먼저 구현하기)들이나, 테크닉(모의 객체, 셀프 션트 등)을 적용하면 그리 큰 어려움이 없을 듯하다.

웹 프로그래밍에서는 그밖에 다른 테스팅 프레임워크를 이용할 수 있다. 서블릿 엔진 내에서 테스트를 실행할 수 있는 캑터스(Cactus, http://jakarta.apache.org/cactus 참조)나, XP에서 중요한 위치에 있는 워드 커닝엄을 중심으로 개발되는 FIT(http://fit.c2.com)가 있다. FIT는 XP에서의 고객 테스트(Customer Test 또는 Acceptance Test)를 위한 프레임워크로 이를 이용하면 고객 테스트를 TDD의 테스트로 삼고 개발을 진행할 수 있다. 하지만 역시 모듈 내에 작은 단위 테스트를 작성해 나가며 TDD로 작업하는 것을 같이 하도록 권장한다. TDD에서의 테스팅은 프로그램의 동작을 테스트하는 목적뿐만 아니라, 디자인의 목적도 같이 있기 때문에 가볍고 유연한 테스팅 프레임워크를 이용하는 것이 좋다.

글을 통해 나름의 경험을 끌어내려고 노력했다. 하지만 TDD 역시 몸 공부와 비슷하게 불립문자의 면이 있다. 개인적으로 TDD를 제대로 사용하기 위해서는 반 년 이상 꾸준히 노력해야 한다고 생각한다. 물론 개인별로 차이는 있을 것이다. 그 기간을 줄이는 방법이 있다면 짝 프로그래밍, 팀과 함께 작업하는 것 등 익스트림 프로그래밍의 실천사항들을 병행하는 것이 아닐까 한다. 그래도 역시 TDD를 꾸준히 하는 것이 가장 중요하겠지만 말이다.

주변에서 꾸준히 TDD하는 사람에게 나날이 성장하는 모습을 발견할 수 있었다. 우리 역시 TDD를 통해 많은 것을 빠르게 배울 수 있었다. 그리고 프로그래밍이 더욱 즐겁고 행복해졌다. 이 복음을 다른 프로그래머들과 함께 공유했으면 하는 바람이다.

| 참고자료 |

- http://www.mockobjects.com.
- 『Extreme Programming Installed』: 「A Java Perspective」.
- 『Separating User Interface Code』 (https://martinfowler.com/ieeeSoftware/separation.pdf): 도메인 코드와 UI 코드를 분리했을 때의 장점.

찾아보기